Agostino Cera
Der Mensch zwischen kosmologischer Differenz und Neo-Umweltlichkeit

Philosophische Anthropologie
Themen und Positionen

Herausgegeben von

Joachim Fischer (Dresden) Ada Neschke † (Lausanne)
Gérard Raulet (Paris) Hans Rainer Sepp (Prag)

Editionsbeirat

Heike Delitz (Dresden)
Cathrin Nielsen (Freiburg i. Br.)
Guillaume Plas (Paris)

Band 11

Agostino Cera

Der Mensch zwischen kosmologischer Differenz und Neo-Umweltlichkeit

Über die Möglichkeit einer philosophischen Anthropologie heute

Verlag Traugott Bautz

Bibliografische Information der Deutschen Bibliothek
Die Deutsche Bibliothek verzeichnet diese Publikation
in der Deutschen Nationalbibliografie.
Detaillierte bibliografische Daten sind abrufbar über
http://dnb.ddb.de

Übersetzung aus dem Italienischen
von Sabine Preyer (erster und zweiter Teil) und Sophie Ratschow (dritter Teil).
Herausgegeben von Sabine Preyer unter Mitwirkung des Verfassers.

Lektorat:
Dr. Cathrin Nielsen
www.lektoratphilosophie.de

Verlag Traugott Bautz GmbH
D-99734 Nordhausen 2018

Gedruckt auf säurefreiem, alterungsbeständigem Papier
Alle Rechte vorbehalten
Printed in Germany

ISBN 978-3-95948-376-6

Inhalt

Einleitung 7

Hinweis 12

Erster Teil
Die *Philosophische* Anthropologie oder:
Eine philosophische Anthropologie als Paradigma

1.1 Die philosophische Anthropologie als Problem 13
1.2 Die Sonderstellung der philosophischen Anthropologie
 im 20. Jahrhundert 26
1.3 Die *Philosophische* Anthropologie ohne Philosophie? 46

Zweiter Teil
Menschenfrage und kosmologische Differenz oder:
Löwiths Weg zur philosophischen Anthropologie

2.0 Vorrede 67
2.1 Hermeneutischer Prolog über Löwiths Philosophie 68
2.2 Eine einleitende Auseinandersetzung 77
2.3 Marquards Kanon 88
2.4 Die Umkehrung des Kanons: Die Anthropologie der Neuzeit 95
2.5 Karl Löwith und die *Philosophische* Anthropologie 115

Dritter Teil
Neo-Umweltlichkeit und *Tierwerdung* oder:
Grundlinien einer philosophischen Anthropologie der Technik

3.1 Prolog. Von der kosmozentrischen Anthropologie zur Anthropologie der Technik 131
3.2 Die Philosophie der Technik im Nominativ (TECNOM) 137
3.3 Das anthropische Perimeter 142
   3.3.1 Weltlichkeit: Zu einer positionalen Anthropologie 142
   3.3.2 Ent-fernung und Erdhaftigkeit 148
3.4 Die Neo-Umwelt 161

Postille 177

Literaturverzeichnis 181

Einleitung

Wenn, wie es heute der Fall ist, Zynismus zur Massenerscheinung entartet, dann haben die Moralisten, *die früher zynisch aus moralischer Leidenschaft gewesen waren, die Herausforderung anzunehmen, und, wie schwer ihnen der Entschluß zum Ausrufungszeichen auch fallen mag, den Mut aufzubringen,* pathetisch *zu werden*!

Günther Anders

Die vorliegende Arbeit erläutert einen mehrjährigen Forschungsweg, der in einer ganz neuen Ausarbeitung der *Menschenfrage*[1] gipfelt. In ihren drei Teilen sollen die besondere Bedeutung, die hier und heute der Wiederaufnahme der anthropologischen Frage in der Philosophie zukommt, ihre nie überholte Aktualität und nicht zuletzt ihre Dringlichkeit hervorgehoben werden.

Dieser Forschungsweg nimmt von einem durchaus zufälligen Umstand seinen Ausgang, der zugleich seinen allgemeinen Rahmen bildet: der (in Wirklichkeit nie verstummten) Debatte über die ‚Schule' der deutschen philosophischen Anthropologie im Laufe des 20. Jahrhunderts, die wiederaufflammte, als 2008 Joachim Fischers Buch *Philosophische Anthropologie. Eine Denkrichtung des 20. Jahrhunderts* erschien. Dieses Werk verfolgt das ehrgeizige Ziel, die Legitimität der philosophischen Anthropologie – d. h. der *Philosophischen* Anthropologie – als *Denkansatz* und nicht als bloße Subdisziplin der Philosophie (wieder)herzustellen. Genauer gesagt handelt es sich um die historiographische und hermeneutische Absicht, einen entscheidenden

---

[1] Wir werden hier den Ausdruck „Menschenfrage" – statt „Frage nach dem Menschen" – verwenden, weil wir die anthropologische Frage als eine philosophische Grundfrage, ja als *die* philosophische Grundfrage überhaupt verstehen. In ihrer Funktion gleicht sie der „Seinsfrage" Heideggers; „Menschenfrage" ist somit eine Art Spiegelformel.

Übergang im philosophischen Geschehen des 20. Jahrhunderts nachzuzeichnen und der philosophischen Anthropologie mittels einer starken theoretischen Voraussetzung Identität und den ihr angemessenen Status zu verleihen.

Der erste Teil der Arbeit – *Die* Philosophische *Anthropologie oder: Eine philosophische Anthropologie als Paradigma* – reiht sich in diese Debatte ein. So soll zunächst die Bedeutung von Fischers Versuch hervorgehoben werden, die philosophische Anthropologie endgültig aus ihrer „selbstverschuldeten Unmündigkeit" zu befreien, indem sie aus dem fest verwurzelten rezeptiven *topos* befreit wird, der ihr einen unschlüssigen (reaktiven und lediglich dienenden) Charakter zuspricht, ohne sie in irgendeiner Weise eigens anzuerkennen. Aus dieser Sicht bliebe die anthropologische Frage, philosophisch gesprochen, eine Sackgasse.

Auch wenn wir die Entscheidung Fischers teilen, diesen hermeneutischen Gemeinplatz zu stürzen, nehmen wir doch vom Kern seines weitergehenden Deutungshorizontes Abstand, da wir in ihm (über Fischers eigene Absichten hinaus) die Gefahr erkennen, die philosophische Anthropologie einem ‚*neo-spezialistischen Schicksal*' auszuliefern. Um ihre Aufnahme in den Pantheon der wissenschaftlich legitimierten Lehren – ja gar ihre Kanonisierung als Humanwissenschaft *par excellence* – zu erreichen, verzichtet er nämlich auf die ihr eigene, originär philosophische Komponente.

Die vorliegenden Seiten betrachten die *kosmologische Differenz (differenza cosmologica)* – welche radikal zwischen *Welt* und *Menschenwelt* unterscheidet – als das Kriterium, das über den Ausgang einer solchen Spannung entscheiden könnte. Infrage steht, ob nicht gerade die Erhebung der philosophischen Anthropologie in den Rang eines solchen Denkansatzes diese paradoxerweise genau zu jenem disziplinären Schicksal verurteilt, dem sie sich eigentlich entziehen wollte.

Wir möchten zeigen, dass die philosophische Anthropologie gerade durch die eigene ‚positive' (soziologisierende) Bestimmung bereits im Vorfeld ihre ursprüngliche Zugehörigkeit entscheidend einschränkt. Auf diese Weise verlässt sie sich nämlich ganz auf jenen von uns und für uns eingerichteten Horizont (die Menschenwelt), in dem nur empirisch-positive Erkenntnisziele hinreichend verfolgt werden können.

Die Überzeugung, dass die Verteidigung dieser ‚weltlichen Front' die Hauptaufgabe einer Anthropologie darstellt, die wirklich philosophisch bleiben will, resultiert im Wesentlichen aus einem eindringlichen Dialog mit dem Denken Karl Löwiths, der eine heterodoxe Figur im zeitgenössischen Philosophiespektrum darstellt. So schlägt der zweite Teil – *Menschenfrage und kosmologische Differenz oder: Löwiths Weg zu einer philosophischen Anthropologie* – eine Auseinandersetzung zwischen der Philosophischen Anthropologie und der Löwithschen Auslegung der Menschenfrage vor. Die Berührungspunkte und die Idiosynkrasie zwischen diesen beiden unterschiedlichen, wenngleich nicht unvereinbaren Denkansätzen werden unterstrichen. Sie könnten sich sogar als komplementär erweisen, wird ein entsprechender Dialog zwischen ihnen eingeleitet.

In Funktion dieser Hauptzielsetzung wird der anthropologische Kanon, der seit den 1960er Jahren von Odo Marquard ausgearbeitet wurde, erläutert und diskutiert. Er bildet bis heute einen unumgänglichen Bezugspunkt für jeden, der sich mit dem anthropologischen Problem aus philosophischer Perspektive auseinandersetzen möchte.

Das Endergebnis dieser Auseinandersetzung lautet: *Der Heterozentrismus (der Kosmozentrismus) ist Zeichnung und Schicksal einer originären philosophischen Anthropologie*, d. h. einer Anthropologie, die trotz des Verzichts auf die Bestimmung eines ‚Wesens (*ousia, substantia*) des Menschen' die Bestrebung aufrechterhält, die tragenden Elemente der *conditio humana* herauszuschälen und Grenzlinien eines möglichen *anthropischen Perimeters (perimetro antropico)* zu ziehen. Eine solche *topologische und heterozentrische (kosmozentrische) Torsion der anthropologischen Frage* – sprich die Verwandlung der Menschenfrage von einem „Was ist der Mensch?" in ein „Wo steht der Mensch?" – fasst den entscheidenden Beitrag Löwiths zum Erbe der philosophischen Anthropologie des 20. Jahrhunderts zusammen.[2] Dieser Beitrag gipfelt in der Rückgewinnung eines echten *weltlichen Pathos*, einer *dynamis theoretica*, die ihrerseits den einzigen Zugang darstellt, die kosmologische Differenz zu erfahren.

---

[2] Dem soeben Gesagten ist eine nähere Bestimmung hinzuzufügen. Die folgenden Seiten bemühen sich, den Denker Karl Löwith, dem noch keine seinen echten Verdiensten entsprechende Anerkennung zuteil wurde, angemessen zu würdigen. Dennoch geht es hier nicht um eine hermeneutische Apologetik oder um den Versuch, Löwith *ex post* unter die Begründer der „Philosophische Anthropologie" einzureihen. Die Aufmerksamkeit, die seinem Denkweg zukommt, dient der Hauptabsicht der vorliegenden Arbeit: dem Vorschlag eines neuen philosophisch-anthropologischen Paradigmas in der Gestalt einer philosophischen Anthropologie der Technik.

Der dritte und abschließende Teil ist überschrieben mit: Neo-Umweltlichkeit *und* Tierwerdung *oder: Grundlinien einer philosophischen Anthropologie der Technik*. Die aus der Auseinandersetzung mit Löwith hervorgegangenen Anregungen zeigen die unverhoffte Aktualität der philosophischen Frage nach dem Menschen auf, die sie zu einem idealen Diagnoseinstrument angesichts der Technik als epochalem Phänomen macht. Der hier erläuterte theoretische Vorschlag wird als eine *philosophische Anthropologie der Technik* entfaltet. Die *Frage nach der Technik* wird neu formuliert, indem ihr systemischer und epochaler Charakter in den Vordergrund gerückt und dargelegt wird, was sie zur gegenwärtigen *Weltform* und zum *„Subjekt der Geschichte"* werden lässt. Der Verschleiß der kosmologischen Differenz, d. h. die ‚Eklipse der Welt als solcher', deren aktive Vaterschaft der Technik zuzuschreiben ist, impliziert eine Verabsolutierung der Menschenwelt in Gestalt einer ‚geschichtlichen Welt der *facta*', die sich so zunehmend jener umweltlichen Dimension angleicht, die von der *Umweltlehre* Jakob von Uexkülls als grundsätzliche Besonderheit des Tieres bestimmt wurde. Letztere hat ja bekanntlich die Rolle einer theoretischen Grundlage gespielt, auf die sich die philosophische Anthropologie (und nicht nur sie) berufen hat, um erneut den Unterschied zwischen Mensch und Tier, d. h. die grundlegenden Eigenheiten ihrer jeweiligen Seinsarten zu überdenken.

Wenn die Menschenwelt sich nicht mehr vor dem unbestimmten Hintergrund (Ab-Grund) einer Welt abhebt – mit Heideggers Worten: wenn die „Welt" sich nicht mehr vor dem (Ab-)Grund der „Erde" abzeichnet –, wird sie zum Gesamthorizont unseres Daseins. Auf diese Weise verwandelt sich die Menschenwelt in eine oikologische[3] Nische, die funktional betrachtet durch und durch der Umwelt gleicht, in die das Tier gestellt ist. Ausgehend von dieser umweltlichen Verwandlung seines ‚natürlichen' Lebensraums widerfährt dem Menschen eine substanzielle Veränderung, die wir als *Tierwerdung (ferinizzazione)* bezeichnen. Insofern der Mensch jenes Seiende ist, das

---

[3] Wir verwenden hier anstelle von ‚ökologisch/Ökologie' das Begriffspaar ‚oikologisch/Oikologie', da wir in diesem Buch den Terminus ‚*oikos*' mitsamt seinen Ableitungen im wörtlichen Sinne als ‚Behausung/Wohnung', ‚Lebensraum' zugrunde legen. Es geht also nicht um ein wie auch immer geartetes ‚ökologisches Denken'. Dasselbe gilt für den Begriff der Umwelt, der hier in einer Bedeutung herangezogen wird, wie sie Jakob von Uexküll in seiner *Umweltlehre* gebrauchte. Folglich beziehen sich die Begriffe ‚Umwelt' und ‚Welt' jeweils auf den Lebensraum/*oikos* des Tieres und des Menschen.

eine Welt hat – im Unterschied zum Tier, das in eine Umwelt eingebunden ist –, entspricht die ‚Verumweltlichung des Wo des menschlichen Daseins' einer tierhaften Veränderung seiner Seinsart. Die deutlichste Spur dieser Veränderung ist im schrittweisen Abhandenkommen seines echten weltlichen Pathos, in der Zersetzung jenes ek-statischen Potenzials – der *Weltoffenheit*, von der Scheler spricht – zu finden, das es ihm ermöglicht, die kosmologische Differenz zu erfahren und damit seine einzigartige *Weltlichkeit* auszuleben.

Der hier ausgeführte anthropologische Ansatz – der sich im Feld der Plessner'schen Erfahrung bewegt und somit den Menschen *positional* bestimmt – ermöglicht die Ausarbeitung einer neuen Antwort auf die Frage nach der Technik. Sie ergibt sich daraus, dass *die Technik jenes epochale Phänomen der totalen Rationalisierung ist, das, um eine gänzliche Stabilisierung (Immunisierung) des Seienden insgesamt zu verwirklichen, den natürlichen ‚weltlichen Standort' des Menschen zwingend durch einen (künstlichen) ‚umweltlichen' ersetzt. Auf diese Weise greift sie seine Menschlichkeit selbst an, d. h. sie verändert das anthropische Perimeter bis zur Unkenntlichkeit. Die Technik ist hier und heute eine Neo-Umwelt.* Daher kann (muss) eine (philosophische) Anthropologie der Technik die Menschenfrage aufs Neue aufwerfen, also entsprechend Rechenschaft über die gegenwärtige *conditio humana* ablegen, und erweist sich damit als ausgezeichneter Rahmen, innerhalb dessen sich die ewige Herausforderung der Philosophie heute erneuert – nämlich *„ihre Zeit in Gedanken zu erfassen"*.

Allen voran möchte ich Prof. Dr. Joachim Fischer, Prof. Dr. Gérard Raulet and Prof. Dr. Hans Rainer Sepp dafür danken, dass sie meine Arbeit in die hervorragende Reihe „Philosophische Anthropologie. Themen und Positionen" aufgenommen haben. Ich danke auch Dr. Cathrin Nielsen und Dr. Sabine Preyer – die wertvolle Zusammenarbeit mit ihnen hat dieses Buch in vielerlei Hinsicht verbessert. Nicht zuletzt möchte ich folgenden Personen für ihre Unterstützung wie für ihre Freundschaft danken: meiner Schwester Maria, Eleni Lygerou, Prof. Dr. Vallori Rasini, Prof. Dr. Eugenio Mazzarella, Prof. Dr. Maria Teresa Catena, Dr. Felice Masi, Prof. Dr. Pasquale Frascolla, Prof. Dr. Salvatore Giammusso und Dr. Giovanni Tidona.

Wie sein italienisches *pendant* von 2013 widme ich dieses Buch meiner Hartnäckigkeit, d. h. dem besten aller Fehler unter den vielen, die ich habe.

Hinweis

Um Missverständnissen vorzubeugen, die aus der ‚Zerstreutheit' mancher Interpreten Löwiths resultieren könnten, bin ich gezwungen, eine zwar wenig elegante, aber notwendige Präzisierung vorzunehmen.

Die Wendung „*Menschenfrage*'– welche ich *ad hoc* mit dem Ziel prägte, den Denkweg Löwiths *sub specie anthropologiae* einzuordnen und ihn gleichzeitig auf seinen Hauptbezug, Heideggers *Seinsfrage*, zurückzuführen – erscheint zum ersten Mal in meiner Doktorarbeit.[4] Nach einer gründlichen Überarbeitung wurde diese Arbeit 2010 im Verlag Guida, Neapel veröffentlicht.[5]

Andererseits lässt sich bereits im Jahr 2007 eine publizierte Spur dieses Ausdrucks als hermeneutischer Mittelpunkt meiner Auslegung des Denkens Löwiths finden, und zwar in der *Einleitung* zur italienischen Übersetzung seiner Habilitationsschrift, die von mir herausgegeben wurde: *L'individuo nel ruolo del co-uomo*.[6] Die entsprechenden Verweise finden sich dort auf den Seiten 6, 35, 45, 46, 48, 50.

[A. C.]

---

[4] *Io con tu. Karl Löwith e la possibilità di una Mitanthropologie*, im Internet seit 2006 abrufbar (http://dx.doi.org/10.6092/UNINA/FEDOA/922).
[5] Cera 2010.
[6] Cera 2007b.

Erster Teil

Die *Philosophische* Anthropologie oder: Eine philosophische Anthropologie als Paradigma

> *Die Philosophie gewinnt in der Anthropologie*
> *den glänzenden Schein einer Weltanschauung,*
> *aber sie verliert ihre wissenschaftliche Funktion.*
>
> Joachim Ritter

1.1 Die philosophische Anthropologie als Problem

Hat die philosophische Anthropologie, auch und gerade die heutige, als Disziplin den (szientifischen) Status einer empirischen Wissenschaft oder den (szientifischen) Status reiner Philosophie alias Metaphysik? Es gehört – meine ich – zu den gut gesicherten Ergebnissen der Begriffsgeschichte des philosophischen Disziplinentitels ‚Anthropologie' und seiner Definitionen und Explikationen, daß die philosophische Anthropologie, seit es sie unter diesem Namen gibt (also seit etwa 1600), sich dieser Alternative emphatisch widersetzt und erfolgreich entzieht: Philosophische Anthropologie ist szientifisch als empirische Metaphysik. Das ist – fürwahr! – ein eigenartiger und wissenschaftstheoretisch ärgerlicher Status: Diese Ärgerlichkeit spricht freilich nicht gegen die Anthropologie, sondern allenfalls gegen die Wissenschaftstheorie.[1]

---

[1] Marquard 1981-1983, 11. Wie wir zeigen werden, ist unter den Vätern der philosophischen Anthropologie Arnold Gehlen die ehrgeizige Zielsetzung zuzuschreiben, aus ihr eine empirische Wissenschaft des Menschen zu machen. Von „*empirischer*

> Anthropologie ist jene Deutung des Menschen, die im Grunde schon weiß, was der Mensch ist und daher nicht fragen kann, wer er sei. Denn mit dieser Frage müßte sie sich selbst als erschüttert und überwunden bekennen.[2]
>
> Die Philosophie im Zeitalter der vollendeten Metaphysik ist die Anthropologie [...]. Ob man eigens noch ‚philosophische' Anthropologie sagt oder nicht, gilt gleichviel. Inzwischen ist die Philosophie zur Anthropologie geworden und auf diesem Wege zu einer Beute der Abkömmlinge der Metaphysik, d. h. der Physik im weitesten Sinne [...]. Zur Anthropologie geworden, geht die Philosophie selbst an der Metaphysik zugrunde.[3]

Ein Vergleich dieser so eindeutig gegensätzlichen Einschätzungen erlaubt eine getreue Momentaufnahme des einzigartigen Schicksals der philosophischen Anthropologie. Sie scheint zu einer ewigen Instabilität, Unsicherheit und Fragwürdigkeit verurteilt zu sein. Auf der einen Seite haben wir das Urteil Odo Marquards, der nicht davor zurückschreckt, die Wissenschaftstheorie als Ganze abzulehnen, da sie unfähig sei, die philosophische Anthropologie anzuerkennen. Auf der anderen Seite steht das Urteil Heideggers, das sie als eine *contradictio in adiecto* abtut und damit eine bereits in *Sein und Zeit* angelegte und im Laufe seines gesamten Denkweges immer wieder bekräftigte Verurteilung zum Ausdruck bringt.

Seit jeher hängt die philosophische Anthropologie gewissermaßen in der Luft. Sie wird hin- und hergerissen zwischen der Notwendigkeit, ihr eigenes Bestehen zu rechtfertigen und, ist dieses Hindernis erst einmal überwunden, der Dringlichkeit, die eigene Lebendigkeit beweisen und damit jedes Mal erneut dem Urteil derjenigen widersprechen zu müssen, die ihr Versagen konstatieren.[4] Hier ist vor allem an gegenwärtige Kritiker zu denken, die zusammen mit der philosophischen Anthropologie am liebsten die Idee des Menschen selbst für obsolet erklären oder ihr dadurch ein weniger anti-

---

Wissenschaft vom Menschen in *interpretierender, sinnstiftender* und *identitätssichernder* Absicht" spricht Herbert Schnädelbach, der nicht von ungefähr davon überzeugt war, dass die Linie Gehlens die einzig zu verfolgende sei (Schnädelbach 1983, 269). Zum Thema philosophische Anthropologie als empirische Wissenschaft siehe auch Landgrebe 1976.

[2] Heidegger 1938, 111 (Anm. 10).
[3] Heidegger 1936-1946, 85.
[4] Diesbezüglich Schulz 1972 und König 1978.

quiertes *up to date*-Antlitz verleihen möchten, dass sie ihr eine verführerische Vorsilbe anhängen: vorzugsweise ein ‚post'.

Der paradoxe Status, ja die *Sonderstellung*, aus der sich die philosophische Anthropologie scheinbar nicht zu befreien vermag, ergibt sich schon auf der Ebene einer möglichen Definition. Diese Problematik wird umso heikler, je mehr der Kontext des 20. Jahrhunderts einbezogen wird, in dem ihre angebliche Wiedergeburt (oder gar ihre Geburt) zum Gegenstand der Debatte erkoren wurde. In der Tat, wenn die philosophische Anthropologie des 20. Jahrhunderts einerseits „keine Schwierigkeiten bezüglich ihrer Benennung oder Identifizierung aufweist", mit einer

> so angenehmen und unangefochtenen Identifizierungsmöglichkeit jedoch ein dichtes aus Antrieben und Motivationen, direkten und indirekten Formen von Anhängerschaft und Lehrmeisterei, aus Aneignungen der unterschiedlichsten Quellen und in alle erdenkliche Richtungen gehenden Anweisungen zusammengesetztes Netzwerk einhergeht,

dann folgt daraus, dass „sich das Gesamtbild nicht selten kompliziert"[5].

---

[5] Accarino 1991b, 7. Die nahezu unermessliche Literatur zum Thema ‚philosophische Anthropologie' (unter Ausschluss der einzelnen Autoren gewidmeten Beiträge) auch nur überblicksartig aufzulisten, ist ein mühsames Unterfangen, das hier nicht verfolgt werden soll. Eine ausreichende Bibliographie bietet der Anhang von Fischer 2008, 601-663 (besonders 625-655). Eine nahezu ebenso umfassende Bibliographie findet sich auf der Website der Helmuth Plessner-Gesellschaft; sie wird darüber hinaus ständig aktualisiert: http://www.helmuth-plessner.de/. – Was die ebenfalls reichhaltige italienische Forschungsliteratur betrifft, beschränken wir uns darauf, die wichtigsten Studien der letzten zwanzig Jahre zu nennen und auf die dortigen Bibliographien zu verweisen: Fadini 1991 und 1995; Troncon 1991; Accarino 1991a ; Russo 2000, 27-202; Pansera 2001; Borsari 2003; Gualandi 2003a und 2003b; Vigorelli 2003; Martinelli 2004 und 2010a; Rasini 2008; Masullo 2008; Campodonico 2013; Borsari 2009a (es handelt sich um eine neue Ausgabe in englischer Sprache von Borsari 2003). Schließlich ist Fimiani 2005 zu erwähnen, eine in diesem Zusammenhang einzigartige Arbeit, die eine entschieden heterodoxe Rekonstruktionslinie verfolgt, die ‚von Kant zu Kant-Foucault' geht, genauer von Kants *Anthropologie* zu der kommentierten Übersetzung, die Foucault 1961 von ihr angefertigt hat. Vor diesem Hintergrund stellt die deutsche Forschung des 20. Jahrhunderts lediglich ein Intermezzo dar, das unter dem Banner der „*souci de soi*" in der „Anthropologie als philosophisches Leben" gipfelt. Unabhängig von jeglicher Bewertung ist Fimianis Buch bereits im voraus das Verdienst anzurechnen, die traditionelle Barriere, die die philo-

Hinsichtlich einer möglichen Definition würde die dazugehörige Frage in ihrer allgemeinsten Formulierung folgendermaßen lauten: „Was ist Anthropologie vom philosophischen Standpunkt aus betrachtet?" Eine „empirische Wissenschaft", wie Gehlen oder Schnädelbach meinen? Eine „reine Philosophie (Metaphysik)" und dennoch – bzw. gerade deshalb – wissenschaftlich, wie Marquard erklärt? Und ist Letzteres der Fall: Entspricht sie einer Subdisziplin innerhalb des allgemeinen philosophischen Rahmens oder einem Radikal-, ja sogar Grundparadigma? Womit beschäftigt sich die philosophische Anthropologie wirklich? ‚Wer' ist es, an den sie sich richtet?

Eine zufriedenstellende Antwort auf diese Fragen zu finden, würde so mancher Lehre ernsthafte Schwierigkeiten bereiten; andererseits erreichen diese Schwierigkeiten in diesem speziellen Fall ein unerhörtes Niveau. Dazu trägt entscheidend die in der philosophischen Anthropologie bis zur Verschmelzung gehende Unentwirrbarkeit von Subjekt und Objekt bei. In gewollt summarischen Begriffen ausgedrückt: ‚Anthropologie' (vor allem als philosophischer Schlüsselbegriff) entspricht dem Versuch des Menschen, sich selbst zu erkennen, d. h., sich mit sich selbst als ‚Problem' auseinanderzusetzen. Unter dieser Voraussetzung ließe sich die philosophische Anthropologie nicht einfach nur als eine durch und durch kritische Lehre, sondern als eine *Lehre in der Krise* definieren. Das heißt: Sie macht gerade aus der Unsicherheit im Blick auf sich selbst ihre natürliche Verfassung – aus der *insecuritas* ihren ebenso normalen wie normativen Ausgangspunkt. Vermutlich kultiviert sie diese Unsicherheit nicht zuletzt aus diesem Grund unverdrossen weiter. Die ersten Arbeiten von Odo Marquard, die sich mit diesem Thema beschäftigen und als *terminus a quo* gelten können, um eine *Renaissance* der als Tradition und mögliches philosophisches Paradigma verstandenen Anthropologie zu etablieren, stammen aus den 1960er Jahren. Schon fast ein halbes Jahrhundert lang besteht somit die Hauptaufgabe der philosophischen Anthropologie darin, über sich selbst zu sprechen, sich unablässig vor sich selbst rechtfertigen zu müssen, indem sie ihren eigenen Hintergrund und ihre eigenen Voraussetzungen schafft, zerstört und wieder aufbaut. Sie gestaltet ununterbrochen ihren taxonomischen, epistemischen und ontologischen Horizont neu und setzt sich auf diese Weise ständig dem Risiko aus, ein autoreferenzielles, wenn nicht gar autistisches Ergebnis zu erzielen. Aufgrund der Besonderheit des Kontextes erweist sich dieses Risiko

---

sophische Anthropologie von der Kulturanthropologie trennt, überwinden zu wollen.

als ausgesprochen hinterhältig – man denke nur an den sogenannten „anthropologischen Zirkel" (*circolo antropologico*)⁶. Letztlich kann der Mensch behaupten, dass er auch dann, wenn er nach der Art und Weise seiner eigenen Selbsthinterfragung befragt wird, nach sich selbst fragt und sich demnach selbst erkennt. Über die Bedeutung und die Möglichkeiten der philosophischen Anthropologie nachzudenken, bedeutet in der Tat, sie bereits auszuüben.

Trotz dieser bizarren Gestalt ist der philosophischen Anthropologie ein beeindruckendes Maß an Selbstkenntnis zuzuschreiben. Vielleicht gibt es sie nicht, vielleicht kann und darf es sie gar nicht geben – und doch kennt sie sich selbst wie kaum eine andere Lehre.

In diesen Zusammenhang reiht sich das Werk Joachim Fischers ein, der 2008 sein „Manifest-Buch" *Philosophische Anthropologie. Eine Denkrichtung des 20. Jahrhunderts* veröffentlicht.⁷ Es handelt sich um ein Buch, das sich mit Recht als historischer und theoretischer Bezugspunkt anbietet und daher als bevorzugter kritischer Gesprächspartner der vorliegenden Seiten fungiert. Wir werden dabei folgendermaßen vorgehen: Ausgehend von einer grundsätzlichen Zustimmung zu den Thesen, die das Buch von Fischer angeregt hat, werden zunächst einige seiner Schattenseiten (insbesondere eine) hervorgehoben. Ihnen wird sodann, im Sinne einer Ergänzung, der ‚Löwith'sche Weg' zur philosophischen Anthropologie gegenübergestellt: seine persönliche Deutung der Menschenfrage, in deren Mittelpunkt die Idee einer *kosmologischen Differenz zwischen Welt und Menschenwelt* steht. Auf der

---

⁶ Pansera 2001, 15 und Krüger 2007, 11.
⁷ Von einem „*libro manifesto*" spricht Marco Russo (Russo 2009a und 2009b). Als beispielhaft für den italienischen Sprachraum verweisen wir des Weiteren auf die folgenden Rezensionen: Cusinato 2010; Rasini 2010; Boccignone 2009. Siehe auch Borsari 2009b, 125-127. Im deutschen Raum hat Fischers Buch eine beachtliche Resonanz erfahren, was die zahlreichen Rezensionen belegen; einige davon tragen die Unterschrift bedeutender Namen aus diesem Forschungsbereich (Wolfgang Eßbach, Gerald Hartung, Christian Thies) und zeugen von echter Wertschätzung. In Bezug auf unser Hauptinteresse lohnt es sich, Heidegren 2009 zu erwähnen, deren enthusiastische Töne (ungewollt) die kritischen Punkte bestätigen, die mit dem Phänomen der „*Soziologisierung*" für die Philosophische Anthropologie relevant werden. Als weiteren Beweis für die Aufmerksamkeit, die der philosophischen Anthropologie in Italien zukommt, vgl. folgende Beiträge Fischers, die auf Italienisch veröffentlicht wurden: Fischer 2003a; 2003b; 2005; 2007; 2009.

Basis einer Synthese zwischen den Ansprüchen Fischers und denen von Löwith soll dann eine tatsächliche Möglichkeit für die philosophische Anthropologie in Form einer *(philosophischen) Anthropologie der Technik* ausgearbeitet werden. Ihr Hauptziel besteht darin, ein ganz bestimmtes epochales Phänomen in seiner umfassenden Bedeutung – genauer: in seinen umfassenden Auswirkungen auf die *conditio humana* – hervorzuheben, ein Phänomen, dem eine *ad hoc*-Benennung zufällt: *Neo-Umweltlichkeit (neoambientalità)*.

Als Höhepunkt eines fast zwanzig Jahre andauernden Forschungseinsatzes[8] und getragen von einem großartigen historischen Apparat stellt das Werk Fischers die Hypothese auf, dass die philosophische Anthropologie im Laufe des 20. Jahrhunderts dank der Bemühungen einiger ausgewählter Begründer – außer den drei ‚Schutzgöttern' Scheler, Plessner und Gehlen betrachtet Fischer allein Adolf Portmann und Erik Rothacker als *tout court*-Anthropologen[9] – den Status eines echten *Denkansatzes* erlangt habe. Auf diese Weise habe sie die Etikette einer bloßen *philosophischen Subdisziplin* endgültig abgelegt. Um dies auch optisch deutlich zu machen, schlägt er eine besondere Schreibweise für dieses Paradigma vor – „*Philosophische Anthropologie*" (die Großschreibung des Adjektivs; im Folgenden abgekürzt als PhA) – und kanonisiert so eine von Plessner bereits seit den 1930er Jahren angewendete Gewohnheit. Es handelt sich dabei um eine durchaus kohärente Entscheidung, da auch Plessner in dieser Formel seine eigene Auffassung von der philosophischen Anthropologie geltend machen wollte, und zwar die einer Lehre, die eine interdisziplinäre Berufung verfolge und gleichzeitig

---

[8] Das Buch ist die überarbeitete Version der 1997 an der Universität Göttingen vorgelegten Dissertation (Fischer 1997) – also an jener Universität, an der Plessner nach seiner Rückkehr nach Deutschland zunächst als Professor und dann als Rektor tätig war. Fischer selbst führt seinen ersten Versuch einer Formulierung der philosophischen Anthropologie als Denkansatz und Paradigma auf Fischer 1995 zurück.

[9] Vgl. Fischer 2008, 133-152 (Rothacker) und 197-205 (Portmann); die Werke, die für diesen Einbezug ausschlaggebend waren, sind Rothacker 1942 und Portmann 1944. Rothacker 1964 ist einer der wichtigsten Beiträge zur ‚Selbstanalyse' im Bereich der Philosophischen Anthropologie zu verdanken. Der Band gibt eine Vorlesung wieder, die im Wintersemester 1953/54 an der Universität Bonn abgehalten wurde. Aus naheliegenden Gründen können wir uns hier nicht mit dem schwierigen Thema eines möglichen Einbezugs weiterer Autoren in den Kreis der Begründer der PhA beschäftigen. So gut wie jeder Forscher folgt hier ganz persönlichen Präferenzen.

die Vorstellung umsetze, sich selbst als mögliche *prima philosophia* zu begreifen.[10]

Neben dieser starken Definition der philosophischen Anthropologie bestehen andere, weniger radikale Auslegungen, die zwar ihre philosophische Bedeutung anerkennen, sie jedoch auf ein Fachgebiet eingrenzen. Ein bereits klassisches Beispiel dafür ist die Position, die Habermas 1958 in seinem Lemma-Eintrag „Anthropologie" für das *Fischer-Lexikon* zum Ausdruck bringt. Auf halbem Wege zwischen Theorie und Empirie entstehe die philosophische Anthropologie – „ähnlich der modernen Naturphilosophie (in Gestalt einer Theorie des Lebens) und der modernen Geschichtsphilosophie (in Gestalt einer Theorie der Gesellschaft)" – aus „eine[r] Reaktion der Philosophie auf jene herangereiften Wissenschaften, die ihr Gegenstand und Anspruch streitig machen". Folglich soll sie dem Kreis jener „reaktiven philosophischen Disziplinen" zugeschrieben werden, die „nicht mehr das Geschäft der *prima philosophia* treiben […] sie begründen die Wissenschaften nicht mehr, sie verarbeiten sie"[11]. Das Echo dieses Urteils, das bald zum Vorbild einer ‚kritisch-versöhnlichen Haltung' gegenüber bestimmten Ansprüchen der philosophischen Anthropologie wird – eine Haltung, die ihr zwar den Status des Denkansatzes, nicht aber ihre philosophische Legitimität abspricht –, klingt noch bei Herbert Schnädelbach nach: „Anthropologie in philosophischer Hinsicht ist eine interpretative Disziplin; darin besteht auch die unveränderte Aktualität der philosophischen Anthropologie als philosophischer Teildisziplin"[12].

---

[10] Vgl. Fischer 2008, 14 (Anm. 22), wo auf Fischer 1995, 250 zur Entstehung der Unterscheidung zwischen „Denkansatz" und „Disziplin" verwiesen wird. Zum Thema der philosophischen Anthropologie als aspirierende erste Philosophie siehe: Tugendhat 2010a; Orth 1990-1991. – In *Die Stufen* (die noch ‚einfach' eine „Einleitung in die *philosophischen* Anthropologie" waren) fehlt die groß geschriebene Variante des Adjektivs. Jedoch taucht sie bereits in der 1936 an der Universität Groningen gehaltenen Antrittsvorlesung über *Die Aufgabe der Philosophischen Anthropologie* (H. Plessner 1936a) auf und wird bei zahlreichen nachfolgenden Gelegenheiten bestätigt: nämlich immer dann, wenn Plessner auf seine eigene Auffassung der philosophischen Anthropologie Bezug nimmt. Vgl. beispielsweise: H. Plessner 1956; 1963; 1973.

[11] Habermas 1977, 92.

[12] Schnädelbach 1989, 37 (das Zitat wurde aus Borsari 2003, 260 entnommen). Dieser Deutungslinie scheint sich Borsari auf ziemlich nüchterne Art selbst anzuschließen (ebd. 264 ff.), während die Zustimmung von Maria Teresa Pansera schon etwas eindeutiger ausfällt. Für sie „präsentiert sich die philosophische Anthropologie als eine

Anhand seiner deutlichen Option zugunsten des Denkansatzes setzt Fischer bei einer Rekonstruktion der *„Realgeschichte"* der Philosophischen Anthropologie an, der er den ersten und umfangreicheren Teil (450 der insgesamt 600 Seiten) seiner Studie widmet. Durch die „Genese", „Turbulenzen", „Durchbrüche", „Konsolidierungen" und „Rückgänge" zeichnet sich eine Entwicklung ab, die mit dem Jahr 1919 beginnt, als der frisch nominierte Scheler Plessner einlädt, an die Universität Köln („das neue Alexandrien") zu wechseln, und 1975 mit der Teilnahme Plessners und Gehlens an einem Sammelband zur Aktualität des Scheler'schen Denkens ihren Abschluss findet.[13]

Obgleich die Wahl eines Anfangs- und eines Endpunktes vor allem eine konventionelle Funktion hat, ist es ebenso wahr, dass die Festlegung einer Zeitspanne, ja gerade diese Form der Abgrenzung ein Geschehen zugleich definiert. Es wird damit ‚in der Zeit verortet'. Selbstverständlich gilt das im Falle eines so komplizierten und verschwommenen Geschehens wie dem hier anvisierten um so mehr. Demnach erweist sich dieses Vorgehen als genauso bezeichnend wie das der Auswahl der *tout court*-Anthropologen und ist keinesfalls als neutral zu werten, weil sich dahinter eine bewusste hermeneutische Entscheidung verbirgt. Ein Beispiel: Als Geburtsakt hätte man auch andere objektiv topische Momente wählen können, die jedoch eine ganz andere Interpretation impliziert hätten, d. h. kaum mit der Idee eines Denkansatzes vereinbar wären. Der Uranfang könnte auf das Jahr 1928 verschoben werden: das *annus mirabilis* der philosophischen Anthropologie, in das die Veröffentlichung von Schelers *Die Stellung* (in Buchform) und von Plessners *Die Stufen* fällt. Oder man könnte ihn auf das Jahr 1915 vorverlegen, als Schelers Aufsatz *Zur Idee des Menschen* erschien, der dessen ganz persönlichen anthropologischen Weg und damit die echte anthropologische Wende in der Philosophie einleitete. Oder aber er könnte – noch gewagter – in das Jahr 1922 gelegt werden, als *Menschheitsrätsel* in Druck ging, das Meisterwerk also des genialen Vorreiters und Pioniers der PhA Paul Alsberg. Er nimmt einige für die gesamte Bewegung tragende Ideen vorweg, unter denen

---

Disziplin, die Daten aus den einzelnen Wissenschaften verarbeitet, die sich irgendwie auf den Menschen und sein Handeln beziehen, jedoch weder den Anspruch erhebt, ‚grundlegend' zu sein [...] noch sich zu einer ihnen gleichrangigen Teilwissenschaft zu reduzieren." (Pansera 2001, 12).

[13] Vgl. Fischer 2008, 11. Die beiden Beiträge (aus dem Sammelband Good 1975) sind H. Plessner 1975 und Gehlen 1975.

die der *Körper-* bzw. *Organausschaltung* hervorsticht. Dieses schon zeitgerecht von Scheler, Gehlen und Plessner geschätzte und kritisierte Werk erfährt heute eine erneute Aufmerksamkeit, was größtenteils dem ihm von Peter Sloterdijk gewidmeten Interesse zu verdanken ist.[14]

Wie gesagt, das Vorhaben von Fischer, Ordnung in die Geschichte der philosophischen Anthropologie im Laufe des 20. Jahrhunderts zu bringen, ist nicht neu. Das gilt sowohl in Bezug auf die jüngere Zeit als auch generell für den deutschen Sprachraum. Ja, es entspricht unter vielfältigen Gesichtspunkten gewissermaßen einer allgemeinen Stimmung, die durch eine ganze Reihe von Publikationsinitiativen bezeugt wird. Letztere haben zwar eindeutig ihren Mittelpunkt in Deutschland, finden jedoch in Italien eine starke, vielleicht die solideste Weiterführung.[15] Dies vorausgesetzt ist das, was Fi-

---

[14] Wenngleich Scheler Alsbergs Grundideen kritisiert, die er zum Kreis der „negativen Theorien des Menschen" zählt, äußert er eine klare Wertschätzung für sein „beachtenswertes Buch" (Scheler 1928, 46). Im Vorwort zur zweiten Auflage der *Stufen* (1964) erkennt Plessner die „Organausschaltung" von Alsberg – die „Leitidee seines Gesamtentwurfs" – als eine Vorwegnahme der Kategorie der *Entlastung* von Gehlen an (H. Plessner 1928, 25). Vom „genialen Außenseiter" spricht Gehlen im Lemma „Philosophische Anthropologie" für *Meyers Enzyklopädisches Lexikon*. Seiner Einschätzung nach war es Alsberg, der „zuerst das kompensatorische Verhältnis zwischen einer biologisch defizitären Organausstattung des Menschen zu seiner Sprach- und Handlungsintelligenz erfaßt [hat]" (Gehlen 1971, 238-239). – Vermittelt über Dieter Claessens hat Peter Sloterdijk in Alsberg einen Hauptgesprächspartner für die Ausarbeitung seiner Anthropotechnik gefunden; vgl. dazu Alsberg 1922. Die neue, von Claessens 1975 herausgegebene Textausgabe wandelt den Titel in *Der Ausbruch aus dem Gefängnis. Zu den Entstehungsbedingungen des Menschen* um. Zur Position von Sloterdijk vgl. ders. 2001, 142-234. Zu derjenigen von Dieter Claessens, einer innerhalb von Fischers Diskurs über die PhA als ‚Denkansatz in soziologisierter Form' wichtigen Persönlichkeit (zusammen mit Heinrich Popitz und Hans-Peter Bahrdt), vgl. Claessens 1970 und 1980. Fischer behandelt die Stellungnahmen von Claessens in Fischer 2008, 419-424.

[15] Auch in diesem Fall scheint es mit den Absichten und dem verfügbaren Platz der vorliegenden Arbeit unvereinbar, allen diesen Thema gewidmeten Veröffentlichungen (auch nur auf Deutschland bezogen) gerecht zu werden. Wir verweisen daher auf die bereits erwähnten Bibliographien und beschränken uns hier darauf, einige Publikationsprojekte mit durchaus langem Atem anzuführen, hinter denen Hans-Peter Krüger steht: Professor für politische Philosophie und philosophische Anthropologie an der Universität Potsdam, Plessner-Forscher und einer der Gründer sowie

schers Projekt zu einem *unicum* macht – und sein Bestreben rechtfertigt, ein Klassiker auf diesem Feld zu werden –, die Kombination aus einer großartigen Rekonstruktionsarbeit und einer theoretisch-hermeneutischen Grundhypothese, die sich gleichermaßen radikal wie linear zu erkennen gibt. Es handelt sich um einen Interpretationsschlüssel, der einen ebenso weiten wie vieldeutigen und nuancierten Horizont zu umschreiben vermag. Insofern jedoch der „Denkort Philosophische Anthropologie in der denkgeschichtlichen Topographie des 20. Jahrhunderts nicht leicht zu identifizieren ist"[16], entpuppt sich dieses Unternehmen zugleich als überaus beschwerlich.

Die von Fischer angewendete Strategie hat unvermeidlich ihren Preis, das heißt, es werden Vereinfachungen und Verabsolutierungen in Kauf genommen. Das Ergebnis ist, dass der ‚Denkansatz Philosophische Anthropologie' sich teils der Gefahr aussetzt, als eine Art *brand* oder *philosophical Franchising* deklassiert zu werden bzw. als ein schier endloses Dach, das jeder erdenklichen, auf Identitäts- und Legitimierungssuche gehenden Denkerfahrung Unterschlupf bietet. Es entsteht daher der Eindruck, dass Fischers Vorschlag mitunter zum Opfer eines Mechanismus wird, der allen, die sich mit philosophischer Anthropologie beschäftigen, nur allzu gut bekannt ist – der *Kompensation* –, und dass er sich in deren Namen daranmacht, einem so übel verleumdeten Paradigma das zurückzugeben, was ihm allzu lang aberkannt wurde. Einerseits handelt es sich dabei um eine ganz verständliche Haltung – insbesondere vonseiten eines Forschers, der dieses ‚Entschädigungswerk' zum Zentrum seiner Forschungsarbeit gemacht hat. Andererseits zieht sie, wenn sie überhandnimmt, zwangsläufig Stigmatisierungen nach sich.

Nach diesen Überlegungen scheint es zulässig, eine Analogie zwischen dem Werk Fischers und der seit den 1960er Jahren von Odo Marquard vo-

---

ehemaliger Präsident der *Plessner-Gesellschaft*. Auch er wird zum Fürsprecher einer paradigmatischen Vorstellung der philosophischen Anthropologie, die jedoch weniger ‚stark' ist als die von Fischer. Seiner Auffassung nach wird die Unmöglichkeit, einen allgemeinen theoretischen Identitätskern auszumachen, gerade zur Chance, einer politisch ausgelegten philosophischen Anthropologie ungewöhnliche Perspektiven zu eröffnen (beispielsweise die von Foucault und Derrida). Gemeinsam mit der Soziologin Gesa Lindemann ist er Herausgeber der Reihe *Philosophische Anthropologie* (im Akademie Verlag); mit Bruno Accarino und Jos de Mul gibt er das *Internationale Jahrbuch für Philosophische Anthropologie* heraus.

[16] Fischer 2008, 12.

rangetriebenen Arbeit zu ziehen. In einem enger umschriebenen Bereich macht Fischer genau das, was seinerzeit auch Marquard getan hat. Mit Hilfe starker, ja gewagter theoretischer Annahmen (die unter Umständen zu kritisieren, aber zweifellos spontan plausibel sind), versuchen beide, indem sie zunächst grobe Umrisse zeichnen und dann eine Form daraus machen, ein trotz seiner unanfechtbaren Realität nach wie vor verschwommenes Phänomen ins rechte Licht zu rücken. Marquard entfaltet dieses Vorhaben, indem er einen erheblichen Teil der Moderne (ab dem Ende des 18. Jahrhunderts) auf den Begriff ‚Anthropologie' hin untersucht und diesen dann am *aut aut* zwischen Natur und Geschichte festmacht. Innerhalb seiner Rekonstruktion können ausschließlich jene Ansätze als „philosophische Anthropologie" gelten, die nicht nur die Erforschung des Menschen in den Mittelpunkt stellen, sondern zugleich auch der Geschichtsphilosophie den Rücken kehren und sich damit der Natur und der Lebenswelt öffnen. Ausgiebiger diskutieren wir dies im Verlauf des zweiten Teils der Studie; jetzt beschränken wir uns darauf, mit Plessner zu sagen: „Ohne Philosophie des Menschen keine Theorie der menschlichen Lebenserfahrung in den Geisteswissenschaften. Ohne Philosophie der Natur keine Philosophie des Menschen."[17]

Fischer konzentriert sich seinerseits auf die durch die Triade Scheler, Plessner und Gehlen geprägte Anthropologie-Philosophie des letzten Jahrhunderts und beansprucht für sie wie für alles, was sich auf diese drei Denker zurückführen lässt, die (Ehren)stellung einer echten „Denkrichtung". Sein Hauptziel besteht darin, die bereits zu ihrer Zeit – Ende der 1920er und Anfang der 1930er Jahre – diagnostizierte und später als eher flüchtige Modeerscheinung verzeichnete *anthropologische Wende* in einen *anthropological turn* umzuwandeln. Nur so kann die philosophische Anthropologie ihren Anspruch auf einen Platz neben den viel berühmteren Ansätzen der Lebensphilosophie, des Existenzialismus, der Phänomenologie, der Hermeneutik usw. geltend machen.

Die Analogie zwischen den Herangehensweisen Fischers und Marquards wird auch auf der wirkungsgeschichtlichen Ebene bzw. durch die Bedeutung, die beiden Unternehmen zugemessen wurde (und demjenigen Fischers noch zugemessen wird), bestätigt. Auch Marquard bewegte sich in

---

[17] H. Plessner 1928, 63. Aufschlussreich sind auch die anschließenden Zeilen: „Diesen Grundsatz haben wir unserer Ästhesiologie des Geistes in dem Buch *Die Einheit der Sinne* vorangestellt, diesen Grundsatz stellen wir auch dieser Untersuchung voran." (Ebd.)

einem der philosophischen Anthropologie nicht abgeneigten Umfeld. Einige Forschungsarbeiten und Studien, die später zu Bezugspunkten avancierten (wie zum Beispiel jene von Michael Landmann und Walther Brüning)[18], waren bereits veröffentlicht. Sein Hauptverdienst und der innovative Charakter seines Ansatzes sind demnach in seiner Fähigkeit zu finden, einer Frage, die bis dahin nur ein Thema unter vielen innerhalb der kontinentalen Philosophie war, einen vorrangigen Status zuzuerkennen. Marquard verlieh dieser Frage eine Art Dringlichkeit und etablierte somit einen Standard, einen *Kanon*, mit dem sich jeder auseinandersetzen musste – und das ist bis heute so. Er setzte auf diese Weise einen Parameter der Maßgeblichkeit durch, im Blick auf den sich jede andere Position einen eigenen Stellenwert erobern und Legitimität verschaffen muss(te).

Aus all diesen Gründen kommt Marquards Versuch eine Bedeutung zu, die seinen streng inhaltlichen Wert übersteigt; d. h. er kann nicht allein auf die Frage reduziert werden, ob er nun tatsächlich die endgültigen Grundsätze ausgemacht habe, um ‚das Phänomen der philosophischen Anthropologie' zu beschreiben, oder nicht. Er könnte genauso gut vollkommen Unrecht haben (was er selbstverständlich nicht hat) – dies würde die Bedeutung, die er bereits erlangt hat, nur geringfügig beeinträchtigen. Dasselbe könnte man auch für Fischer geltend machen. Es gelingt seinem Ansatz, in einem (wie gesagt) eingeschränkteren, aber zugleich theoretisch radikaleren Bereich eine ähnliche Funktion zu erfüllen. Auch seiner Vorgehensweise sollte hoch angerechnet werden, dass hier ein grundlegender (allgemeiner und zugleich bestimmter) Vergleichshorizont geschaffen wird, in dessen Rahmen auch sehr heterogene Positionen versammelt und angeregt werden können.

Auf den vorliegenden Seiten soll es zunächst um das Umfeld solcher Positionen gehen. Deshalb geht unsere Abstandnahme von Fischers Hypothese von einer – das soll erneut betont werden – grundsätzlichen Zustimmung zu

---

[18] Vgl. einige der vielen in jenen Jahren veröffentlichten Bücher, die zu Referenzstudien werden sollten: Hengstenberg 1957; Brüning 1960; Schoeps 1960; Knittermeyer 1963; Rombach 1966. Unter den erwähnten Namen sticht Michael Landmann heraus, einer der ersten, hartnäckigsten und aufmerksamsten Forscher zur Problematik einer historisch-theoretischen Definition der philosophischen Anthropologie. Vgl. unter seinen Arbeiten insbes. Landmann 1955; 1961; 1962; 1979. Zu Landmann siehe auch Bohr u. Wunsch 2015.

dem Geist aus, der sie beseelt. Diese Zustimmung bezieht sich in erster Linie auf die Entscheidung, fast ausnahmslos der Entwicklung der philosophischen Anthropologie des 20. Jahrhunderts Vorrang zu geben. In unserem Fall hängt dies mit mindestens zwei Gründen zusammen. Erstens wäre die Erweiterung des historischen Spektrums mit den hier verfolgten Zielen nicht vereinbar, da eine *ad hoc*-Arbeit verlangt ist; zweitens wird gerade im 20. Jahrhundert aus der anthropologischen Fragestellung als solcher eine originär *philosophische*. Erst aus dem Aufkommen dieser bis dato unbekannten Dringlichkeit – die sich aus der Krise im Blick auf die ‚Idee des Menschen' entwickelt – erklärt sich das folgerichtige Bedürfnis, deren Hintergrund zurück bis zu den Anfängen der *Neuzeit* rekonstruieren zu wollen. Mit anderen Worten: Ohne Scheler, Plessner und Gehlen gäbe es keinen Marquard, d. h. jenes Bedürfnis, aus dem dann die Forderung nach einer Arbeit, wie Marquard sie verfolgte, hätte nicht heranreifen können. Ohne Marquard wiederum würde es andererseits wahrscheinlich keinen Fischer geben.

Aus all diesen Gründen beschränken wir die Bezüge auf die historischen Voraussetzungen der philosophischen Anthropologie auf einen allgemeinen Verweis, indem wir eine ‚weiche' (also nicht allzu problematische und problematisierte) Behandlung wählen, wie Peter Probst sie anbietet. Wir können uns damit auf die Analyse der aktuellen Fragen konzentrieren, also derjenigen, die wir für die wichtigsten halten. Auf sie bezogen machen wir uns Fischers Erhöhung der philosophischen Anthropologie in den Rang eines Paradigmas zu eigen, die damit einhergehende *ad hoc*-Schreibweise „Philosophische Anthropologie" inbegriffen. Das gilt jedoch einzig und allein insofern, als es das Außergewöhnliche dieser Erfahrung kennzeichnen soll, d. h. ihre Eigenschaft als ‚philosophisches Novum'. In Bezug auf seine inhaltlichen Ansätze nehmen wir dagegen von Fischer Abstand. Insofern nämlich die vorliegenden Seiten den Identitätskern der PhA in eine *topologische Torsion der Menschenfrage* stellen (bzw. in eine Position, die Schelers unübertroffenes *imprimatur* der PhA bestätigt), bringen sie einen Ansatz zum Ausdruck, der sich im Hinblick auf die sogenannte *Soziologisierung*, die diese Denkbewegung grob seit der Zeit nach dem Zweiten Weltkrieg charakterisiert,[19] substanziell von demjenigen Fischers, der dieser Kennzeichnung durchaus positiv gegenübersteht, unterscheidet.

---

[19] Karl-Siegbert Rehberg schreibt in Bezug auf Gehlen, der zweifellos die Schlüsselfigur dieser Wende darstellt: „1936 [hatte er] den Schwenk vom philosophischen Idea-

Wir behaupten also, dass die philosophische Anthropologie als Denkansatz mit der – ausschließlich auf einem pathischen Wege erreichbaren – Wahrung ihrer heterozentrischen und positionalen Veranlagung steht und fällt. Letztere wurzelt ihrerseits in der kosmologischen Differenz zwischen Welt und Menschenwelt. Auf der Grundlage dieser Annahme zeichnet sich mit der soziologischen Wende der PhA ein Verzicht auf ihre authentische philosophische Inspiration ab. Anders gesagt glauben wir, dass eine solche Wende der PhA einer unbewussten Geste der Selbstauflösung entspricht, philosophisch gesprochen: einer Apostasie.

1.2 Die *Sonderstellung* der philosophischen Anthropologie im 20. Jahrhundert

In seiner Auslegung des Problems einer philosophischen Anthropologie – als Motto gilt ihm dabei ein Satz aus Pannenbergs theologischer Anthropologie: „wir leben in einem Zeitalter der Anthropologie"[20] – unterscheidet Peter Probst zwischen *primären und sekundären Anthropologien*. Erstere sind ganz und gar „Theorien über den Menschen", zweitere „Theorien über die Menschenbilder in der Vergangenheit"[21]. Gleich darauf folgt eine Definition der „anthropologischen Epochen" bzw. jener geschichtlichen Zeitalter, die weder wissen, wo sie stehen, noch, wohin sie wollen: „Anthropologische Epochen sind problematische Epochen"[22].

Aber nicht alle anthropologischen Epochen sind gleich. Im Rückgriff auf Martin Buber, dessen Beschreibung der *Grundstimmung* der *Menschenfrage* – „einer wesentlichen Bedingung der anthropologischen Frage"[23] also –

---

lismus zur Anthropologie als einer ‚empirischen' Philosophie vollzogen, so folgte nach 1945 ein weiterer Schritt der Empirisierung des Wissens, ‚in Richtung des Comte'schen Gesetztes [...], nämlich zur Soziologie." (Rehberg 2000, 454)

[20] Pannenberg 1995, 5. Und weiter: „Eine umfassende Wissenschaft vom Menschen ist ein Hauptziel der Geistigen Bestrebungen der Gegenwart" (ebd.).

[21] Probst 1981, 230; vgl. auch Probst 1974.

[22] Probst 1981, 235.

[23] Vgl. ebd. 237. In Wirklichkeit geht Probst darüber hinaus und definiert das „heimatlos in dieser Welt zu sein", welches sich im Lebensgefühl der anthropologischen Epochen aktualisiere, als „die primäre Befindlichkeit des Menschen" (ebd. 235). Er bezieht sich dabei auf Buber (1962, 317), der in der „Geschichte des Menschengeistes" „Epochen der *Behaustheit* und Epochen der *Hauslosigkeit*" unterscheidet. „In der

als „*Hauslosigkeit*" er übernimmt, deutet Probst auf drei unterschiedliche Zeitalter hin. Das erste ist von dem Glauben an einen von der Vorsehung gezeichneten Entwurf getragen. Die „innerweltliche Anthropologie" löst sich daher in einer „überweltlichen Soteriologie des göttlichen Handelns" auf. Nach einem gefestigten historisch-theoretischen Paradigma erreicht diese Epoche in der Hegel'schen *Vollendung* bzw. in der umfassenden spekulativen Lösung ursprünglich theologischer Ansprüche ihren Höhepunkt. Im System Hegels wird dieses Resultat durch die verschiedenen Etappen des Aufstiegs des absoluten Geistes hervorgebracht. Gerade als Vollendung stellt es die höchstmögliche Verwirklichung und zugleich notwendige Überwindung jener theologischen Ansprüche dar.[24] Man geht daher von der „biblischen Soteriologie" zur „historischen" über, die „das Heilsgeschehen als Fortschrittsgeschichte betrachtet".

Der Hegel'sche Vollendungsgedanke bildet somit den Zugang zur zweiten Epoche der Anthropologie, die zu Beginn des 19. Jahrhunderts mit der „Entdeckung" eingeläutet wird, „daß sich Sinnlichkeit und Endlichkeit des Menschen nicht verdrängen lassen"[25]. Johann Christian August Heinroth mit seiner „eschatologischen Anthropologie" (die auf das zielt, „was der Mensch nicht aus sich erreichen kann"[26]) und Ludwig Feuerbach mit seiner „physiologischen Anthropologie" (die in den Blick nimmt, „was der Mensch nicht aus sich selbst gemacht hat"[27]) verkörpern zwar voneinander verschiedene, jedoch symbiotische Grundoptionen dieser zweiten Phase. Ihren Höhepunkt findet diese Epoche in der säkularisierten Eschatologie des Fortschrittsmythos, dessen Garant die exakten Wissenschaften sind. Ihren

---

einen lebt der Mensch in der Welt wie in einem Hause, in den anderen lebt er in der Welt wie auf freiem Feld [...]. In den ersten gibt es den anthropologischen Gedanken nur als einen Teil des kosmologischen, in den zweiten gewinnt der anthropologische Gedanke seine Tiefe und mit ihr seine Selbständigkeit." (Ebd.)

[24] Bekanntlich war Löwith ein hervorragender Interpret dieses Paradigmas. Seine Auslegung hält die von Marx und Kierkegaard herangezogenen Zentrifugalschübe komplementär für Verbrennungsvorgänge der kritischen Masse, die sich mit der hegelschen *Vollendung* angesammelt haben. Diese Deflagrationen hätten dann bei Nietzsche einen neuen, wenn auch zeitlich begrenzten Schmelzpunkt gefunden (vgl. Löwith 1941; 1967b)

[25] Probst 1981, 238.

[26] Ebd.; vgl. Heinroth 1822.

[27] Ebd.; vgl. Feuerbach 1959.

erstaunlichen Erfolgen verdanken wir die ständige (vermeintliche) Sicherheit, das Leben beherrschen zu können.

Vom Zusammenbruch dieses Glaubens – unter der Last der von ihm selbst hervorgerufenen übersteigerten Erwartungen – in das *Verhängnis des Fortschritts*[28] nimmt zu Beginn des „kurzen Jahrhunderts" die dritte Epoche der Anthropologie ihren Ausgang. Bei ihr handelt es sich um eine ganz besondere Epoche bzw. um eine Epoche, in der die Frage nach dem Menschen eine neue Dringlichkeit erfährt, und dies innerhalb einer gleichermaßen unbekannten Gesamtsituation. Die *Hauslosigkeit*, die Probst als historische Konstante der anthropologischen Frage ausmacht, erlangt eine noch nie dagewesene Bedeutung. Damit wandle sich auch die Problemstellung, so dass es trotz der stetig wachsenden Zahl der ihr gewidmeten Veröffentlichungen legitim sei, zu fragen, „ob sich die Motive der Anthropologie und das Interesse an derselben auf einen gemeinsamen Nenner bringen lassen"[29].

Mit diesem Zweifel schließt Probst seinen hilfreichen historischen Überblick ab, dem ein weniger interessanter *pars construens*-Abschnitt folgt. Mit Blick auf die Ziele der vorliegenden Studie sollten wir bei dem soeben umrissenen Moment – der dritten anthropologischen Epoche – etwas länger verweilen. Wie schon erwähnt, galt der sie kennzeichnende Sachverhalt zu jener Zeit als absolut neu- und einzigartig, und das berühmte *incipit* von Max Schelers *Mensch und Geschichte* (1926) bringt ihn auf den Punkt:

> Wir sind in der ungefähr zehntausendjährigen Geschichte das erste Zeitalter, in dem sich der Mensch völlig und restlos „problematisch" geworden ist: in dem er nicht mehr weiß, was er ist; zugleich aber auch *weiß, daß er es nicht weiß*.[30]

Es handelt sich um die Anerkennung eines paradoxen Umstandes, in dem die Formulierung der *Frage nach der Sonderstellung, die der Mensch schon immer* (und zwar *seiner Natur gemäß*) *im Kosmos/im All einnimmt*, als mögliche Antwort auf jene Sonderstellung auftaucht, die die anthropologische Frage selbst in einer bestimmten Zeit gewonnen hat. Diese Zeit stellt ihrerseits einen geschichtlichen Ausnahmezustand dar. Scheler ist es hoch anzurechnen, dass er diese Krisensituation des Wissens des Menschen über sich

---

[28] *Das Verhängnis des Fortschritts* ist der Titel eines bedeutsamen Aufsatzes von Löwith (Löwith 1962a). Vgl. diesbezüglich auch Gehlen 1967.
[29] Probst 1981, 239.
[30] Scheler 1926, 120; vgl. auch Scheler 1928, 10.

selbst zeitgerecht und wirksam hervorgehoben und in ihr den Widerhall einer Krisis des Wissens insgesamt erkannt hat. Andererseits erschien der Philosophie diese Krisis zugleich als die ersehnte Gelegenheit zur Befreiung. Aus diesem Grund ist Scheler ohne Zweifel die Vaterschaft jener *anthropologischen Wende* zuzuschreiben, welche die Philosophie im deutschen Sprachraum zu Beginn des 20. Jahrhunderts prägt und in der PhA ihren höchsten Ausdruck findet.

Aber worin bestand (aus einer rein philosophischen Perspektive betrachtet) eigentlich das Besondere dieses Zeitraums? Arnold Gehlen spricht in einem Überblick *a posteriori* von einer ausgesprochen schwierigen Lage, in der die Philosophie einerseits noch vortäuschen konnte, „metaphysische Ambitionen oder den Wunsch nach dem großen System" zu hegen, sich jedoch in Wirklichkeit hinter ihrem eigenen Blason verschanzte und sich abmühte, mit den positiven Wissenschaften Schritt zu halten, welche die neuen Regeln der Erkenntnis etablierten/vorschrieben. So „konnte man kaum das Gefühl vermeiden, an einer Sache zu wirken, deren Tage gezählt waren", denn der Bau der Wissenschaften „wuchs täglich nach allen Dimensionen und war von keiner Ecke her mehr übersehbar"[31]. Heraus kam dabei das, was Helmuth Plessner als „Selbstunsicherheit" beschreibt, sowohl der „Philosophen, die auf der Suche nach ihrem verlorenen Beruf sind", als auch der Philosophie selbst, welche sich endgültig in eine „historische Disziplin" zu verwandeln drohte, das heißt in ein antiquiertes Wissen, das einzig um seiner glorreichen Vergangenheit willen geduldet wurde.[32]

Zum einen handelt es sich hier um verlässliche Zeugnisse, da sie von zwei aufsteigenden Protagonisten dieser Zeit vermittelt werden. Andererseits sind sie nicht erschöpfend, denn es gelingt ihnen nicht, die Komplexität dieses absoluten Einzelfalls epistemischer Kontingenz wiederzugeben. In der Tat kommt es in den ‚unwiederbringlichen zwanziger Jahren der *verspäteten Nation*' (Spengler nannte sie die „Jahre der Entscheidung"[33]) zu der so-

---

[31] Gehlen 1968, 203.
[32] H. Plessner 1959, 178 und 169. Vgl. auch H. Plessner 1953 und – in einer allgemeineren Optik der Kultur – H. Plessner 1961.
[33] Rehbergs Hypothese bezüglich der deutschen Herkunft der PhA ist durchaus suggestiv. Seiner Meinung nach hat die besonders gefährliche Lage im Zwischenkriegsdeutschland als perfekter Auslöser fungiert, um „an ancient question in a new way" zu stellen, eben weil sich der Deutsche selbst „as a politically ‚deficient being' (*Mängelwesen*) *par excellence*" verstand (Rehberg 2009, 131-132). Von diesen unwieder-

genannte Grundlagenkrise der Wissenschaften, das heißt, das blinde Vertrauen in die eigenen Möglichkeiten wird endgültig überwunden. Jenes Urvertrauen hatte sich auf eine von unaufhaltsamem Progressismus geprägte Welt- und Geschichtsanschauung gerichtet. Jetzt musste (und muss) man sich dagegen mit einer von Misstrauen und latenter Unsicherheit gezeichneten Situation auseinandersetzen, die zugleich die Funktion und Verfassung der Wissenschaften heimsucht.

Obgleich es sich hier um eine Systemkrise handelte, sollten die unterschiedlichen Disziplinen diesen traumatischen Übergang auf je ihre Art und Weise sowie zu ihrer je eigenen Zeit meistern. Die Geometrie war mit Riemann im ausgehenden 19. Jahrhundert die Wegbereiterin. Von Planck und über Einstein erreichte die Physik mit Heisenberg (in exakt den Jahren der ‚anthropologischen Wende') ihren *redde rationem*. In der Mathematik hatte die Auseinandersetzung zwischen Intuitionisten und Formalisten selbst Husserl in Göttingen in ihren Bann gezogen. Jedoch stellen die Entwicklungen einer *per definitionem*-Grenzdisziplin wie der Psychologie und ihre Suche nach einer eigenständigen Identität Paradebeispiele für das allgemeine Szenario dar. Sie war hin- und hergerissen zwischen den Verlockungen der Physiologie – die ihr dank überraschender Fortschritte eine endgültige Legitimierung im Kreis der exakten Wissenschaften verschaffen konnte – und dem Anspruch auf eine führende Rolle unter den Geisteswissenschaften.

Unter diesen Voraussetzungen schien es aber selbstverständlich zu sein, dass eine anthropologisch geprägte Philosophie naturgemäß zur Biologie neigte. Vor allem verspürte die Philosophie das Bedürfnis, sich mit der ‚natürlichen positiven Naturwissenschaft vom Menschen' und so auch mit deren Krisen und Herausforderungen zu messen. Während sich die Biologie noch die darwinistische Revolution aneignete (der sich der Neovitalismus von Driesch ohne Erfolg zu widersetzen versuchte), brütete sie bereits eine Reihe von weit darüber hinausgehenden (intra-darwinistischen) Umwälzungen aus. Im beginnenden 20. Jahrhundert fanden die auf das Rätsel der Mutation bezogenen Probleme – denen selbst Darwin weichen musste – bei Hugo de Vries eine erste Formulierung, die dann der posthumen Neubelebung der Arbeit Mendels und damit der *Modern Synthesis* (Neodarwinis-

---

bringlichen 1920er Jahren und ihren unzähligen (nicht nur) philosophischen Auswirkungen legt ein wertvolles Dokument Zeugnis ab: das ‚öffentliche Tagebuch' von Karl Löwith (Löwith 1940).

mus) mit Thomas Hunt Morgan, Theodosius Dobzhansky und Julian Huxley, bis zum Anbruch der Genetik, den Weg ebnen sollten.

In Übereinstimmung mit den bis jetzt angestellten Betrachtungen sei eine kurze Abschweifung von der Hauptthematik gestattet, um das ganz besondere Verhältnis, das zwischen der Biologie und der philosophischen Anthropologie während ihres goldenen Zeitalters herrschte, hervorzuheben. Auch aufgrund ihrer *outsider*-Rolle wird die philosophische Anthropologie zum natürlichen Sammelbecken und Inkubator für einige unkonventionelle Wissenschaftler (das heißt heterodoxe Biologen), die sich gegenüber der herrschenden darwinistischen Orthodoxie unempfindlichen zeigten. Das bedeutet nicht etwa, dass sie diese Orthodoxie *in toto* zurückwiesen (ausgenommen Driesch und zum Teil von Uexküll); zweifellos aber widersetzten sie sich entschieden der Tatsache, dass der Darwinismus sich anmaßte, einen für die gesamte Disziplin geltenden, endgültigen, ja schicksalhaften Charakter vorzuzeichnen, kurz: dass er sich als *telos* der Biologie präsentierte.[34] Von einem philosophischen Blickpunkt aus lassen sich diese Wissenschaftler in ihrer gemeinsamen Zurückweisung der von Darwin vorgelegten *ökonomizistischen (Malthusianischen) Lebensontologie* zusammenfassen. Oder anders gesagt: Ihr gemeinsamer Nenner ist die Affirmation einer Vorstellung von Lebenskraft, die eher dem *Willen zur Macht* Nietzsches oder dem *élan vital* Bergsons nahesteht. Diese Kraft überschreitet das Schema des Funktionalismus und folgt somit einer Logik des Überflusses, ja des Übermaßes, der Verschwendung. Sie ist daher der von Georges Bataille theoretisierten *dépense* nicht unähnlich. So kommt es, dass Persönlichkeiten wie Hermann Klaatsch, Louis Bolk, Jakob von Uexküll oder Adolf Portmann mit ihren jeweiligen theoretischen Standpunkten (dem Primitivismus, der Neotenie, dem Bauplan, der Fötalisation) bei den drei Vätern der philosophischen Anthropologie Unterkunft finden. Hans Driesch verdient einen eigenen

---

[34] Ein konkretes Beispiel soll diese Vorstellung plausibel machen. Erst Mayr, einflussreicher Biologe und Autor einer Geschichte der Biologie, die als eine Hauptreferenz der letzten Jahrzehnte gilt (erstmals 1982 auf Englisch veröffentlicht), geht ausdrücklich und über jeden Zweifel erhaben von einer Identifikation zwischen Biologie und Darwinismus – oder besser: von einem Einmünden der Biologie in den Darwinismus – aus. Folglich löst sich die Geschichte der Biologie gänzlich in einer Geschichte und Vorgeschichte des Darwinismus auf, das heißt in der Chronik ihrer Geburt und sukzessiven Entfaltung (vgl. Mayr 2002).

Diskurs: Die Wiedereinführung eines Prinzips wie der *Entelechie* stellte für die Wissenschaft des beginnenden 20. Jahrhunderts einen untragbaren Affront dar, dahinter verbarg sich ein allzu übertriebenes metaphysisches Augenzwinkern. Allein Plessner, der in Heidelberg ein Schüler von Driesch gewesen war, diskutiert in seinem Meisterwerk prägnant und erschöpfend einige von dessen theoretischen Standpunkten.[35]

Wie schon gesagt, beschränkte sich die philosophische Anthropologie nicht darauf, nur die Erinnerung an diese an den Rand der offiziellen wissenschaftlichen Debatte gedrängten Gegebenheiten zu pflegen. Im Gegenteil, sie kultivierte sie (auf ihre eigene Art) und ermöglichte ihnen so die Entfaltung, die ihnen innerhalb ihres naturgemäß epistemischen Habitats verweigert wurde. Am Ende dieses steinigen Weges präsentierte sie sie – mit neuem Gewand – einer wissenschaftlichen Gemeinschaft, die in der Zwischenzeit die Zügel des Integralismus gelockert hatte. So kam es dazu, dass (um ein leuchtendes Beispiel zu nennen) in dem Begriff der *exaptation* (*evolutionary bricolage*), der das neodarwinistische Panorama neu umrissen hat, objektiv das Echo der Gehlen'schen „Entlastung" wiederhallt, welche ihrerseits wiederum Autoren wie Bolk zu Dank verpflichtet ist. Der Vorschlag, der

---

[35] Vgl. H. Plessner 1928, 138-176. Dennoch finden sich in der Position so mancher ‚Anthropologen' (und nicht nur bei ihnen) Spuren von Drieschs Überlegungen. Allen gemein ist, dass Drieschs Intuitionen zwar gepriesen werden, ihnen jedoch die Schärfe genommen wird. Das gilt beispielsweise für den *Bauplan*-Begriff von Uexkülls, in dem eine gezähmte Version der *Entelechie* Drieschs durchscheint. Selbst die Plessner'sche Kategorie der *Positionalität* hat ihm etwas zu verdanken sowie (in noch nuancierterer Form) Gehlens Vorstellung vom Lebewesen als *Naturplan*, deren er sich bedient, um seine eigene (positivistische und empirisch untermauerte) Version der anthropologischen Differenz zu stützen. Damit ist vermutlich der zwar weniger deutliche, dennoch fest verankerte Einfluss des Vitalismus Drieschs gerade in Schelers Werk zu finden, und zwar in seiner dualistischen Hypothese, die zur Vollendung einer Tendenz zu führen scheint, die schon Bestandteil von Drieschs Arbeit war. Scheler trennt, was Driesch versucht hatte, mit Zwang zusammenzuhalten, indem er es sich selbst auferlegte, innerhalb der Regeln der wissenschaftlichen Praxis zu bleiben. Scheler zweiteilt die in Drieschs Kategorie ‚Leben' enthaltene *dynamis* und bringt sie so zum Abschluss. Ergebnis ist das Bestehen eines ersten Prinzips, des *Drangs*, welcher eine mächtige, jedoch blinde Lebenskraft darstellt und daher einer Ergänzung bedarf, die sie über sich selbst hinausführt. Gemeint ist ein zweites Prinzip, ein machtloses und immaterielles, das Scheler (seiner philosophischen Perspektive entsprechend) in ausdrücklich metaphysischen Begriffen als *Geist* beschreiben kann. Vgl. dazu Frings 1981.

1982 von Stephen Jay Gould und Elisabeth Vrba vorgelegt wurde,[36] folgt der Vorstellung von biologischen Merkmalen (Organen), die sich von der natürlichen Selektion – bzw. von einer ‚unvermittelt biologischen Semantisierung' – vorläufig emanzipieren (entlasten), um sich auf freiere Art neu zu formen. Auf diese Weise kann das biologische Schicksal der Individuen und möglicherweise das der gesamten Spezies, der diese angehören, neu gezeichnet werden.

Die fruchtbarste Krasis dieser Mischungen aus „the two cultures" ergab eine *philosophische Biologie*, die mit Autoren wie Adolf Portmann und Hans Jonas ihren reifsten Ausdruck fand und mit Plessner, der sich schon immer gegen die Trennung von Natur- und Geisteswissenschaften ausgesprochen hatte, ihren Inspirator und Vorreiter. Er erkannte gerade in einer Biophilosophie die konkrete Möglichkeit für seine Philosophische Anthropologie, zur *philosophia prima* zu werden.[37]

Nun können wir zur Hauptfrage zurückkehren und zwar zu der Behauptung, dass die Wissenschaften in diesem einzigartigen Moment vor einem unerwarteten epistemischen Kurzschluss, einer paradoxen Implosion standen. In der Tat hing ein solcher Ausgang nicht von einem Innehalten ihrer Entwicklung, sondern von ihrer erfolgreichen Intensivierung ab. Es ist deren gewachsene und stetig zunehmende Fähigkeit, auf die Wirklichkeit konkret Einfluss zu nehmen, die sie vor ein unerwartetes Szenarium stellt. Jetzt können die Wissenschaften die Wirklichkeit nicht nur reproduzieren – sie können sie auch produzieren (d. h. neu erschaffen) und bringen somit das ontologische Dogma der Trennung zwischen *technai onta* und *physei onta* ins Wanken. Im Gegensatz zu den ersehnten „magnifiche sorti e progressive"[38], einer unbegrenzten Verbesserung, stehen sie nun vor einem zumindest

---

[36] Vgl. Gould u. Vrba 1982. Zu diesem Thema siehe auch Gualandi 2009.

[37] Marjorie Grene ist das Verdienst zuzuschreiben, als erste (bereits Anfang der 1960er Jahre) den Akzent auf diese philosophische Biologie gelegt zu haben, indem sie die Erfahrungen verschiedener Autoren – darunter Portmann, Plessner, Straus, Buytendijk, Goldstein – miteinander verglich (Grene 1968). Fischer berücksichtigt diese Arbeit (Fischer 2008, 363-366) und integriert – im Rahmen einer allgemeiner gehaltenen Hypothese der *Biophilosophie* – auch den grundlegenden Beitrag von Hans Jonas, dessen Buch *Organismus und Freiheit* sich selbst als *das Prinzip Leben* begreift bzw. als *Ansätze zu einer philosophischen Biologie* (Jonas 1973).

[38] Leopardi 2013, 369.

problematischen Panorama. Eine solche Herausforderung rief die *ratio essendi* dieser Lehren selbst auf den Plan, und dafür waren sie nicht gerüstet. Das Auftauchen unverdächtiger letzter Fragen, d. h. die Infragestellung der „Grundbegriffe" an sich – „die Bestimmungen, in denen das allen thematischen Gegenständen einer Wissenschaft zugrundeliegende Sachgebiet zum vorgängigen und alle positive Untersuchung führenden Verständnis kommt"[39] –, ließ die Wissenschaften auf der Stelle treten. Überzeugt davon, dass „die eigentliche ‚Bewegung' der Wissenschaften sich in der mehr oder minder radikalen und ihr selbst nicht durchsichtigen Revision der Grundbegriffe abspielt"[40], bezieht sich Heidegger (wie viele andere) in der Einleitung von *Sein und Zeit* eindeutig auf diese Grundlagenkrise, um die erneuten Ambitionen der Philosophie, und insbesondere der Ontologie, zu rechtfertigen.

Eine perfekte Beschreibung dieses Sachverhaltes liefert uns der berühmte Vortrag über *Das Naturbild der heutigen Physik*, den Werner Heisenberg bei der *Bayerischen Akademie der Schönen Künste* in München 1953 hielt. Es handelt sich um dieselbe Gelegenheit, bei der – im Kreise angesehener Vortragender wie Romano Guardini, Manfred Schröter und Friedrich Georg Jünger – Heidegger *Die Frage nach der Technik* vorlegte. Das Zeugnis des deutschen Physikers stellt sich als umso wirksamer heraus, als es innerhalb des wissenschaftlichen *milieu* gewachsen war, in einer seiner fortgeschrittendsten, aber auch klügsten Avantgarden. Diese Avantgarden erfuhren in erster Person die strukturellen (epistemischen) Grenzen eines Wissens, das seine *impasse* zwar zur Kenntnis nehmen, aber nicht überwinden konnte. Um sich erneut zu etablieren, sah es sich gezwungen, sich jener radikalen (wenn auch wenig bestimmten) Fragestellung zu widmen, zu der nur die Philosophie fähig ist. Formelhaft ausgedrückt haben wir es hier mit der notwendig *ekstatischen Genese eines umfassenden epistemologischen Bruchs* zu tun, genauer gesagt mit dem Zwang für eine Wissenschaft, die sich radikal neu zu bilden beabsichtigt, über die eigenen Voraussetzungen (und somit über sich selbst) hinauszugehen. So schreibt Heisenberg, dass „zum erstenmal im Laufe der Geschichte der Mensch auf dieser Erde nur noch sich selbst gegenüber steht". Und etwas später:

---

[39] Heidegger 1977, 14.
[40] Ebd. 13. Man bedenke, dass Heidegger, seiner Perspektive absolut treu, zu den Wissenschaften, die mit einem Umdenken der eigenen Voraussetzungen beschäftigt sind, neben der Physik, der Mathematik, der Biologie usw. auch die Theologie zählt.

> [A]uch in der Naturwissenschaft ist also der Gegenstand der Forschung nicht mehr die Natur an sich, sondern die der menschlichen Fragestellung ausgesetzte Natur, und insofern begegnet der Mensch auch hier wieder sich selbst.[41]

Als sich folglich die Risse innerhalb der positiven Wissenschaften als zu tief entpuppten, um noch mit irgendwelchen spekulativen Flicken repariert werden zu können – hier wankte nichts Geringeres als das letzte *métarécit*, das nach dem Verschleiß aller traditionellen (erst ‚hinterweltlichen', dann säkularisierten) Paradigmen noch plausibel war –, wird die Philosophie der Möglichkeit gewahr, wieder einen epistemischen Vorrang für sich beanspruchen zu können. Endlich kann sie die unbequeme Livree abschütteln, die sie im Laufe der gesamten Neuzeit hatte tragen müssen, wo sie zunächst die Rolle der *ancilla theologiae*, dann die der *ancilla scientiae* und schlussendlich die der *ancilla scientiarum* (mit der spezialistischen Ausbreitung des wissenschaftlichen Rahmens) zu spielen hatte. Die Philosophie sah die konkrete Gelegenheit, erneut den Thron zu besteigen, von dem sie lange verstoßen worden war, und legte daher die untertänigen (vom Positivismus verkörperten) und/oder versöhnlichen (von gewissen Positionen des Neukantianismus vertretenen) Verhaltensweisen ab, die sie in der jüngeren Vergangenheit angenommen hatte. Sie entschied, den Wert ihrer eigenen Besonderheit wieder zu betonen, indem sie aus ihrer Funktion als Schutzherrin des guten Gewissens der positiven Lehren – eine Funktion, die sie als ‚Metawissenschaft' oder als ‚Epistemologie' ausgeübt hatte – ausstieg, d. h. aus der Rolle des theoretischen Garanten von deren praktischer Wirksamkeit.

Zusammenfassend: Beladen mit denselben unumstößlichen Grundsätzen (die *posita*), aus denen sie ihre scheinbar unantastbaren Sicherheiten bezogen hatten, waren die Wissenschaften offensichtlich nicht imstande, die nun unaufschiebbare Autoskopie vorzunehmen.[42] Die von ihnen geöffneten Problembereiche verlangten (um ihnen begegnen zu können) eine radikalkritische Haltung, die dem wissenschaftlichen *habitus* so fremd wie sie dem

---

[41] Heisenberg 1955, 17 und 18.
[42] In dem 1927 gehaltenen Vortrag *Phänomenologie und Theologie* gibt Heidegger eine klare Darstellung seiner Überzeugung, dass es einen grundlegenden Rangunterschied zwischen der Philosophie und den positiven Lehren gibt. Diese Darstellung geht dem vielleicht allzu gelungenen Satz „die Wissenschaft denkt nicht" voraus, der sich schnell in einen Slogan verwandeln sollte (vgl. Heidegger 1927).

philosophischen eigen war. Die Philosophie ihrerseits antwortete auf eine so große Herausforderung keineswegs einstimmig, aber doch deutlich, indem sie einige Leitworte hervorbrachte, die sich als mögliche ‚Chiffren des Zeitgeistes' anboten. Die Auswahl dieser philosophischen Grundworte reichte von *Leben* (das in geringerem Ausmaß durch den Neuvitalismus von Driesch, vor allem jedoch durch die Lebensphilosophie von Dilthey bis Simmel und Bergson und letztlich bis Misch vertreten wurde) über *Wesen* (das durch die Phänomenologie in all ihren vielfältigen Abzweigungen repräsentiert wurde) und *Existenz* (die sich im Existenzialismus von Jaspers und einem ‚missverstandenen Heidegger' – vielleicht weniger als er selbst zuzugeben bereit war – Ausdruck verschaffte) bis hin zum *Sein*, das vorerst dank Hartmanns und dann dank des ‚wahren Heidegger' in der Rückkehr der Ontologie als *prote philosophia* gipfelte. Neben diesen wurde selbstverständlich auch das Leitwort *Mensch* mitsamt dem von ihm untrennbaren Pendant *Anthropologie* vorgeschlagen.

Von hier geht die „*anthropologische Wende*"[43] des 20. Jahrhunderts aus, deren ganz besonderer Charakter in den schon genannten Worten Heisenbergs gut beschrieben wird. Während der Mensch auf die vollkommene Vorherrschaft über alles ‚außerhalb seiner selbst' ausgerichtet ist – was seinerseits in Gestalt jenes Objektivierungprozesses, der aus dem ‚Ding' ein ‚Objekt' und endlich einen bloßen ‚Gegen-stand' macht, eine durchgreifende Uniformität anzunehmen beginnt –, erkennt er, dass seine Ansprüche auf ein reines und unverdorbenes Wissen systematisch enttäuscht werden. Vor dem Menschen tauchen jetzt nur mehr die tausend Reflexe, die unendlich vielen Teilchen seines auseinandergefallenen Selbstbildes auf, das in der Zwischenzeit jegliche Einheit und Klarheit verloren hat. Wohin er sich auch wendet – er sieht nur sich selbst, und doch gelingt es ihm nicht, sich genau zu bestimmen. Welche Frage er sich auch immer stellen mag – er fällt auf sein eigenes Fragen zurück: ein Fragen ohne Aussicht auf Lösung. Vor dem Hintergrund dieses buchstäblich auf den Kopf gestellten Szenariums wird

---

[43] Der Ausdruck geht auf die 1930er Jahre zurück (vgl. Seifert 1934-1935). Für detaillierte Angaben zu den Spuren dieser Wende, mit der Fischer das Interregnum der PhA (1928-1934) beginnen lässt, vgl. Fischer 2008, 94 ff. Für eine allgemeinere bzw. weniger ‚hermeneutisch' geprägte Auseinandersetzung mit dieser Thematik vgl. Pleger 1988 sowie A. Steffens 1999 (der in diesem Werk zugleich den Vorschlag einer „Anthropolitik" ausarbeitet und die Gründung einer „Kulturontologie" ankündigt, deren erster Schritt eine „*Ontoanthropologie*" sei; vgl. A. Steffens 2011).

paradoxerweise das Motto des Heiligen Augustinus „*quaestio mihi factus sum*"⁴⁴ wieder aktuell. Und heute wie damals scheint die Philosophie die Einzige zu sein, die die ganze Last einer solchen Fragestellung zu tragen vermag. Nie zuvor hätte es sich die Menschenfrage ausmalen können, das ehrgeizige Ziel der Philosophie zu verkörpern. Zwar hatte die Anthropologie auch in der Vergangenheit fraglos anspruchsvolle und hochklingende Behauptungen formuliert – auf diese waren allerdings keine entsprechenden Bemühungen gefolgt (wir meinen hier die anthropologisch berühmten Öffnungen Kants oder die von Feuerbach vertretene und auf anthropologischen Grundsätzen basierende Reform einer Philosophie der Zukunft)⁴⁵. Sie hatte also noch nie so überzeugt ihre Forderungen gestellt wie jetzt. Da sich die Lage tiefgreifend verwandelt hatte, klang es nicht mehr wie ein Wagnis, zu behaupten, dass das Wort einer „philosophischen Anthropologie"

> nicht ein neues ‚philosophisches Gebiet' [...] bezeichnet[,] auch keine ‚regionale Ontologie', sondern unser[en] heutige[n] Aspekt der philosophischen Grundproblematik selbst.⁴⁶

---

⁴⁴ Augustinus 2004, 498 (*Confessiones* X, 50).

⁴⁵ Unserer Ansicht nach stellt die Anthropologie Kants zwar keine Sackgasse dar (als welche sie Marquard mehr oder weniger einschätzt), jedoch bestenfalls einen Weg, der auf halber Strecke abgebrochen wurde, da sie ihre großen Versprechen nicht hält. Mehr noch als die *Anthropologie* aus dem Jahr 1798 ist hier das berühmte *incipit* zur *Logik* gemeint, in dem die Frage „Was ist der Mensch?" im System der Philosophie nach seinem „Weltbegriff (*in sensu cosmico*)" zur tragenden Problematik erwählt wird. Das heißt, dass diese Frage imstande zu sein schien, in sich die Ansprüche von Metaphysik, Moral und Religion zu lösen (Kant 1968, 24-26). In jüngerer Zeit hat Gernot Böhme den Kantischen Titel wortwörtlich wieder aufgegriffen, legt jedoch seinen anthropologischen Ansatz in einem völlig anderen Tonfall dar (vgl. Böhme 1985).

⁴⁶ Die Feststellung geht auf einen Text aus dem Jahr 1932 zurück. Sein Autor ist Paul Ludwig Landsberg, ein Schüler von Scheler. Weiter heißt es: „Philosophische Anthropologie ist anthropologische Philosophie. Es liegt im Sinne aller echten Wesensforschung, unmittelbar die ontologische Grundfrage zu berühren [...]. Ähnlich will uns Heideggers Versuch grundsätzlicher Neubegründung der Philosophie anthropologisch erscheinen. ‚Daseinsanalytik' ist Wesensanthropologie. Bei Scheler und bei Heidegger ist eine Tendenz dahin gegeben, mindestens den Ansatz der Gesamtphilosophie in der anthropologischen Grundproblematik zu finden." (Landsberg 1960, 49)

Vor dem Hintergrund dieser neuen Ansprüche treten die besondere Bedeutung sowie die authentische historische Tragweite der PhA hervor, wie auch ihr Scheler'sches *imprimatur*, was selbstverständlich auch – aber nicht nur – eine chronologische Konsequenz darstellt. Schon 1914, im *incipit* von *Zur Idee des Menschen* (eine Stelle, die sich auf die Kantische *Logik* beruft), umriss Scheler das Projekt einer anthropologischen Wende seines Denkens:

> In einem gewissen Verstande lassen sich alle zentralen Probleme der Philosophie auf die Frage zurückführen, was der Mensch sei und welche metaphysische Stelle und Lage er innerhalb des Seins, der Welt und Gott einnehme.[47]

Dazu kommt der Umstand, dass sich ein Denker von Rang wie Scheler entschied, alles auf die Anthropologie-Karte zu setzen. Das stellt ein Unikum dar, verglichen mit der Vergangenheit (auch der jüngeren), als die Menschenfrage eine Apanage weniger gewichtiger Persönlichkeiten oder höchstens eine Art ernsthafter Abschweifung für namhafte Denker – Kant ist dafür das beste Beispiel – war. Scheler beschränkt sich zu diesem Zweck nicht darauf, von der phänomenologischen Orthodoxie Abstand zu nehmen (zu welcher er sich in Wirklichkeit nie ernsthaft bekannt hatte), sondern besitzt die Kühnheit, sie auf methodischer Ebene für sein anthropologisches Programm zu instrumentalisieren.

Darüber hinaus und grundsätzlich ist dennoch Scheler derjenige, der einen Kanon aufbaut, da er das Schlüsselwort findet und durchsetzt, dem alle, die aus der Menschenfrage ihre eigene Frage machen, von diesem Moment an – ob sie wollen oder nicht – folgen müssen. Es ist die einfache Formulierung vom „Allmensch" (Schelers Erwiderung auf Nietzsches *Übermensch*), die diesen Kanon etabliert. *Die philosophische Anthropologie ist eine solche, insofern und solange sie sich die Erfassung und Bestimmung des Allmenschen zur Aufgabe macht.* Das bedeutet, dass es hier nicht bloß um ‚das Alles vom Menschen' geht bzw. um einen Ausdruck, hinter dem sich noch das Bild einer assertorischen und berechnenden Anthropologie verbirgt, die die Addenden zusammenzählt, die sie von den unzähligen Teilbestimmungen des Menschen erhält. Eine solche Anthropologie ist und bleibt bestenfalls eine Subdisziplin der Philosophie, niemals ein Denkansatz. Daher kann hier nicht das ‚Alles vom Menschen', sondern nur der ‚Allmensch' gelten, das heißt seine unteilbare Ganzheit als einheitliches Phänomen. Die Formel

---

[47] Scheler 1972, 173.

,Allmensch' erneuert die Zielsetzung in Richtung eines *anthropologischen Holismus*, die schon in Diltheys' „der ganze Mensch" zum Ausdruck kommt, definiert als „dies wollende fühlende vorstellende Wesen"[48]. Trotz der Verfinsterung der Vorstellung von der menschlichen Natur als einem ein für alle Mal festgesetzten Wesen oder *quid* bleibt eine solche Zielsetzung doch lebendig. Und das muss so sein, denn außerhalb dieses Ziels hört jegliche Anthropologie auf, philosophisch zu sein, selbst wenn sie einflussreich, *à la page* ist. Anders gesagt ist „philosophisch" ausschließlich jene Anthropologie, die dem „einzigen Versuch" entspricht, „den Menschen als solchen und im Ganzen zu erfassen, weil die Philosophie überhaupt auf das Ganze geht und keine Fachwissenschaft ist"[49].

Während es hinsichtlich der Bevorzugung des von der Allmensch-Formel geprägten anthropologischen Holismus berechtigt erscheint, bei den drei Begründern der PhA ein geteiltes *telos* zu entdecken, beginnt sich die Interpretation dieses *imprimatur* dagegen bei den beiden Jüngeren zu verwandeln. Sie waren dazu berufen, zu untersuchen, ob und wie das Streben nach der Erkenntnis des Allmenschen wahrhaftig als das *proton* der Philosophie gelten konnte, wie es sich Scheler wünschte. Es liegt nun an Plessner, Schelers Traum, wenngleich in anderer Art und Weise, am Leben zu erhalten. Er legt die starke metaphysische Konnotation und den daraus folgenden Dualismus des Scheler'schen Projekts beiseite (behält jedoch seine stufenförmige Anlage bei), zugunsten eines (nicht allein anthropologischen) Monismus *sui generis*, der vom Prinzip des Lebens bzw. vom Prinzip des Organischen geprägt wird. Dagegen beschließt Gehlen, dieses anfängliche Streben überhaupt abzulegen, da er überzeugt war, dass die philosophische Anthropologie darauf hinarbeiten sollte, wissenschaftlich zu werden im Sinne einer ‚reinen empirischen Wissenschaft des Menschen'.

Und dennoch ... Trotz der Tatsache, dass Gehlen nichts dazu beitrug, um die unüberwindbare Distanz zu verhehlen, die ihn von bestimmten Scheler'schen Themen trennte, trotz der Tatsache, dass er sich dazu entschieden hatte, seine anthropologische Forschung auf den „psychophysisch neutralen" Begriff der „Handlung" zu stützen – und sich damit zu einer klaren Schuldigkeit gegenüber Dewey und dem amerikanischen Pragmatismus bekannte –, trotz alldem behauptete er, dass

---

[48] Dilthey 1922, XVIII. Vgl. weiter Giammusso 1990-1991; Lessing 2008. Eine historische Behandlung der Idee des ganzen Menschen wird in Schings 1994 dargestellt.
[49] Löwith 1975, 329.

> eine philosophische Anthropologie [...] sich bisher als ein selbständiges und methodenbewußtes Forschungsfach deswegen noch nicht durchgesetzt [hat], weil die Philosophie, zumal in Deutschland, sich nicht von metaphysischen Bestrebungen und Neigungen freimacht.[50]

Trotz alledem schlägt er basierend auf diesen Grundlagen eine Rekonstruktion des Verlaufs der philosophischen Anthropologie vor, als Schauplatz eines erbarmungslosen Kampfes zwischen zwei unvereinbaren Grundtendenzen, weshalb man

> die vorhandenen Entwürfe einer philosophischen Anthropologie in zwei große Gruppen sondern [könne], nämlich in solche mit metaphysischen Einschüssen [...] und in andere Entwürfe, die wenigstens der erklärten Absicht nach sich allein im empirischen Bereich bewegen wollen.[51]

Trotz alledem – oder vielleicht all dies vorausgesetzt – ist es Gehlen, der zugibt, sich zwei Hauptthesen Schelers zu eigen gemacht zu haben: „den Ausgangspunkt von dem Vergleich zwischen Mensch und Tier und die Lehre von der Weltoffenheit"[52]. Aber vor allem behauptet er in dem bereits erwähnten und Scheler gewidmeten Aufsatz aus dem Jahre 1975 (in dem Fischer den *terminus ad quem* der gesamten PhA erkennt) bezugnehmend auf *Die Stellung des Menschen im Kosmos*, dass „alle gleichzeitigen und späteren Schriften zur philosophischen Anthropologie, die irgendeinen Rang haben, in Hauptpunkten von ihr abhingen, und so wird es bleiben"[53]. Wie immer sind die wichtigsten Anerkennungsbezeugungen diejenigen, die von würdigen Gegnern kommen. Ergo: Wie auch immer man die PhA beschreiben will, sie beginnt mit Scheler und bewegt sich größtenteils unter seiner Vormundschaft, da sie noch immer – auf je eigene Art und Weise – versucht, die von ihm aufgeworfenen Probleme zu lösen.

---

[50] Gehlen 1961, 141. Was die Schuldigkeit gegenüber dem Pragmatismus betrifft, so führt Gehlen auch die Hannah Arendt von *Vita activa oder Vom tätigen Leben* (Originaltitel: *The Human Condition*) auf diesen zurück, als einen Beweis für die beachtlichen Resultate, die man mittels eines derartigen Ansatzes erzielen könne (ebd. 142).
[51] Gehlen 1971, 236.
[52] Gehlen 1957a, 155.
[53] Gehlen 1975, 258.

Um den Faden des allgemeinen Themas wieder aufzunehmen, muss erwähnt werden, dass das unerhörte Gären, zu dessen Hauptfigur die philosophische Anthropologie werden soll, dazu beiträgt, ein ganz einzigartiges Klima um letztere zu schaffen, sodass aus ihr halb ein Tabu, halb ein Sündenbock wird. In ihren wiederholten kritischen Eingriffen zeigen sich Husserl und Heidegger empört und unnachgiebig gegenüber den ungebührlichen Forderungen, aus denen sich solche „philosophisch naive Positivität"[54] nähre. Ihrer Meinung nach handelt es sich dabei um eine philosophische Position, die stets zweitgeboren, stets untergeordnet ist. Weder wolle sie auf ihre übermäßigen Zielsetzungen verzichten noch könne sie für sie geradestehen – und verdamme sich so zu einem Schmarotzerdasein. Die philosophische Anthropologie lebt in ihren Augen sozusagen über ihre Verhältnisse und ist und bleibt daher notwendigerweise eine Subdisziplin der Philosophie, niemals und keinesfalls ein Denkansatz und noch viel weniger eine Denkrichtung. Husserl belegt sie mit der wenig schmeichelhaften Etikette des „Anth-

---

[54] Der Ausdruck stammt aus einem Brief Husserls an Löwith, datiert vom 22. Februar 1937. Auf der Flucht vor dem Naziregime befand Löwith sich zu diesem Zeitpunkt an der Universität Sendai in Japan. Der Hintergrund dieses Briefes ist durchaus aufschlussreich. Eugen Fink hatte Husserl vorgewarnt, da er befürchtete, dass Löwith angesichts seines „nihilistischen Agnostizismus" ein verzerrtes Bild der Phänomenologie in Japan präsentieren könne, wo diese wohl schon ziemlich verbreitet war. Husserl entschied sich daher, an Löwith zu schreiben und ihm den ersten Teil der (in Belgrad veröffentlichten) *Krisis* zukommen zu lassen, und wünschte ihm: „[H]offentlich gehören Sie nicht zu den ‚Frühvollendeten', zu einer *fertigen* Position Gekommenen, so daß Sie noch die innere Freiheit haben, Ihre eigene Anthropologie ‚einzuklammern' und auf Grund meiner neuen, gereiftesten Darstellung zu verstehen, warum ich alle Anthropologie zur philosophisch naiven Positivität rechne und warum ich die Methode der phänomenologischen Reduktion als die allein philosophische anerkenne [...]. Vielleicht werden Sie verstehen, daß Scheler, Heidegger – und so alle früheren ‚Schüler' den eigentlichen und tiefen Sinn der Phänomenologie – der transzendentalen als der einzig möglichen – nicht verstanden haben und wie viel von diesem Sinn abhängt." (Der Brief wird in Löwith 1959a, 236f. aufgeführt.) – Die unter dem Titel *Vorschlag für E. Husserl am 23.I.1937* notierte Anmerkung Finks, welche einige aussagekräftige Einwände gegen die anthropozentrische Anthropologie Löwiths enthält, wird im Husserl-Archiv in Leuven unter dem Kürzel P II 2 aufbewahrt. Hier wurde die italienische Übersetzung zitiert (Fink 1987). Ein paar Jahre später wird sich Fink selbst mit der Menschenfrage auseinandersetzen (vgl. Fink 1979; (ein Text einer Vorlesung aus dem Jahr 1955). Was die Beziehung zwischen Löwith und der Phänomenologie betrifft, vgl. Cristin 1987.

ropologismus", den er für eine Art ‚philosophische Desertion' hält, ja gar für eine Art Verrat an seiner Person, der ihm und seiner Bewegung vonseiten einiger seiner besten und geschätztesten Schüler zugefügt wird (außer Scheler, aber selbst von Heidegger). Obwohl der im Juni 1931 bei der *Kantgesellschaft* in Frankfurt gehaltene Vortrag über *Phänomenologie und Anthropologie* – wo „die eigentümliche subjektivistische Tendenz", die typisch für die ganze Philosophie der Neuzeit sei, „in zwei gegensätzliche Richtungen" unterteilt wird: eine „anthropologistische (oder psychologistische)" und eine „transzendentalistische" – nicht Husserls letztes Wort zu diesem Thema ist (wie man allgemein gerne glaubt), stellt er doch ein erschöpfendes Zeugnis zu dieser ganz neuen Situation dar.[55] Er beweist, wie viele und welche Befürchtungen die anthropologische Wende bei ihren Gegnern hervorzurufen imstande war.

Was die Beziehung zwischen Heidegger und der philosophischen Anthropologie betrifft, handelt es sich um ein nahezu unerschöpfliches Thema. Sein radikaler Ostrazismus zieht sich wie ein roter Faden durch sein gesamtes Schaffen: von den beginnenden 1920er Jahren an (*Ontologie. Hermeneutik der Faktizität*), über *Sein und Zeit, Kant und das Problem der Metaphysik* – also dem der Erinnerung an den soeben verstorbenen Scheler gewidmeten Buch – und den *Brief über den Humanismus* bis hin zu den lapidaren Urteilen aus *Die Zeit des Weltbildes* und *Überwindung der Metaphysik*, die schon eingangs zitiert wurden: „[Z]ur Anthropologie geworden, geht die Philosophie selbst an der Metaphysik zugrunde." Deshalb handelt es sich hier um ein wahres *anthropologisches Interdikt*, bei dem die „Fundamentalontologie"

---

[55] Husserl 1931, 164-165. Vom Standpunkt Husserls aus gesehen reiht sich die Erfahrung des Anthropologismus in jene Reihe von Abspaltungen ein, die bereits auf das Jahr 1913 mit der Veröffentlichung der *Ideen* zurückgeht und im endgültigen Bruch mit Heidegger im Zuge der Niederschrift des Lemmas „Phänomenologie" für die *Encyclopaedia Britannica* (1929) gipfelt. Weitere Beiträge von Husserl, die den Tonfall des vorangehenden teilweise entschärfen, sind Husserl 1932a und ganz besonders 1932b, wo er auch auf den Schlüsselbegriff der Löwith'schen Habilitationsschrift und dessen Mitanthropologie eingeht: der *Mitmensch*. Eine kurze, aber bemerkswerte Ausführung zu diesen Schriften und der anthropologischen Fragestellung bei Husserl generell findet sich in Martinelli 2004, 225-234. Für Allgemeines zum Thema anthropologisches Problem bei Husserl vgl. Arlt 2001, 41-45. Eine interessante phänomenologische Bearbeitung der anthropologischen Frage, mit Bezügen auf das aktuelle Panorama, findet sich in Costa 2010.

unmittelbar als „Anti-Anthropologie" gilt.[56] Unter Berücksichtigung der Ausmaße dieses Themas ist es unmöglich, es hier in wenigen Zeilen zu entfalten. Wir könnten nur zum x-ten Mal eine Reihe von schon zu Banalitäten gewordenen Evidenzen wiederholen, die zweifellos nicht dazu beitragen, Klarheit zu schaffen, im Gegenteil.[57] Es ist also sinnvoller, sich darauf zu beschränken, einen einzigen Punkt herauszustreichen, der vermutlich nicht allzu bekannt und wenig ausschlaggebend ist, aber doch nützlich für unsere Argumentation. Besonders zu Beginn (zwischen den 1920er und 1930er Jahren) hängt das besondere Ungestüm, mit dem Heidegger die philosophische Anthropologie angriff, in nicht geringem Maße mit der Befürchtung zusammen, dass sein Forschungsansatz ebenfalls unter diese Etikette eingeordnet werden könnte. Diese Sorge war durchaus begründet, wie es die französische Rezeption seines Denkens noch in der Nachkriegszeit beweist, mit der von Sartres *L'existentialisme est un humanisme* ausgelösten *querelle*, auf die Heidegger mit dem an Jean Beaufret gerichteten *Brief über den Humanismus* antwortet. Schon am 20. August 1927 verlieh er in einem Brief an Löwith seiner Besorgnis Ausdruck, dass seine Daseinsanalytik mit einer „ontologischen Anthropologie" verwechselt werden könnte, während sie ausschließlich auf „die Aufklärung des zum Dasein gehörigen Seinsverständnisses"[58] ausgerichtet sei. Dass seine Besorgnis schon in jenen Jahren berechtigt war, beweist auch ein 1933 von Joachim Ritter – also keinem unerfahrenen Neuling auf dem philosophisch-anthropologischen Gebiet – verfasster Artikel *Über den Sinn und die Grenze der Lehre vom Menschen*. Im Rahmen einer allgemein kritischen Ausrichtung schlägt er eine vergleichende Untersuchung der bereits verfügbaren philosophischen Anthropologien vor und unterscheidet „zwei Hauptformen, für die einerseits Scheler und

---

[56] Luckner 1995, 86.
[57] Wir möchten hier zumindest einige wenige bibliographische Hinweise zum Thema geben. Ein Klassiker ist Fahrenbach 1970. Auf diese Schrift bezieht sich Plessner explizit in einer kurzen Erwiderung auf die Heidegger'sche Kritik an der philosophischen Anthropologie (vgl. H. Plessner 1973). Fahrenbach selbst verfasste das Lemma „Mensch" für das *Handbuch philosophischer Grundbegriffe* (Fahrenbach 1974). Über die Beziehung Heideggers zur philosophischen Anthropologie vgl. darüber hinaus Ignatow 1979; Haucke 1988; Olafson 1995, sowie zwei wertvolle italienische Beiträge: Costa 2003; Russo 2003.
[58] Heidegger u. Löwith 2017, 150. Zu der latenten Ambiguität, die zwischen dem Werk Heideggers in den Jahren von *Sein und Zeit* und der philosophischen Anthropologie bestand, siehe auch Arlt 2001, 45-51.

andererseits Heidegger typisch sind". Erstere wird als „objektiv metaphysische Anthropologie", die zweite als „anthropologische Metaphysik" definiert. „Beide Wege laufen letzten Ende auf das Gleiche hinaus"[59], denn sie verbinde grundsätzlich dieselbe sowohl anthropologische als auch (ja noch viel mehr!) metaphysische Inspiration. In diesem Fall gilt nach Ritter „Metaphysik" als Wegweiser in die Richtung einer gefährlichen Unterbrechung der Verbindung zwischen der Philosophie und den Wissenschaften, genauer als ein Hinweis auf ihr subjektivistisches und mystifizierendes Abdriften. Unabhängig von dieser Beurteilung beeindruckt die Unbefangenheit, mit der Ritter noch 1933 aufgrund einer angenommenen geteilten anthropologisch-metaphysischen Prägung bzw. eben gerade der Bereiche, von denen die Fundamentalontologie am entschiedendsten Abstand nehmen wollte, die Erfahrung Heideggers auf die Scheler'sche zurückführen konnte. Dieselbe Unbefangenheit zeigt noch 1964 Plessner im Vorwort zur zweiten Ausgabe der *Stufen*, in dem er keinen Hehl aus seinen polemischen Absichten macht. Plessner beabsichtigt, den in Heideggers Ansatz implizierten Grunddualismus herauszustreichen, da Heidegger prinzipiell die Möglichkeit zurückweise, das menschliche Wesen als ein gänzlich auf die Natur zurückzuführendes (bzw. von ihr ableitbares) Phänomen zu betrachten. Im Wesentlichen hat man es hier mit derselben Kritik zu tun, auf der auch Löwith vierzig Jahre lang beharren wird: Dass das von Heidegger theoretisierte Sein letztlich an die Stelle des alten christlichen Gottes trete, aus dessen Schatten er nicht herauszutreten vermöge (oder dies wolle). Demzufolge bleibe seine Ontologie unausdrücklichen theologischen Voraussetzungen verhaftet und werde so gänzlich innerhalb jenes metaphysischen Horizonts gelöst, den er gerade zu sabotieren vorgab. Auch nach Günther Anders handelt es sich bei Heidegger um einen „verschämten Anthropozentrismus"[60]. Plessner dagegen beschränkt sich darauf, ein eindeutiges Verhältnis der Nähe zwischen einem

---

[59] Ritter 1980, 44-45. Siehe auch Landsberg 1960, 49 ff.

[60] Anders 2002a, 187. Nach seinen Worten liegt dem Standpunkt Heideggers, der aus dem Menschen den „Hirten des Seins" macht, der Wunsch zugrunde, „dem Menschen eine metaphysche Mission zuzuschanzen […] es [handelt] sich um verzweifelte Proteste gegen die heutige ‚Stellung des Menschen im Kosmos' oder richtiger: gegen die Tatsache, daß der Mensch eben *keine* Stellung im Kosmos einnimmt". Es handle sich um den Versuch, „eine Sonderstellung, eine Mission, eine *Unentbehrlichkeit des Menschen für die Welt* durch eine Hintertüre einzuschmuggeln" (ebd.). Vgl. auch Anders 2001.

derartigen verborgenen Dualismus und jenem ausdrücklich theologischen bei Scheler zu vermerken und stellt fest: „[D]er Theomorphie des Menschen im Sinne Schelers entspricht die Ontomorphie in Heideggers Sinn."[61]
Andererseits gilt es – weil uns diese Betrachtungsweise der Hauptthematik der vorliegenden Seiten näherbringt – zu betonen, dass sich die von Husserl und Heidegger verfolgte kritische Behandlung ausschließlich auf die Anthropologie Schelers und ähnliche Ansätze bezieht. Der Grund dafür ist, dass sich die letztere nicht nur von vorherigen und nur scheinbar analogen Erfahrungen freimacht, sondern auch von einer Reihe zeitgenössischer Versuche Abstand nimmt, die sich zwar selbst ausdrücklich als „philosophische Anthropologie" definieren, sich dann aber als von ganz anderen Grundsätzen inspiriert entpuppen. Beispielhaft in dieser Hinsicht ist der Fall Bernhard Groethuysen, der 1931 eine *Philosophische Anthropologie* herausgibt.[62] Sie schlägt eine historische Übersicht vor, die darauf abzielt, die Behandlung der Thematik ‚Mensch' in den bedeutendsten Etappen der Geschichte der Philosophie herauszuarbeiten. Laut Groethuysen entspricht die Anthropologie zu jeder Zeit der Ausübung des Sokratischen Mottos *gnothi seauton*. Geht man weiter davon aus, dass sich seine Arbeit ausdrücklich auf die Dilthey'sche Lebensphilosophie bezieht, folgt daraus, dass hier die Menschenfrage als Implementierung eines allgemeineren hermeneutisch-philosophischen Programms verstanden und umgesetzt wird. Und zwar als eine Subdisziplin bzw. als das genaue Gegenteil zu jener philosophischen Anthropologie, die sich in denselben Jahren als selbstständiges Paradigma anbot. In seinem Aufsatz von 1957 über *Natur und Humanität des Menschen* – seine Hommage an Plessner anlässlich seines 65. Geburtstages – richtet Löwith *en passant* eine Kritik an Groethuysen, die dennoch klar ins Schwarze trifft, da sie

---

[61] H. Plessner 1928, 18 (zu Plessners Auseinandersetzung mit Heidegger vgl. Fahrenbach 1990-1991). Die Kritik Löwiths an Heidegger konzentriert sich hauptsächlich auf die Themen ‚Mensch' und ‚Geschichte' bzw. auf das „Sein zum Tode" als grundlegende Möglichkeit des Daseins sowie auf die Geschichtlichkeit des Seins als Ereignis. Unter den unzähligen möglichen Bezügen im Verlauf des Gesamtwerks von Löwith möchten wir hier als zwei aussagekräftige Beispiele Löwith 1953b und 1969b nennen. Siehe dazu Cera 2010, 99-159.

[62] Groethuysen 1931. Zu Groethuysen siehe Becherini 1991. Als eine weitere kleine Bestätigung für die ‚kontinentale Berufung' der philosophischen Anthropologie kann der Verweis auf Rescher 1990 gelten, wo erneut – augenscheinlich ganz unbefangen – ein subdiziplinärer Ansatz *à la* Groethuysen zur philosophischen Anthropologie vorgelegt wird (ein ähnlicher Ansatz in Olafson 2009).

ein grundlegendes Kriterium herausschält, um zwischen philosophischer Anthropologie und bloßer Befragung über den Menschen zu unterscheiden. So schreibt Löwith:

> [D]ie historischen Abwandlungen der vielfachen Interpretationen des Menschseins, wie sie Groethuysens philosophische Anthropologie zur Darstellung bringt, beweisen nicht, daß sich die menschliche Natur je wesentlich geändert hätte; sie verweisen nur auf einen Wandel im Selbstverständnis des Menschen.[63]

Diese Worte bestätigen die Idee, dass (abgesehen von ihren konkreten Versionen) eine eigentliche *philosophische* Anthropologie einen angeborenen Antrieb zur Bestimmung „vom Ewigen im Menschen" in sich trägt. Sie richtet sich immer auf das Auffinden anthropologischer Konstanten aus – die, wie der Fall Löwiths zeigt, *ipso facto* weder existenzialistisch noch anthropozentrisch sind – und widersetzt sich damit ‚der Erhebung des Relativen zum Absoluten' bzw. der Tendenz, sich gänzlich innerhalb des Horizontes der Geschichte aufzulösen. Eine solche Stellungnahme bestätigt auch die weiterhin starke Aktualität des von Odo Marquard vorgeschlagen *aut aut* zwischen der philosophischen Anthropologie und der Geschichtsphilosophie.

1.3 Die *Philosophische* Anthropologie ohne Philosophie?

Wie eingangs gesagt, stellt sich unsere Arbeit (trotz der kritischen Auseinandersetzung mit ihm) ausdrücklich in den Gedankenkreis Fischers, der seinerseits einer sich auf breiter Basis abspielenden Debatte angehört. Die Problematik des Gegenstandes der PhA, der ewig zwischen allzu genauen und allzu vagen Definitionen pendelt; die Tatsache, dass sie im Laufe ihrer Geschichte nie eine echte Schule wurde, sondern bestenfalls eine „scientific community ohne existierendes Kommunikationsnetz, gewissermaßen eine Gemeinschaft der je Einzigartigen"[64] – all diese Umstände haben zur Folge,

---

[63] Löwith 1957, 266. Der Abschnitt geht so weiter: „[S]o wenig wie es eine moderne Natur gibt, wohl aber eine moderne Naturwissenschaft, so wenig gibt es eine moderne Menschennatur und insofern einen ‚modernen Menschen', wohl aber zeitgemäße und antiquierte Anthropologien" (ebd.).

[64] Rehberg 1981, 166. Hier ist die Behauptung Andrea Borsaris plausibel, nach der sich die Sachlage in den letzten Jahren im Vergleich zu der von Rehberg beschriebe-

dass die unzähligen Versuche, die Meilensteine ihrer Entwicklung zurückzuverfolgen und ihre Gründe zu ermitteln, sich eher in Konstruktions- als in bloße Rekonstruktionsarbeiten verwandelten. Anders gesagt: Diese Versuche implizieren eine gewichtige theoretisch-hermeneutische Komponente, statt einer ‚einfach' historiographischen, die sich häufig als schwer lenkbar entpuppt.

Fischers Werk stellt ein perfektes Beispiel für eine solche Tendenz dar.[65] Sein zweiter Teil beschäftigt sich mit der „Philosophiegeschichte" dieses Denkansatzes, während sich der erste und umfangreichere Abschnitt auf seine „Realgeschichte" konzentriert. Genauer handelt es sich – hin- und herwandernd zwischen Epistemologie und Gnoseologie – um die Bestimmung der ganz besonderen Denkart und des Denkortes der PhA, um die Entdeckung ihres „*theoretischen Identitätskerns*"[66]. Aus den schon genannten Gründen (in erster Linie aufgrund der stark hermeneutischen Komponente, auf die sich die historische Rekonstruktion stützt) bildet dieser zweite Teil den Mittelpunkt des Buches und zugleich die Vorbedingung der historischen Rekonstruktion selbst. Hier wird das Regelwerk festgelegt, nach dem die *Genese*, die *Durchbrüche*, die *Rückgänge* usw. ermittelt und bestimmt werden sollen. Mit dieser unüblichen, aber durchaus überzeugenden Entscheidung hebt Fischer diesen theoretischen Kern auf die Ebene der *Kategorienbildung*, d. h. eines begrifflichen Dispositivs, dessen sich auch Scheler, Plessner und Gehlen bedient hätten. Auf diese Weise lässt er aus einem dichten Netz spiegelbildlicher Verweise eine deutliche Struktur hervortreten, die zwischen Nähe und Distanz, Gleichheit und Differenz (innerhalb wie außerhalb der PhA) schwankt und die in der Plessner'schen „exzentrischen Positionalität" ihren gelungensten Ausdruck und in seiner Biophilosophie ihre reifste Formulierung findet. Laut Fischer rechtfertigt eine solche

---

nen durchaus verändert hat. Heutzutage entspräche das Panorama der philosophischen Anthropologie vielmehr einer "permanent and plural source of stimulation for discussions that combine life science, with social science themes, science of culture with political science, ethics, philosophy of technology, biopolitics and biophilosophy" (Borsari 2009b, 124).

[65] Es versteht sich von selbst, dass sich innerhalb gewisser Grenzen jede hermeneutische Abhandlung (die vorliegende inbegriffen) einem derartigen Vorwurf aussetzt.

[66] Vgl. Fischer 2008, 515-599, insbesondere 519-576. Ein hilfreiches ‚*ante litteram*-Kompendium' dieser Seiten findet man bei Fischer 2006 (englische Übersetzung: Fischer 2009).

methodische Option unter anderem den Vergleich der PhA mit anderen Denkansätzen (z. B. dem Idealismus oder der Kritischen Theorie), da auch diese in dem durch eine gemeinsame begriffliche Methodologie etablierten Raum ihren entscheidenden Berührungs- und Schmelzpunkt ausgemacht hätten, trotz einiger bestimmter Unterschiede. Auch in ihrem Fall hätte also das Bestehen eines Identitätskerns erkennbare Denkansätze aus ihnen gemacht.

Der theoretische Kern der PhA wird in ein Ensemble von (je nach Darstellung) sechs oder sieben Hauptpunkten[67] unterteilt und entspricht seinerseits dem Versuch, Rechenschaft über das Auftreten des Geistes (*mind*) innerhalb der Natur (Leben) abzulegen, also über sein Eindringen mit dem Auftreten des menschlichen Lebewesens. Dies soll erreicht werden, ohne auf einen strengen Dualismus zurückzugreifen (nach Scheler wird diese Dringlichkeit immer deutlicher). Statt dessen wird eine Art ‚verdoppelter Monismus' gezeichnet, in dem das Trennungselement – d. h. jener Hiatus, den der Geist in Bezug auf alle anderen Stufungen des Phänomens des Lebens darstellt – nicht als Zäsur, sondern eher als ‚geheilter Bruch' erscheint, als Kompensation. Unter den Hauptmerkmalen dieses Kategorienapparates findet sich: a) die Entscheidung für einen *„flankierenden Blick"*, der sich im Zusammenhang der Subjekt-Objekt-Dialektik die Perspektive des Objekts zu eignen macht. Genauer gesagt nimmt er jenen besonderen Blick an, dem es – nach vorheriger Abstandnahme – gelingt, die gesamte Subjekt-Objekt-Beziehung als einheitliches Ganzes zu verobjektivieren. Weiter findet sich b) das *„Stufungs-Schichtentheorem"*, welches sein Objekt von unten nach oben betrachtet, d. h. ausgehend von dessen einfachsten Erscheinungen, und welches durch eine ständige vergleichende Bemühung die höchste Stufe seines Objekts erreicht: den Menschen als Träger des Geistes. Jede einzelne Stufe des Organischen wird c) aus der Perspektive des *„Funktions-Lebenskreises"* bearbeitet, einem aus der theoretischen Biologie von Uexkülls entlehnten Begriff. Das biologische Atom, die wahre Individualität, wird hier gerade nicht im einzelnen Lebewesen als einem von allem Übrigen getrennten somatischen Wesen ausfindig gemacht. Oder besser: Es ist ein solches nur unter der Bedingung, dass es als ein *„grenzsetzender Leib"* neu interpretiert wird. Man blickt also auf jene übergeordnete Lebens- und Funktionseinheit, die aus der Vereinigung zwischen den Lebewesen und ihrer

---

[67] Vgl. Fischer 2008, 519-526. Wo nicht anders angegeben, stammen auch die Zitate der nachfolgenden Zeilen aus diesen Seiten.

spezifischen Umwelt entsteht, und diese höhere Einheit wird als das erste, unteilbare biologische Element bestimmt. Auf diesen Annahmen basierend liegt die Besonderheit des anthropischen Lebenskreises darin, dass er im Vergleich zu dem bloß natürlichen Lebenskreis einen Hiatus, eine Fraktur (indem er diesen/diese verkörpert) einleitet. Es ist eine Fraktur, die jedoch bereits ihre (Auto-)Rekomposition beinhaltet, da der Mensch *von Natur aus* dazu tendiert, sie auf künstlichem Wege – also über die Kultur – zu kompensieren.

Diesen Argumenten könnte man ohne weiteres entgegnen, in ihnen einige *escamotages* und Verdrehungen zu erkennen, die andererseits bei Unternehmungen von dieser Tragweite fast unvermeidlich sind. Das bringt Fischer nicht um das Verdienst, eine strenge und intellektuell aufrichtige Konstruktion gewählt zu haben, da mit offenen Karten gespielt wird – und das macht sein Vorgehen falsifizierbar. Dieser komplexe, aber feste theoretische Identitätskern wird durch begriffliche und kategoriale Schnittpunkte erreicht, die zuletzt einen den drei Hauptvertretern ‚gemeinsamen theoretischen Ort' bestimmen. Mit dieser Herangehensweise verzichtet Fischer auf eine zweifellos angenehmere und verlockendere Darstellung durch Schlagwörter oder Allgemeinplätze.

All dies soll jedoch keineswegs das Zentrum der hier vorliegenden Fragestellung bilden und unsere Betrachtung wird daher nicht über die oben angedeutete Zusammenfassung hinausgehen. Wie eingangs festgestellt, hat Fischers Versuch vor allem die Bedeutung und das Gewicht einer wirklichen ‚kulturellen Unternehmung', und als solche sollte sie auch geschätzt werden. Sein *ex post*-Aufbau dieser aspirierenden Denkrichtung des 20. Jahrhunderts erweist sich als im Wesentlichen darauf ausgerichtet, deren Vergangenheit ausgehend von der gegenwärtigen Situation und im Blick auf eine wünschenswerte Zukunft zu sichern. Es kann möglicherweise paradox erscheinen, aber das eigentliche Thema betrifft nicht so sehr die Art und Weise, die Fischer gewählt hat, um die Denktypologie und den theoretischen Kern der PhA zu umreißen; wichtig ist vielmehr, was er damit, einmal definiert, vorhat. Folglich wird es hier nicht darum gehen, eine so reichlich untermauerte Hypothese inhaltlich zu widerlegen (hierzu fehlen uns, selbst wenn wir dies wollten, schlicht die erforderlichen Kompetenzen), sondern darum, deren hermeneutischen Grundaufbau anzufechten bzw. die unausdrückliche Absicht, die Fischers hermeneutischer Option zugrunde liegt. Unser Einwand bezieht sich genauer gesagt auf die Vorstellung, die konsequente Fortführung dieses Denkansatzes oder gar seine Verwirklichung seien in seiner darauf folgenden *Soziologisierung* zu finden. Er bezieht sich mit anderen Worten kritisch auf die Überzeugung, dass die PhA nur dann zu einem wirklichen Denkansatz werden könne, wenn sie die grundlegenden ‚metaphysischen' Ansprüche, die ihre Uranfänge prägten, zugunsten von eher nüchternen und damit empirisch besser verfolgbaren Bestrebungen aufgibt.

Die Ausrichtung von Fischers (Re)Konstruktionshypothese ist sicherlich stark von seinem Gelehrtenprofil beeinflusst. Er ist ein tiefgreifender Kenner der Philosophie Plessners;[68] Mitbegründer der *Helmuth Plessner-Gesellschaft*, deren Vorstand er zur Zeit ist, und langjähriger Mitarbeiter Karl-Siegbert Rehbergs an der Technischen Universität Dresden. Letzterer war viele Jahre Vorstand des *Instituts für Soziologie* an derselben Universität (wo Fischer derzeit als Honorarprofessor tätig ist) und ehemaliger Präsident der *Deutschen Gesellschaft für Soziologie*; darüber hinaus ist er ein direkter Schüler von Gehlen sowie Herausgeber von dessen Gesamtausgabe. Selbst Fischers Lesart der Soziologisierung als ‚natürliches Ziel' für die PhA geht auf Rehberg zurück, der sie bereits 1981 in einem bekannten Beitrag formuliert hatte.[69] Fischers Vorgehen erweist sich anscheinend als darauf ausgerichtet, eine zwar subtile, aber gut erkennbare Kontinuität zwischen der anfänglichen PhA – nach vorheriger Institutionalisierung ihrer darauf folgenden soziologischen Wende – und einigen ihrer jüngeren und aktuellen Verzweigungen geschichtlich glaubhaft zu machen. Die letzteren erfahren auf diese Weise eine Art ‚postume Investitur *ex ante*'. Genauer ausgedrückt: Die gegenwärtige geschichtliche Rekonstruktion schreibt ein vergangenes Ereignis neu, so dass der Eindruck entsteht, dieses habe bereits zu seiner Zeit die Vorstellung gehabt, sich zukünftig gerade jener Entwicklungslinie folgend verwirklichen zu können, die heute durch eine *ad hoc*-Rekonstruktion des Gesamtablaufs nach Anerkennung sucht. Aus dem Blickwinkel des 21. Jahrhunderts betrachtet, wäre es demnach einer der Hauptverdienste dieser Denkrichtung des 20. Jahrhunderts, „einen wirkungsvollen Denkansatz in der deutschen Soziologie nach 1945"[70] ins Leben gerufen zu haben.

---

[68] Fischer 2016 lässt sich als *summa* dieser zehnjährigen Arbeit begreifen.
[69] Rehberg 1981. Rehberg ist in die Fußstapfen Gehlens getreten und hat dessen Institutionentheorie in zahlreichen Studien vertieft (vgl. z. B. Rehberg 1990).
[70] In der italienischen Ausgabe dieses Beitrags – der, obgleich er vor der deutschen Ausgabe erschienen ist, auf einer Übersetzung des deutschen Originals basiert – wird

Unter Zuhilfenahme eines erklärenden Bildes könnte man behaupten, dass die Arbeit von Fischer die Durchsetzung einer Rekonstruktionslinie nach Gehlen markiert, zu Lasten der Linie Schelers, d. h. eines empirisch inspirierten Vorbilds gegenüber einem metaphysisch geprägten. Es wird jedoch zunehmend deutlich, dass ein solches Urteil eine Lesart voraussetzt, die sich ganz allgemein von Gehlen inspirieren lässt, da sie die beiden Alternativen – die empirische und die metaphysische – bis zu ihrer Unvereinbarkeit radikalisiert bzw. ihr Verhältnis ausschließlich polemisch behandelt. Wir haben es hier gerade mit jenem von Marquard im *incipit* seines Aufsatzes über den *homo compensator* kritisierten *aut aut* zu tun, das eingangs zitiert wurde, also mit jener „Wissenschaftstheorie", deren getrübtem Blick eine rein philosophische Anthropologie wie eine unverständliche Extravaganz erscheint.

Seinerseits bestand Scheler auf der metaphysischen Prägung seiner Anthropologie und hielt sie keineswegs mit einem ‚wissenschaftlichen' Ehrgeiz für unvereinbar – im Sinne eines Gedankenganges, dem es gelingt, die Entstehung des Geistes (als ohnmächtiges Prinzip) aus dem Drang als der ersten Gegebenheit *zu beweisen*. Sein philosophisches Projekt bietet sich eher als ‚empirische Metaphysik' an und nicht so sehr als eine konventionell ‚theologische' oder streng ‚transzendente'. Plessner hingegen schlägt eine Art dritten Weg vor, also eine synthetische Lösung, die zwar den metaphysischen Ansatz verwirft, sich aber gleichzeitig der empirisch-positiven Chimäre entzieht (auch weil er kein Vertrauen in die Trennung zwischen Natur- und Geisteswissenschaften hegt). Als *philosophia prima* möchte sich seine Philosophische Anthropologie eben als eine Aufhebung dieser Fachunterteilungen anbieten, nämlich als „die ständige kritische Besinnung auf deren

---

sogar vom „einflußreichsten Ansatz der deutschen Soziologie der zweiten Nachkriegszeit" („l'approccio più influente della sociologia tedesca nel secondo dopoguerra") gesprochen (Fischer 2003b, 289). Als weiterer Beweis dieser soziologisierenden Tendenz der PhA sollte bemerkt werden, dass gerade aus dem soziologischen *milieu* – besonders vonseiten der Kritischen Theorie – bedeutende Einwände gegen diese erhoben werden. Es handelt sich dabei eher um inhaltliche (z. B. gegen die Suche nach anthropologischen Konstanten) Kritikpunkte als um solche prinzipieller Natur, wie das bei Heidegger und Husserl der Fall ist. Vgl. Horkheimer 1988; Habermas 1977; Lepenies u. Nolte 1971 (besonders Lepenies 1971b); Lepenies 1971a. Was die Beziehung zwischen der Kritischen Theorie und der philosophischen Anthropologie betrifft, siehe Weiland 1995b.

Grundlagen und Begrenzungen"[71]. Dank der Anwendung einer besonderen Makrokategorie – eines ‚Prinzips Leben', das im Vergleich zu seinen Vorbildern bei Driesch und Dilthey durchgehend ausgearbeitet ist – ist Plessner (*sui generis*) Monist, nicht aber Szientist, und behält eine im weiteren Sinne metaphysische Prägung bei, ohne dabei zum Dualisten oder Spiritualisten zu werden. Seine Biophilosophie ist gleichermaßen eine Naturphilosophie, in der noch das Echo einer *physis* widerklingt. In Bezug auf die vollkommene Entfaltung des Paradigmas PhA vertritt Plessner eine Mittelfeld- und Kompromissposition gegenüber den Scheler'schen und Gehlen'schen Extremen. Obgleich er die soziologisierende Tendenz der PhA nicht naturalisiert (institutionalisiert), stellt er sich ihr andererseits auch nicht entgegen.

Fischer scheint sich seinerseits mit der Vorlage von Gehlen abzustimmen, mit dessen Vorstellung von der zwischen den zwei Grundströmungen stattfindenden *Gigantomachie*: der metaphysischen und der empirischen (wissenschaftlichen). Daraus folgt, dass er den entscheidenden Umstand für „die *Renaissance* anthropologischer Fragestellungen und die Rehabilitierung der Philosophischen Anthropologie" bei einer Tagung ansetzt, die 1992 in Bad Homburg zum Thema *Anthropologie und Rationalitätskritik* stattfand (unter anderen sind Rehberg und Fischer selbst unter den Anwesenden); oder dass er die ausschlaggebende Bedeutung des Arbeitskreises *Philosophische Anthropologie und Soziologie* – der in den 1980er Jahren innerhalb der Deutschen Gesellschaft für Soziologie entstand und zu dessen Förderern man Rehberg zählen muss – für „die Tradierung der Philosophischen Anthropologie"[72] herausstreicht. Solche Stellungnahmen machen die Überzeugung Fischers deutlich, dass sich die Wiederaufnahme der philosophischen Anthropologie mit der Wiederaufnahme ihrer Subsumierung seitens der So-

---

[71] H. Plessner 1956b, 135. Weiter schreibt Plessner: „Als eine derartige Besinnung auf sein eigenes Wesen entzieht sie [die Philosophische Anthropologie] den Menschen der Vergegenständlichung und damit seiner Verfügbarmachung für die Abstraktionen der Wissenschaften und der Gesellschaft. So erfüllt sie in den Grenzen seiner Würde ihre offenhaltende, ihre universale Funktion" (ebd.).

[72] Fischer 2008, 17 (Anm. 25). Wie angedeutet, betrachtet Fischer den im Rahmen der Konferenz von Bad Homburg präsentierten Beitrag (Fischer 1995) als seinen ersten Versuch einer Rekonstruktion des Paradigmas PhA und gibt einen Artikel von Andreas Kuhlmann, einer der beiden Organisatoren, als Bericht darüber an (Kuhlmann 1992). Neben der Tagung und dem Arbeitskreis der Gesellschaft für Soziologie weist Fischer auf eine von René Weiland herausgegebene Ausgabe hin, ein weiterer Scheidepunkt in dieser *Renaissance* (Weiland 1995a).

ziologie decke. Es ist ganz klar, dass es sich dabei um eine stark philosophisch konnotierte Soziologie handelt.

Der hier von uns erhobene Einwand – der im zweiten Teil die Anwendung eines ‚Löwith'schen Korrektivs' begründet – betrifft genau diesen hermeneutischen Rahmen bzw. seinen angeblich notwendigen Charakter. Die soziologische Kehre der PhA ist nicht mit einer Art „Bestimmung" (im kantischen Sinne) gleichzusetzen, vielmehr stellt sie eine ihrer Möglichkeiten dar, die sich verwirklicht hat. Und unter diesen Möglichkeiten ist sie – zumindest unserer Meinung nach – nicht die wünschenswerteste bzw. nicht die beste Art und Weise, wie sich die PhA ihren reinen und fruchtbaren Kern bewahren kann. Eine solche Kehre würde einen Rückschritt hinsichtlich der originär philosophischen Zielsetzungen der philosophischen Anthropologie bedeuten, die auch aufgrund dieses Ausgangs – auf historischer Ebene – ein nie ganz eingehaltenes Versprechen bleibt. Dieses Paradigma steht für einen „utopischen Standort", d. h. das glückliche Intermezzo innerhalb einer Tradition, die diesseits wie jenseits davon den Menschen betrachtet, indem er entweder durch eine Reihe von Teiluntersuchungen auseinandergenommen wird, mit denen man dann eine Art Schlussrechnung durchführt, oder aber einheitlich durch eine überweltliche Transzendenz erfasst wird. Die echte PhA korrespondiert jenem kurzen Umstand, in dem sich die Anthropologie die Kenntnis des Allmenschen zum Ziel setzt und dieses Wissen als Avantgarde und Synthese der philosophischen Erkenntnis *tout court* etabliert. Im Anschluss an dieses harmonische Intermezzo wird es ihr nicht mehr gelingen, als Katalysator der zentrifugalen Schübe zu fungieren, die sich erneut durchsetzen und seit der soziologischen Kehre zu einer neo-spezialistischen Zersplitterung führen sollten.

Hier gilt es, ein mögliches Missverständnis auszuräumen, bevor mit der Argumentation fortgefahren wird. Auf der Wirkungsebene hat sich die als Leitwort der Philosophie verstandene philosophische Anthropologie – so wie Scheler sie sich vorstellte – als Misserfolg erwiesen. Seine Forderung, sich zu einer möglichen neuen philosophischen *koinè* zu erheben, schlug fehl. Tatsächlich hat sich eine solche Ambition als untragbare Last herausgestellt. Vielleicht hätte sie es sein können, konkret ist sie es jedoch nie gewesen, und das ist ein historisch unanfechtbares Urteil. Deshalb sollte jeder Bezug (der vorliegende inbegriffen) auf ihre authentische philosophische Inspiration – als Gegenposition zu ihrer soziologisch-positiven Wende – nicht etwa als Wunsch nach Wiederherstellung ihrer Gründungsambitionen missverstanden werden. Nichtsdestotrotz verbirgt sich gerade in den Falten der impliziten Himmelstürmerei des Scheler'schen Versuches die wahre philosophische Identität dieser Erfahrung (der „Identitätskern", von dem Fischer spricht). Unserer Meinung nach handelt es sich um eine Möglichkeit, die selbst Scheler nicht bis auf den Grund verfolgt hat und die seine ‚Nachfolger' nach und nach verwarfen, weil sie schrittweise dafür sorgten, dass das unbequeme Erbe ihres Wegbereiters – der letztlich ein *outsider* war[73] – verschwand, indem sein Projekt mit vereinfachenden Etiketten wie ‚dualistisch' oder ‚metaphysisch' versehen wurde. Die Tiefe der anthropologischen Seite Schelers wartet noch auf eine unbefangene, d. h. außerhalb der Partisanenlogik von *pro et contra* vorgenommene Abwägung.[74] Ihr hat die Tatsache geschadet, dass sie wegen des plötzlichen Ablebens ihres Autors gezwungenermaßen ein Entwurf bleiben musste. Bekanntlich hatte Scheler für „den

---

[73] Als einen solchen bezeichnet ihn zu Recht Martinelli, mit der Feststellung, dass sich die darauffolgende Anthropologie, „auch wenn sie vorgibt[,] an Scheler inspiriert zu sein", häufig durch das Aufgeben von „Gründungsansprüchen" (*pretese fondazionaliste*) auszeichne (Martinelli 2004, 211). Eines der meistverbreiteten *topoi* in Bezug auf die Anthropologie Schelers ist, dass sie sich stark auf das Modell von Klages stütze, weshalb er widerspruchslos als ‚dualistisch' eingestuft wird. Gehlen ist ein überzeugter Verfechter dieses Topos. Jedoch ist der Dualismus von Klages ganz und gar ‚polemisch' (Geist und Seele sind zwei unterschiedliche und gegensätzliche Einheiten), während das Verhältnis zwischen Drang und Geist nach Scheler ‚kompensatorisch' ist: der blinden und tauben Kraft des ersteren dient der Geist als möglicher Fährmann, der vorausgehend, aber schwach ist. Die beiden Wurzeln sind demnach nicht voneinander getrennt, sondern viel eher miteinander verflochten. Ihre Verbindung ist nicht der *polemos*, sondern die *koinonia*.

[74] Hierbei beziehen wir uns auf ein Beispiel aus dem italienischen Forschungspanorama, und zwar auf die Arbeit von Guido Cusinato (zur Zeit Vorsitzender der *Max Scheler-Gesellschaft*), die sich auf den Zusammenhang zwischen philosophischer Anthropologie und Ontologie der Person im Denken Schelers konzentriert. Trotz der Genauigkeit und Tiefe, die Cusinatos Seiten auszeichnen, gelingt es ihm nicht ganz, sich von einer reaktiven Logik zu befreien, als strebe er eine Art ‚Kompensation' der Banalisierungen an, die lange die Scheler-Rezeption charakterisierten. Cusinato liest die Anthropologie Schelers, indem er die Rolle der *Stellung* marginalisiert und das Material aus dem *Nachlass* (vgl. Scheler 1987) in den Mittelpunkt rückt. Auf dieser Grundlage spricht er sich dann für eine Anthropologie der *Bildung* im Gegensatz zu einer Anthropologie des *Geistes* aus (vgl. Cusinato 2008 und auch 2000; 2009).

Anfang des Jahres 1929" die Veröffentlichung seiner „"Philosophischen Anthropologie'" angekündigt.⁷⁵

In der Einleitung zu diesem ersten Teil wurde die *topologische Torsion der Menschenfrage als philosophischer Identitätskern der PhA* in Aussicht gestellt. Das bedeutet, dass er nicht in seiner ‚negativen Seite' aufgeht, also allein in der Erkenntnis der *grundlegenden* ‚Wesenlosigkeit' des Menschen. Um eine *philosophische* Anthropologie zu charakterisieren, ist genauer gesagt die von all jenen philosophisch-anthropologischen Ansätzen, die sich um das vom sogenannten ‚Paradigma des Mangels' angebotenen ‚eidetischen Bruchstücke' versammeln, übernommene Stellungnahme nicht ausreichend. Wir beziehen uns hier auf jene Tradition, die sich mindestens bis auf den Platonischen *Protagoras* zurückführen lässt und deren Stigma in der berühmten Formel Herders vom *Mängelwesen* ihren Ausdruck findet.⁷⁶ Die verschiedenen Wendungen „exzentrische Positionalität" und „*homo absconditus*" (Plessner), „Weltoffenheit", „Asket des Lebens" und „Neinsagenkönner" (Scheler), „Wesen der Zucht" (Gehlen), „Weltfremdheit" (Anders), „Wesen der Ferne" (Heidegger), „*animal symbolicum*" (Cassirer), „Fragendes Wesen" (Straus) usw. bis hin zu den aktuelleren vom „*homo compensator*" (Marquard) und „Luxuswesen" (Sloterdijk) sind sämtlich anthropische Brandzeichen, die alle (jede auf ihre eigene Art) durch das ihnen gemeinsame Streben nach Unabhängigkeit von einem ‚wesenhaften' (essenzialistischen) Menschenbild ausgezeichnet sind. Sie sprechen statt dessen von der *grundlegenden Unergründlichkeit/Unbestimmtheit des Menschen* bzw. von der Tatsache, dass – wie Nietzsche meint – dieser „*das noch nicht festgestellte Thier*"⁷⁷ sei; dass ihm also – wie Löwith behauptet – die „Un-natürlichkeit" naturgemäß zueigen ist. Mit den Worten Romano Guardinis: „[D]er Mensch hat eben keine Natur in der Art, wie Tier und Pflanzen sie haben. Seine ‚Natur' besteht geradezu darin, daß er keine solche hat."⁷⁸

---

⁷⁵ Scheler 1928, 9.
⁷⁶ Erforderlich sind hier die Hinweise auf Platon, *Protagoras*, 321a-323c sowie Herder 2002, 24. Zu Herder und der philosophischen Anthropologie siehe Marino 2009.
⁷⁷ Nietzsche 1886, 79.
⁷⁸ Guardini 1993, 7. Die Tatsache, dass diese Betrachtung auch von einer explizit theologischen Anthropologie wie der von Guardini als selbstverständlich eingeschätzt wird, gibt das Ausmaß ihrer epochalen Bedeutung wieder. Ein im Rahmen der theologisch geprägten philosophischen Anthropologie – einer Forschungslinie, die eine Rei-

Aufgrund seiner diagnostischen Kompetenz, ja mantischen Begabung, die ihn die tiefreichenden Auswirkungen dieses Wendepunktes erkennen ließen, um daraus einen historisch nicht umkehrbaren Übergang zu machen, ist die philosophische Urheberschaft dieses Übergangs Nietzsche zuzuschreiben. Er erweist sich Kant, Feuerbach und Herder ebenbürtig und verdient es daher, als Vater der anthropologischen Wende bezeichnet zu werden.[79] Er konstatierte die endgültige Abnutzung einer jeden theologisch-hinterweltlichen Prämisse und bestimmte folglich die damit verbundene Unmöglichkeit für die philosophische Frage nach dem Menschen, ‚wesenhafte' Forderungen zu stellen. Wenn der Mensch nicht mehr die Krone der Schöpfung sei, dann bleibe ihm nichts anderes übrig, als sich als Tier anzuerkennen, ja sogar als „das *kranke* Thier"[80], da eine unüberwindbare Distanz – d. h. eine *Weltfremdheit*, die je nach Zusammenhang als *Vermittlung, Offenheit, Ferne, Askese, Exzentrizität, Entlastung* usw. bezeichnet wird – dieses Lebewesen hinsichtlich eines ‚natürlichen' Rahmens kennzeichne, innerhalb dessen es nun seine eigene Stellung finden müsse. Andererseits handelt es sich um einen Rahmen, den der Mensch aufgrund seines lang andauernden ‚Exils aus der Natur' (seiner zweitausendjährigen ‚theologische Missgunst') nicht mehr erkennen könne. So *eigenartig* seine Stellung auch sein mag – sie ist und bleibt dennoch eine *natürliche* Position.

Zu dieser Verwandlung des Menschenbildes, mit dem stets eine Verwandlung des Weltbildes einhergeht, trug entscheidend der Darwinismus bei. Durch ihn wurden Bedingungen geschaffen, die diese Verwandlung zu einer unumstößlichen historischen Wende werden ließen. Ohne das sichere Ufer, das Nietzsches Gedanken unbewussterweise von der Evolutionstheorie angeboten wurde (die den Menschen wieder gänzlich in die Natur zurückstellt bzw. als Lebewesen unter Lebewesen betrachtet), hätte dieser kei-

---

he wichtiger Namen umfasst: Gogarten, Brunner, Buber, Barth, Bultmann, Teilhard de Chardin – in den letzten Jahren zu einem Bezugstext avanciertes Werk ist der bereits zitierte Pannenberg 1995. Siehe auch Coreth 1973. In jüngeren Jahren und vor allem in Italien konnte man ein blühendes Wachstum solcher Studien beobachten, die den Titel ‚philosophische Anthropologie' missbräuchlich benutzen, da ihr Ansatz nicht einfach ein theologischer ist, sondern ein übertrieben konfessioneller.
[79] Wenig überzeugend, trotz des Blasons des Autors, Tugendhat 2010b.
[80] Nietzsche 1887, 385.

ne epochale Tragweite erlangt.[81] Und somit ist *der neue Mensch*, mit dem sich auch die Philosophie auseinandersetzen muss, *ein natürlicher Mensch* und dieser natürliche Mensch ist wiederum vor allem als *homo somaticus* ein natürlicher. Der Mensch ist nun endgültig somatisch geworden, was bedeutet, dass er keinen Schutz mehr in der beruhigenden Überzeugung seiner ideellen Bestimmung finden kann, seiner *entkörperten* Besonderheit, die ihn von allen übrigen ‚einfachen Dingen' abtrennt und abhebt. Von jetzt an muss er auf die tröstende Vorstellung verzichten, ein unverderbliches Wesen zu sein, das nur vorübergehend und zufälligerweise (*katà symbebekos*) in das Gefängnis/Grab (*sema*) oder die Maschine (*machina*) eines fleischlichen Käfigs (*soma*) gesperrt ist.

Es handelt sich hier um die Entdeckung des *Leibes* neben dem *Körper*, die unlösbar miteinander verflochten sind. „Die Modernität beginnt", so Foucault, „als das menschliche Wesen innerhalb seines Organismus [...] zu existieren beginnt"[82], d. h. als es beginnt, seinen Leib/Körper zu bewohnen. Was auch immer der Mensch sei oder zu sein glaubt („Gewissen", „cogito", „Geist", „Psyche") – er muss jetzt dem eigenen Körper Rechenschaft tragen, im Leib als „große[r] Vernunft"[83] seine Ursache finden. Der postdualistische Mensch wird zu einer Einheit als Ganzheit eines vollkommen beseelten Körpers. Die eigentliche Bedeutung sowie die Krasis zwischen ‚Leibsein' und ‚Körperhaben' kann in der folgenden Formel ausgedrückt werden: ‚Sich-als-Körper-Haben'. Anders gesagt: Die Möglichkeit, ‚sich selbst als sich selbst zu haben' (d. h. eine Selbstheit zu gründen und zu besitzen), entspringt der Grundgegebenheit der eigenen Körperlichkeit, genauer dem Körper, der jeder vorrangig und notwendigerweise ist. Dieser lebendige, bewusste Körper stellt die große Neuheit dar, mit der sich ab jetzt jegliches (nicht nur das anthropologische) Denken auseinandersetzen muss. Das gilt auch dort, wo ein Denken – wie das bei Scheler der Fall ist – die extrasomatischen Gründe des Geistes starkmachen will.

---

[81] Selbstverständlich gilt auch das Gegenteil: Nietzsche war zugleich ein außergewöhnlicher philosophischer Auslöser für den Darwinismus. Die Krasis zwischen den Ansprüchen Nietzsches und Darwins fand nicht rein zufällig eine rege Verwirklichung auf der Ebene der ethischen Betrachtung. Schon einige Jahre vor der Jahrhundertwende wird der deutsche Germanist Alexander Tille (1866-1912) „ein Buch [zur] Entwicklungsethik" vorlegen (Tille 1895).
[82] Foucault 1974, 383-384.
[83] Nietzsche 1968, 35.

Innerhalb der PhA ist Plessner der Hauptvertreter dieser somatischen Revolution, die ein ausschlaggebendes Moment für die (Wieder)Geburt der anthropologischen Fragestellung in der Philosophie überhaupt ausmacht. Sein gesamter Denkweg wurzelt in einer *Anthropologie der Sinne*, d. h. in einer *Ästhesiologie des Geistes*,[84] die nicht wenige Errungenschaften vorwegnimmt, die dann von anderen, vielgerühmten Denkansätzen ausgearbeitet werden wie, um das naheliegendste Beispiel zu nennen, Merleau-Pontys Arbeit zur Wahrnehmung im Bereich der Phänomenologie. Plessner selbst ist sich der authentischen Tragweite dieser Zäsur innerhalb des traditionellen philosophischen Panoramas voll und ganz bewusst. So brandneu war diese Neuheit, dass sie zwei keineswegs inaktuelle Denker – Cassirer und Dilthey – ausschloss, die noch das traditionelle Lied anstimmen, wonach, „wo die körperliche Dimension beginnt, [...] die Philosophie auf[hört]"[85].

---

[84] Es handelt sich um einen 1923 mit der *Einheit der Sinne* (H. Plessner 1923) eingeläuteten und mit der *Anthropologie der Sinne* 1970 (H. Plessner 1970) abgeschlossenen Forschungsweg. 1924, im *Vorwort* zu den *Grenzen der Gemeinschaft*, kündigte Plessner die zukünftigen *Stufen* – mit dem Titel: *Pflanze, Tier, Mensch. Elemente einer Kosmologie der lebendigen Form* – als „den zweiten Band unserer Erkenntnistheorie [an] [...] deren erster, die *Ästhesiologie des Geistes*, die Theorie der Empfindung behandelte" (H. Plessner 1924, 12). Der ästhesiologischen Seite widmet sich die Arbeit eines bedeutenden Plessner-Forschers: Marco Russo. Zu dem schon zitierten Russo 2000 (besonders 205-292), vgl. Russo 2005; im selben Band siehe auch Rasini 2005 sowie die vergleichende Lektüre Schelers, Plessners und Gehlens im Blick auf die Körperthematik in Rasini 2008a, 119-146 und Rasini 2013. Zum Thema *Leib-Körper* bei Plessner: Krüger 2000.

[85] H. Plessner 1963, 243. In seinem *Essay on Man* (Cassirer 1944) präsentiert Ernst Cassirer eine „anthropological philosophy", einen Ansatz, der sich als eine Art Mischung aus Nähe und Abstand zur PhA ergibt. Einerseits scheint auch Cassirer an eine philosophische Anthropologie als Denkansatz zu glauben, denn er argumentiert mit anthropologischen Konstanten (den symbolischen Formen); andererseits unterscheidet er sich von der PhA (sowie selbst von Löwith), da diese Konstanten eine gänzlich außer-, ja übernatürliche Herkunft haben. Sein *„animal symbolicum"* – dessen Besonderheit darin besteht, *„formfähig"* (*weltbildend*, würde Heidegger sagen) zu sein – ist durch und durch ein Kulturwesen, das seine weltliche Verankerung abgeschnitten hat und sich somit innerhalb der Eklipse der kosmologischen Differenz bewegt. Über die Anthropologie von Cassirer, außer dem schon zitierten Orth 1990-1991, vgl. Ferrari 2003. Der Versuch einer neuen Variante der philosophischen Anthropologie Cassirer'scher Prägung wurde jüngst von Gerald Hartung durchgeführt (vgl. Hartung 2008 und vor allem 2003). Was die Differenz zwischen „philosophi-

Im Lichte ihres Gesamtablaufs betrachtet – das heißt von den ungewissen Prämissen des 18. Jahrhunderts bis hin zum vollständigen Bewusstsein im 20. Jahrhundert – entspricht diese Umwandlung des Paradigmas der Anerkennung, dass die Besonderheit des Menschen nicht in einem ‚Was', sondern in einer ‚Einstellung', in einer ‚Situation' zu finden ist: dem ‚*Wie eines Wo*', bzw. in seinem ‚sich Verorten', in der Art und Weise also, wie er einen Platz einnimmt, eine Stellung. Der Mensch kann nicht mehr durch eine *quidditas* charakterisiert werden, die er unmittelbar, voll und ganz, gleichsam monadenartig besäße, unter Absicht von jeglichem Zusammenhang. Gerade in einer solchen Voraussetzung liegt das unheilbare *vulnus* des substanzialistischen Ansatzes. Die Besonderheit des Menschen gehört hingegen zu der Einzigartigkeit seiner Art und Weise, sich zu stellen, zu jener *Stellung, die ipso facto* eine *Sonderstellung, eine Positionalität* ist, da sie schon immer – nach dem biologischem Gesetz – eine Stellungnahme (Einstellung) voraussetzt. Der *Bauplan* des Menschen schließt ein, dass er eine *Welt* – also eine ihm eigene oikologische Nische, die nicht schon vor ihm da war – und nicht eine bloße *Umwelt* – „eine ‚Umgebung', die ihn umgibt und dabei gleichzeitig beschützt und einschränkt"[86] – besitzt. Demnach ist die Welt „kein *datum*, sondern ein *dandum*"[87]. Auch das Siegel dieser entscheidenden Kenntnisnahme, die sich die ganze PhA zu eigen machen wird, stammt von einem Wort Schelers ab: „*Weltoffenheit*". Der Mensch ist ursprünglich „weltoffen", und nur als solcher kann er auch ein „*Neinsagenkönner*", ein „*Asket des Lebens*"[88] sein.

Auf dem Höhepunkt eines metamorphischen Prozesses, der von einer ‚wesenhaften/essenzialistischen Anthropologie' („*was* ist der Mensch?") über eine ‚modale Anthropologie' („*wie* ist der Mensch?") und letztlich zu einer ‚lokalen/positionalen Anthropologie' („*wo* ist der Mensch?") führt, nimmt die Menschenfrage den Charakter einer *Topologie des Menschli-*

---

scher Anthropologie" und „anthropologischer Philosophie" betrifft, bietet Marco Russo (Russo 2000, 30 Anm.) eine deutliche allgemeine Definition an, während eine vertiefte Behandlung in Krüger 2008 vorgelegt wird.
[86] Rasini 2008, 103 (und allgemeiner 89-118).
[87] Accarino 1991b, 30.
[88] Zur Beziehung von Eröffnung und Schließung als Oszillationspole einer philosophischen Anthropologie, die sich als Paradigma/Denkansatz versteht, vgl. Pezzano 2011.

an. Von der *ousia* zum *topos*, d. h. vom ‚Wesen' über die *apousia* (Wesenlosigkeit) zum ‚Ort' (Stellung). Die Unmöglichkeit, ein ‚Wesen des Menschen' auszumachen, wird zum Versuch, die Gesamtheit seiner Bedingungen zu erfassen, indem man seinen spezifischen ‚natürlichen Ort' findet. Die menschliche Seinsweise zeichnet sich somit innerhalb einer Konstellation, eines Perimeters ab. Sie wird durch die ganz besondere Beziehung gekennzeichnet, die der Mensch zu seinem *oikos* herstellt. Hier liegt jene grundlegende Wende beschlossen, die von der *natura hominis* zur *conditio humana* führt.

Von diesem Gesichtspunkt aus gesehen, stellt Schelers Auslegung dieses Problems – bzw. seine Auffassung, dass die Grundfrage „die *Stellung* des Menschen im Kosmos" betrifft – wirklich die „formale Anzeige" für die philosophische Betrachtung dieses Bereiches im Laufe des letzten Jahrhunderts dar. Dank Scheler findet die Menschenfrage zu einer schlichtenden Formulierung: „*Welcher ist der Platz (die Stellung) des Menschen?*", „Welcher ist sein Platz im Kosmos?" bzw. „Wo ist sein Platz innerhalb jenes Einen und Ganzen, *in welchem er sich befindet* (in dem Sinne, dass es ihm lediglich gelingt, sich seiner eigenen Stellung bewusst zu werden)?" Es handelt sich um ein Ganzes, dessen angeborene problematische Verfassung jetzt weder aufgeschoben noch aufgehoben werden kann, etwa indem auf die Transzendenz irgendeines Jenseits verwiesen wird. Hier und heute bleibt allein ein Diesseits: die eine „wahre", von ihrer „scheinbaren" Entsprechung verlassene Welt.[89] Sie ist ein Ganzes, in dem wir uns immer schon befinden und in Bezug auf das wir uns – auch hermeneutisch – zu stellen haben.

Es geht also darum, sich entweder für die von den Wissenschaften untersuchte (gebildete) Natur-Welt zu entscheiden oder für etwas anderes, das zwar die natürliche und physische Seite der Natur-Welt annimmt, aber dennoch bemüht ist, sie einer (der positiven) Bedeutung zu entziehen, die immer Gefahr läuft, sich in einem Wirkungshorizont und damit in einem *Re-Anthropozentrismus* aufzulösen. Denn Welt und Natur definieren sich gegenwärtig immer mehr als etwas, das ‚zu unserer Verfügung steht'. Angenommen, dass jetzt die Natur als Einheit und Synthese des Organischen und Unorganischen zu gelten hat, stellt sich die Wahl zwischen zwei möglichen Alternativen, und zwar zwischen zwei Traditionen, die einst (d. h. bevor die *episteme* zur *scientia* wurde) ein und derselben Strömung angehörten, jetzt aber durch eine unüberbrückbare Distanz voneinander getrennt werden.

---

[89] Vgl. Nietzsche 1969, 74-75.

Beide sind Trägerinnen unvereinbarer Weltanschauungen geworden: die Natur-*Wissenschaft* auf der einen und die Natur-*Philosophie* auf der anderen Seite. Ein weiteres Verdienst von Scheler – und der PhA in ihrer ursprünglichsten Inspiration, wie sie vor allem von Plessner lebendig gehalten wurde – ist es, diese zwei Alternativen nicht auf ein *aut aut* reduziert zu haben. Obgleich die Spannung bei Scheler noch metaphysisch (und in einem gewissen Sinne sogar meta-anthropologisch)[90] geprägt ist, erkennt er durchaus, dass eine radikale Auseinandersetzung mit den Wissenschaften unausweichlich ist. Eine offene Zwiesprache mit ihnen lässt sich nicht umgehen, vor allem dann, wenn man noch die rein philosophische Absicht hegt, sich auf das Erfassen des „Phänomens Mensch" in seiner Gesamtheit zu richten. Nun, diesen „Allmenschen" – nach vorheriger Erkenntnis seiner echten Eigenschaften, d. h. der *anthropologischen Differenz* – zu beschreiben, bedeutet gerade, ihn zu positionieren, ihn zu verorten, genauer gesagt: ein mögliches *anthropisches Perimeter* zu ziehen.

Es ist hier angebracht zu betonen, dass hinsichtlich eines solchen Bestrebens – das sowohl ein Kapital als auch (für diejenigen, die Scheler folgen) eine Hypothek darstellt – vor allem Gehlen eine systematische Normalisierungsarbeit leistet. Einerseits erkennt er die tragende Bedeutung des Scheler'schen Entwurfs an, andererseits beunruhigt ihn dieser so sehr, dass er sich gezwungen sieht, aus ihm praktisch ein Tabu zu machen, indem er ihn als metaphysische Velleität auflöst, deren Zeit abgelaufen ist. Unter dem Druck Gehlens – dessen „elementare Anthropologie" sich trotz der Proteste ihres Autors tatsächlich selbst als eine *positive Anthropologie* entpuppt – nimmt dieser Versuch ‚einer philosophischen Untersuchung um den Menschen' so allmählich den Charakter einer ‚philosophischen *Wissenschaft* vom Menschen' an. Zu dieser Umwandlung kommt es dank der Entdeckung eines vorproblematischen und ganz und gar empirischen Ansatzpunktes: dem „psychophysisch neutralen" der Handlung.[91]

---

[90] Schelers Anthropologie kann als „meta-anthropologisch" definiert werden, weil sie sich letztlich in Richtung eines onthologischen Personalismus vollzieht, der sein eigenes theologisches Streben nicht verbergen kann (und dies, um ehrlich zu sein, auch nicht will). Außer den schon zitierten Arbeiten von Cusinato, siehe: Henckmann 2003.

[91] Vgl. Gehlen 1942, 71. Aufgrund der offensichtlichen Neigung Gehlens, die *Wissenschaft* nicht als *episteme* auszulegen, entspricht seine „philosophische *Wissenschaft* des Menschen" nicht einer ‚*episteme tou anthropou*', sondern eher einer ‚*Wissenschaft der*

In dieser Unternehmung wurzelt unserer Meinung nach jener Rückschritt, der die Entwicklung der PhA insgesamt prägt, denn sie tauscht nun die endgültige Beförderung in den *pantheon* der wissenschaftlich legitimierten Lehren gegen den Verzicht auf ihre authentisch philosophische Berufung ein. Auf dieser Basis kann die Soziologisierung symbolisch für eine ‚philosophische Apostasie' stehen. Trotz dieser neuen Gestalt, die die PhA annimmt, kommt sie andererseits nicht davon ab, eine *Topologie des Menschlichen* zu verkörpern. Tatsächlich nimmt sie sich auch als Soziologie vor, über den Menschen nachzudenken, indem sie ihn verortet, d. h. die Bedingungen umschreibt, von denen ausgehend er jeweils da sein kann. Der im negativen Sinne ausschlaggebende Punkt liegt in der Tatsache begründet, dass sich jetzt der Horizont dieser ‚örtlichen Bestimmung' des Menschen unvermeidlich zusammenzieht. Vom „Kosmos" bei Scheler geht man zum „Organischen" bei Plessner über und kommt schlussendlich zur „Welt" (verstanden als „institutionalisierte Welt") bei Gehlen. Die letztere entspricht der kulturell kompensatorischen Erwiderung auf jene biologische ‚Dekompensation' (Ungleichgewicht), die der Mensch aufgrund der Verquickung von *Trieb-überschuss* und *Antriebsschwäche* darstellt. Ergo: Die Kultur ist Handeln, das Handeln ist Kompensation, die Kompensation ist Zucht. Daraus folgt, dass sich das Lebewesen Mensch endgültig als auf sich selbst gestellt findet. Insofern der Mensch von Natur aus ein Kulturwesen ist, bricht er jede Verbindung zu dem, was nicht sein Werk ist (ihm nicht zu Verfügung steht), ab. Als *handelndes Wesen* trennt er sich von allem, was sich nicht auf ein *factum* zurückführen lässt bzw. von allem, was nicht ‚Geschichte' ist. Vom Gesichtspunkt dieses „Wesens der Zucht" aus gesehen, nimmt der Bereich des ‚Nicht-Gemachten', also das ‚Nicht-Geschichtliche', somit das Natürliche – einschließlich des Natürlichen, das er selbst ist – schrittweise die Züge eines chaotischen und unhaltbaren Abgrundes an. Während der Mensch einerseits aus dem somatischen Käfig eines dualistisch gedachten und gelebten Körpers befreit wird, findet er sich jetzt andererseits in seinem ‚weltlichen Körper' gefangen wieder, d. h. jener menschlichen Welt, deren einziger Hersteller er aus biologischer Notwendigkeit ist.

Menschenwelt'. Noch in diesem Aufsatz von 1942 (einer Zusammenfassung der tragenden Elemente seiner Anthropologie) vermittelt Gehlen eine Art Epistemologie dieser Wissenschaft. Er verweigert für sein Verfahren explizit die Etikette „positivistisch" und definiert es dagegen als einen „Spezialfall jedes *praktischen* Verfahrens, nämlich ein erkenntnispraktisches" (ebd. 68).

Trotzdem ist und bleibt er ein Demiurg, nie ein Schöpfer. Die vollständige Entfaltung des Kulturwesens zeigt uns jemanden, der ausschließlich im Raum der Menschenwelt existieren kann, d. h. in einem Zustand, der sich als kulturhafte Neuausgabe der tierischen Umwelt entpuppt, da er seine weltliche Verbindung abgeschnitten hat. Sie stellt eine ganz neue Form von Umwelt dar – eine *Neo-Umwelt* (*neo-ambiente*). Enggeführt bedeutet dies: Im vermutlichen Idealzustand eines ‚vollkommenen Wesens der Zucht' würde sich der Mensch mehr denn je dem Tier annähern.

Und so besteht der paradoxe Ausgang einer vollendeten Kulturanthropologie – welche darauf ausgerichtet ist, die vorgeblichen Dogmatismen und Naivitäten einer philosophischen Anthropologie allzu ontologischer (‚metaphysischer') Orientierung abzuwenden[92] – in ihrer Annäherung an eine sozio-kulturelle Zoologie. Sie würde sich am Ende zur unbewussten Botschafterin, vielleicht sogar Garantin eines nicht mehr auf biologischer, sondern auf kultureller Grundlage stehenden Determinismus machen – also einer Art Sozio-Biologie.

Die Wahl des menschenweltlichen Horizontes als des einzigen Bezugsparameters für die PhA geht mit der Eklipse der kosmologischen Differenz einher, d. h. mit dem endgültigen Verlust jenes breiteren Spektrums, das die unausweichliche Bedingung der Möglichkeit für das Bestehen jeglicher Menschenwelt ausmacht: die *Welt* als solche bzw. der *mundus rerum* gegenüber dem bloßen *mundus hominum*. Diesem im Schatten liegenden Hintergrund, der nicht auf orthodoxe (beweisbare) Erkennbarkeitsparameter zurückführbar und dennoch ganz konkret ist; diesem problematischen Rahmen, der sich im Gegensatz dazu nur als unüberwindbares Hindernis entpuppt, und zwar als eines, das auf kein menschliches Maß zurückführbar ist (woran traumatischerweise jeder Versuch des Menschen, sich vollständig zu sich zurückzubringen, abprallt); diesem einzig und allein auf pathische Art erfahrbaren Bereich, der eher erfühlt als erkenntnisbewusst bestimmt werden kann – all dem ist und bleibt das menschliche Lebewesen restlos

---

[92] Habermas hoffte auf eine solche Lösung der Strukturprobleme der philosophischen Anthropologie in ihrer klassischen Version – die „ontologisch" orientiert ist, sich auf die Entdeckung „anthropologischer Konstanten" richtet und sich damit dem Risiko aussetzt, zur „Dogmatik" zu werden (Habermas 1977, 108) –, indem er sich auf die Kulturanthropologie seines Lehrers Rothacker berief, die eine „allgemeine vergleichende Menschenwissenschaft" (ebd. 109) geworden war.

ausgeliefert. Seine Geschichte als ‚entlastendes Wesen' nimmt unvermeidlich von hier ihren Ausgang und ebenso unvermeidlich vollzieht sie sich hier.

Von der Feststellung dieser Evidenz soll die Anthropologie ihren Ausgang nehmen und an sie ihre Bemühungen anpassen. *Ihre philosophische Tragweite steht und fällt mit der Wahrung der kosmologischen Differenz* (unserer *weltlichen Bestimmung*), mit dem Widerstand also gegen unsere endgültige Reduzierung auf jene Tierheit, die sich innerhalb der Neo-Umwelt, d. h. einer totalisierten Menschenwelt vollzieht. Der Verlust dieser Tragweite bedeutet, auf ihre holistische Inspiration zu verzichten, auf den Versuch also, ein mögliches anthropisches Perimeter zu umschreiben. Aus diesem Verlust geht ein *anthropologischer Neo-Spezialismus* hervor, welcher der Zersplitterung der philosophischen Anthropologie in einen ‚Fachpositivismus' entspricht, ihrer Dispersion in der Überfülle ihrer eigenen Bruchstücke (historische, theologische, kulturelle, medizinische ... Anthropologie), in einer Reihe von alten und neuen Spezialismen, d. h. von endlosen ‚Mikrologien des Menschlichen'. Letztere sind Lehren, die zu einem assertorischen und bestätigenden Schicksal verurteilt sind, denen keine andere Aufgabe zukommt als ein ständiges Zur-Kenntnis-Nehmen: „Ja und Amen" zu alledem zu sagen, das es gibt, einfach nur, weil es dies gibt.[93] Der Ausgang eines solchen Kurzschlusses gestaltet sich als paradoxe Wiederherstellung eben jener parzellierten Situation in der Anthropologie, die Scheler in der Eröffnung der *Stellung* beschrieb.[94] Es war dies eine Situation, in der jede spezifische Anthropologie ihren ganz eigenen Menschentyp hervorbrachte: den *homo religiosus*, *faber*, *sapiens*, *dionysisch*, *creator* ...

Auf diese Weise läuft die PhA – die geboren wurde, um dem spezialistischen Abdriften des Wissen um den Menschen Einhalt zu gebieten – Gefahr, zu der unfreiwilligen Förderin eines Neo-Spezialismus zu werden,

---

[93] Unter gewissen Gesichtspunkten kann die *historische Anthropologie* von Christoph Wulf als beispielhaft für eine solche Tendenz betrachtet werden. Der Ansatz von Wulf – der an die Anthropologie als eine „Netzwerkwissenschaft" denkt – scheint eklektisch, synkretisch, an allzu vielen Dingen übermäßig interessiert. Er muss sich gezwungenermaßen mit praktisch allem beschäftigen, weil er ‚sich keinen Weg versperren will'. Ihre Ergebnisse wiederum hängen von einer ‚leichtfertigen epistemischen Wahl' ab, deren grundlegende Voraussetzung der Tod des ‚Menschen' ist (vgl. z. B. Wulf 1989 und 1997).

[94] Vgl. Scheler 1928, 11. Scheler spricht von drei Anthropologien: der „naturwissenschaftlichen", der „philosophischen" und der „theologischen" (ebd.).

der jede originär holistische und synthetische Spannung *ipso facto* für die Wiederherstellung metaphysischer Ansprüche hält. *Anthropologischer Neo-Spezialismus und Re-Anthropozentrismus erweisen sich als zwei Seiten derselben Medaille*, d. h. als Konsequenz desselben Hindernisses: *der Eklipse der kosmologischen Differenz*, der Wahl der Menschenwelt zum einzigen und absoluten Bezugshorizont für die philosophische Untersuchung über den Menschen. Auf diese Weise setzt sich die *Philosophische* Anthropologie der Gefahr aus, sich stillschweigend in einer erneuerten Form der philosophischen *Anthropologie* aufzulösen. Mit anderen Worten: In dem Moment, als die PhA glauben konnte, ihren Status als originärer Denkansatz etabliert zu haben, lässt sie aufs Neue jener Subdisziplin den Vortritt, als deren Alternative sie zur Welt gekommen war.

Wäre Scheler den Folgen der topologischen Torsion der Menschenfrage auf den Grund gegangen, zu der er entscheidend beigetragen hat, wäre ihm bewusst geworden, dass in seiner Frage bereits die Antwort formuliert war. Die „Stellung des Menschen *liegt* im Kosmos", die Bestimmung der *conditio humana* – als Umschreibung eines anthropisches Perimeters – steht und fällt mit der Erkenntnis und der Bewahrung jenes unveränderlichen Hintergrundes, der die Grundbedingung der Möglichkeit dieses Perimeters bildet. Er stellt die un-historische (meta-historische) Bedingung jeder möglichen Geschichtlichkeit dar, die *hyle* jeder menschlichen Welt. Die *Weltfrage* und die *Menschenfrage* bleiben unvermeidbar ineinander verschränkt. Daraus folgt, dass *die Erkenntnis über den Menschen der Bewahrung des „Gefühls der Welt"* gleichkommt, also dessen, was Wittgenstein als ihren „mystischen"[95] Charakter bezeichnete. Die Betrachtung des Allmenschen bedeutet, den Blick für *die Welt als solche* freizuhalten, die jegliche epistemische Ordnung übertrifft (die immer und unausweichlich innerweltlich ist) und die sich ausschließlich pathisch erfassen lässt.

---

[95] Der Ausdruck „Gefühl der Welt" („als begrenztes Ganzes") ist im *Tractatus* (6.45) enthalten und soll die berühmte Definition des „Mystischen" ergänzen, die eine ausgezeichnete Erläuterung dessen darstellt, was wir als kosmologische Differenz bezeichnen. Wittgenstein schreibt: „Nicht *wie* die Welt ist, ist *das Mystische*, sondern *dass sie ist*" (Wittgenstein 1922, 89. Satz 6.44). Das ‚Wie' der Welt bleibt innerhalb des menschenweltlichen Horizonts begrenzt, da es notwendigerweise ihr ‚Dass' voraussetzen muss, das seinerseits eine nur auf pathischem Wege (als *affectio*) erfahrbare Dimension ist.

Indem die Philosophie dieses *weltliche pathos* (*thauma, thaumazein, theorein*) nennt, hat sie zugleich ihren eigenen Ursprung und ihre Bestimmung ausgesprochen. Das *thaumazein* kommt der reinen *Weltstimmung* gleich, dem tiefsten Selbstgefühl, dessen der Mensch fähig ist. Sie entspricht der Unterbrechung des *Umsicht*-Kreislaufes (dem allein sich eine Umwelt auftun kann) durch die Freiheit der *Betrachtung* (deren Blickfeld nichts anderes als eine Welt sein kann), d. h. der Grundlosigkeit des *theoreins*: jenes Abstandnehmens, das Selbstzweck ist, weil es sich für jede konkrete Zweckmäßigkeit als unbrauchbar entpuppt. Wie im dritten Teil gezeigt wird, entspricht die Weltstimmung jenem *erstaunenden Entsetzen*, das von dem *offenen Streit* (*polemos*) *zwischen Welt und Erde* hervorgerufen wird. Nur innerhalb dieses Streits liegt der ‚menschliche Ort'. Nur hier findet, jedes Mal aufs Neue, die ‚Stellung' des Menschen statt.

An dieser Stelle unserer Argumentation ist eine Schwelle erreicht, zu deren Überschreitung das Vorbild Löwiths entscheidend beitragen kann. Es geht dabei nicht darum, die echten oder mutmaßlichen Aporien der PhA zu lösen; vielmehr soll eine von ihr vernachlässigte Möglichkeit aufgezeigt werden. Die Hartnäckigkeit, mit der sich Löwith auf dem Höhepunkt seines Denkweges *auf den unerschütterlichen Charakter der Welt als solcher* beruft (d. h. *auf das immerwährende Eine und Ganze als grundlegende Voraussetzung und Bestimmung der Anthropologie*), kann für jede philosophische Fragestellung, die sich heute wie damals wahrhaft mit der Menschenfrage messen möchte, als *memento* gelten.

Auf die Frage, die sich Plessner schon 1937 hinsichtlich der *Aufgabe der Philosophischen Anthropologie* stellte, kann man also antworten, dass ihre Hauptaufgabe darin besteht, philosophisch zu bleiben bzw. über unseren ‚natürlichen Ort' zu wachen. Sie soll beharrlich und immer wieder neu die kosmologische Differenz zwischen Welt und Menschenwelt bekräftigen.

Zweiter Teil

Menschenfrage und kosmologische Differenz oder: Löwiths Weg zur philosophischen Anthropologie

Dies ist die Zeit der Welt- und Menschenbilder aus zweiter Hand

Wolf Lepenies

2.0 Vorrede

Die Vorrede soll hier zu der Präzisierung eines bereits in der allgemeinen Einleitung herangezogenen Begriffes beitragen. Das Hauptthema dieses zweiten Teils – Löwiths Auslegung und Behandlung der Menschenfrage – dient einer grundsätzlichen *Löwith'schen Implementierung der PhA*. Damit ist gemeint, dass hier nicht ein historisches, sondern vielmehr ein geschichtliches Ziel verfolgt wird, oder anders gesagt: Es geht nicht darum, *ex post* und zwanghaft einen weiteren Protagonisten in diese Denkrichtung „*in cerca d'autore*" aufzunehmen. Vielmehr kann der einzigartige Werdegang Löwiths einen ganz neuen und bedeutsamen Beitrag für die philosophische Anthropologie leisten und damit einen Pfad für ihre mögliche zeitgemäße Auslegung bahnen. Eben auf dieser Grundlage wird dann im dritten Teil ein konkreter Ansatz zu ihrer tatsächlichen Wiederaufnahme und Fortführung hier und heute formuliert: in Form einer *philosophischen Anthropologie der Technik*. Es lässt sich wohl nicht ausschließen, dass hinter den Nebeln des posthumanistischen Rausches nach wie vor die ‚gute alte Frage nach dem Menschen' lauert. Bereiten wir uns auf sie also besser schon vor.

Bevor wir das Hauptthema angehen, bedarf es einer kurzen Synthese der hermeneutischen Hypothese, die hier vertreten wird und die die anthropologische Frage als den theoretischen *Identitätskern* von Löwiths Denkweg betrachtet.[1]

2.1 Hermeneutischer Prolog über Löwiths Philosophie[2]

„Que peut un homme?"[3] Dieses im letzten Werk Löwiths angeführte Zitat aus dem *Monsieur Teste* von Paul Valéry, in dem die Grundzüge des philosophischen Denkens des französischen Dichters nachgezeichnet werden, stellt das perfekte Epigraph für Löwiths philosophischen Werdegang dar. In diesem wird versucht, eine Antwort (also keine Lösung!) auf eben diese Frage anzubieten und zwar auf dem Wege einer Wiederaufnahme des Welt/Natur-Begriffs in seiner vorchristlichen Bedeutung. Um uns diesem Versuch auf angemessene Weise zu nähern, sollen zunächst ein paar seiner Vorbedingungen ausgeführt werden. Die erste besteht in der Überwindung einiger kritischer *topoi*, die Löwith gegen seinen Willen zuteil wurden, zu deren Durchsetzung er jedoch in gewissem Maße selbst beigetragen hat.

---

[1] Der wohl wichtigste Versuch einer anthropologischen Auslegung von Löwiths Denken ist bis heute Dabag 1989. Trotz derselben hermeneutischen Etikette ist seine Lesart ziemlich weit von der hier vorgelegten entfernt. Dabag stellt fest, dass in der „anthropologischen Konzeption Löwiths" eher „zwei chronologisch und inhaltlich klar abgrenzbare Fassungen" bestünden als ein eindeutiger Werdegang. Die erste Fassung gehe von der „Perspektive einer ‚Sozial-Phänomenologie'" aus, während die zweite (ab der zweiten Hälfte der 1930er Jahre) auf eine „ontologische Bestimmung des menschlichen Seins" (ebd. 75) ausgerichtet sei. Dieser Rekonstruktion entgeht somit jenes entscheidende Kontinuitätselement, das unserer Ansicht nach den philosophisch-anthropologischen Werdegang Löwiths zu einem durch und durch konsequenten werden lässt. Zur Anthropologie Löwiths vgl. jüngst auch Schenkenberger 2018. In Italien, wo Löwith in den letzten Jahren vermehrt auf ein besonderes Interesse stößt, sind anthropologisch zugeschnittene Arbeiten von Donaggio 2004 (besonders 54-84); Fadini 2009; Rossini 2009; Fazio 2010 vorgelegt worden.
[2] Dieser Abschnitt stellt zusammenfassend die hermeneutische Hypothese auf anthropologischer Grundlage vor, auf der bereits Cera 2010 beruht. Daher wird für ihre vollständige Darstellung (unabhängig von Einzelverweisen) auf diese frühere Arbeit verwiesen.
[3] Löwith 1971, 264. Für das Originalzitat: Valéry 1960, 23.

a) *Der Fall Heidegger.* Die prägende und komplizierte Beziehung zu einem so unbequemen Lehrer wie Martin Heidegger hat nicht wenige Interpreten dazu veranlasst, Löwith ‚*in der Rolle des Schülers*' aufgehen zu lassen. Jedenfalls wird er in seiner ständig enttäuschten Bemühung herauskristallisiert, sich seines Vorbildes als würdig zu erweisen, was ihn entsprechend zu einem epigonalen Schicksal verdammt. Unter diesen Voraussetzungen spricht man seinem philosophischen Werdegang unweigerlich die Würde ab und führt ihn auf ein bloßes Löwith *contra* Heidegger zurück.[4]

b) *Sein zweideutiger Status als Philosoph.* Zu dessen Entstehung hat Löwith durch den Ansatz und den Stil seiner Schriften selbst beigetragen, da er darin systematisch dazu tendiert, die eigene ‚philosophische erste Person' unter schillernden Masken zu verhüllen: der des Ideenhistorikers oder des Interpreten fremden Denkens. Geht man über den oberflächlichen Eindruck hinaus, scheint diese Entscheidung ein tieferliegendes Bedürfnis zu bestimmen, nämlich die Notwendigkeit, auch innerhalb des solipsistischen Rahmens des philosophischen Schreibens eine dialogische Situation herzustellen. Es geht um das Bedürfnis, die ständige Anwesenheit eines Nächsten (d. h. eines *Mitmenschen*) heraufzubeschwören, was als entscheidende Voraussetzung für die Ausübung des Denkens begriffen wird. Der Mitmensch wird von Löwith in Form eines Du eingebracht, also in Form jener *Duheit* Feuerbach'scher Prägung, die bereits seine Habilitationsschrift – *Das Individuum in der Rolle des Mitmenschen*, sein erstes bedeutendes Werk also sowie der Eckpfeiler seiner Menschenfrage –[5] beseelte.

---

[4] Auch Plessner gelingt es in seiner *Laudatio* für die Festschrift zum 70. Geburtstag Löwiths nicht, sich von dieser Vereinfachung freizumachen (vgl. H. Plessner 1967).
[5] Die Habilitationsschrift geht gerade von dem Vorsatz aus, die zwei Säulen (*Altruismus* und *Sensualismus*) der *Grundsätze der Philosophie der Zukunft* von Feuerbach mit Hilfe der phänomenologischen Methode zu „ver-gegenwärtigen" (vgl. Löwith 1928, 20-28). Auf eine solche Inspiration durch Feuerbach bezieht sich unter anderen auch Hans-Martin Saß (vgl. Saß 1974, 3). Was die *Duheit* bei Löwith in Bezug auf die berühmte Interpretation Bubers betrifft, siehe vor allem Cera 2013 und Cera 2017. 2013 wurde Löwiths Habilitationsschrift (nachdem mehr als 30 Jahre seit der letzten Ausgabe vergangen waren) endlich in Deutschland neu herausgegeben, versehen mit einer hilfreichen Einleitung von Giovanni Tidona (Löwith 2013).

c) *Seine Kritik an der Geschichte als Historismus*, die häufig als Ablehnung des historischen Bewusstseins *in toto* (miss)verstanden wurde. Ein derartiger rezeptiver Ansatz endet unvermeidlich damit, dass eine aufrichtige Auseinandersetzung mit den Ansprüchen Löwiths umgangen wird, da die wirkliche Bedeutung seiner Überlegungen zur Geschichte – mit ihrer Bestrebung nach einer „Wiederherstellung der *wahren und natürlichen Proportion zwischen Welt und Weltgeschichte*"[6] – sowohl aus den Vergleichen mit Hegel, Nietzsche, Burckhardt oder Valéry als auch aus einigen *ad hoc*-Werken klar hervortritt. Und das beschränkt sich nicht auf seine *pars destruens*.[7] Um derartige oberflächliche Lesarten zu entkräften, würde das Beispiel von Habermas ausreichen, der – im Blick auf seine Abneigung gegen die Erforschung anthropologischer Konstanten – den Positionen Löwiths nicht unbedingt nahesteht. In einem Beitrag aus den 1960er Jahren, in dem er mit kritischen Einwänden nicht geizt, stellt Habermas fest:

> Wie kaum ein anderer hat Löwith die Künste des historischen Bewußtseins und dessen Finessen aufgespürt – freilich nur, um sie zu entkräften; er hat sie selber handhaben gelernt, wie man sich eine Fingerfertigkeit statt um des Spiels um des Überspielens eines Gegners willen aneignet.[8]

d) *Sein ‚Naturalismus'*, aus dem vor allem der Versuch herausgelesen werden sollte, die maßlosen Ansprüche eines sich zum Absolut erhebenden Relativs bzw. einer Einseitigkeit, die zu einer verfänglichen Totalität angewachsen ist – d. h. die Menschenwelt, verstanden als vollkommen historisches Bewusstsein und Existenz – einzudämmen. So wie Löwiths Überlegung zur Geschichte, ist auch sein (spiegelbildlicher) Naturalismus häufig als zaghafte Wiederaufnahme einer vorchristlichen Weltanschauung auf dem Gipfel der Neuzeit abgekanzelt worden: „un'ultima *ratio* contro un definitivo naufragio"[9] (*eine letzte* ratio *gegen den endgültigen Untergang*). Eine solche Ausle-

---

[6] Löwith 1966a, 215.
[7] Der Großteil davon ist heute in Band 2 seiner *Sämtlichen Schriften* abgedruckt. Das Werk, in dem Löwith seinen grundsätzlichen Einwand gegen die Möglichkeit einer Geschichtsphilosophie erhebt, gilt bereits als Klassiker: Löwith 1953a.
[8] Habermas 1984, 213-214.
[9] Papone 1967, 225. Unmittelbar im Anschluss fügt die Autorin hinzu: „Folglich scheint es in der Stellungnahme Löwiths viel mehr so etwas wie eine Willensanstrengung zu geben als dass der Sinn einer Wiederentdeckung ausgemacht wird" (ebd.). Die Rezension rekurriert auf die erste Ausgabe des Buches, das nur auf Italienisch erschienen ist. Es geht auf eine Reihe von Vorträgen zurück, welche Löwith 1965 auf

gung lässt sich entkräften, wenn man die Arbeit Löwiths zu Nietzsche in Betracht zieht. Sie erreicht mit *Nietzsches Philosophie der ewigen Wiederkehr des Gleichen*[10] den Höhepunkt, wo er die strenge Prüfung seines „Versuchs mit der Wahrheit" mit der Feststellung abschließt, die dritte Verwandlung Zarathustras – welche das „ich will" zum „ich bin" und zum *„ego fatum"*[11] führt – sei gescheitert, da sie eine unmögliche voluntaristische (oder besser: unmögliche, weil voluntaristische) Wiederaufnahme der kosmologischen *Weltstimmung*[12] der Griechen auf dem Gipfel der Moderne darstelle. Auf diese Weise würde Nietzsche vom Band des Willens gezügelt und somit jenem Akosmismus verhaftet bleiben, der die gesamte Neuzeit auszeichne. So schreibt Löwith:

> [P]hilosophisch gescheitert ist Nietzsche nicht daran, daß er die zeitliche Seinsweise des Kosmos als eine ewige Wiederkehr des Gleichen schaute, sondern daran, daß er diese geschaute Wahrheit wahrhaben *wollte* und sie demgemäß unter dem Titel des ‚Willens zur Macht' begriff.[13]

Davon ausgehend erscheint es zumindest unwahrscheinlich, dass Löwith denselben Fehler begangen haben sollte, den er mit so viel Klarheit im Werk eines Denkers, mit dem er sich fast ein halbes Jahrhundert lang auseinandergesetzt hat, festgestellt und angeprangert hat.

Einladung Alberto Caracciolos an der Universität Genua abgehalten hatte (vgl. Löwith 1966b). Die im Folgejahr erschienene deutsche Ausgabe (Löwith 1967b) wurde um zwei Kapitel erweitert.

[10] Vgl. Löwith 1956. Die zahlreichen Aufsätze Löwiths zu Nietzsche sind heute fast vollständig in Band 6 der *Sämtlichen Schriften* gesammelt. Die erste Spur dieser jahrzehntelangen Auseinandersetzung ist Löwith 1923, seine Promotionsarbeit in München bei Moritz Geiger.

[11] Nietzsche 1968, 25-27.

[12] Mit diesem Ausdruck, der an das schon zitierte „Gefühl der Welt" Wittgensteins erinnert, soll der grundsätzlich pathische Charakter auch des Versuchs von Nietzsche, den Löwith als solchen erfasst, herausgestrichen werden. Die „frohe Botschaft" des fünften Evangeliums des Zarathustra besteht nicht ‚einfach nur' aus einer Neuauffassung der Welt, vielmehr ist sie eine Veranlagung zu ihr, d. h. ein *ethos*, das seinerseits in einem *pathos* wurzelt. Es handelt sich daher nicht um eine *Weltanschauung*, sondern um eine *Stimmung zur Welt*.

[13] Löwith 1955, 267. Neuerdings wurde von Wotling 2006 eine kritische Stellungnahme zur Löwith'schen Lesart der ewigen Wiederkehr formuliert.

Die zweite unter den genannten Vorbedingungen betrifft die Anerkennung für einen zwar unauffälligen, jedoch bedeutsamen Aspekt des Denkens Löwiths: seine ganz eigene *Auffassung von Philosophie*. Durch eine angemessene Veranschaulichung dieses Aspekts wird es möglich, die wahre Tragweite einer ganzen Reihe für ihn entscheidender Fragen zu verstehen. Gemeint sind damit a) seine grundsätzliche Unvereinbarkeit mit Heidegger; b) seine Berufung auf eine einzigartige Welt/Natur-Anschauung; und c) der tiefgreifende Einfluss, den die vor allem menschlichen Vorbilder Burckhardt, Husserl und Weber auf ihn ausübten.

Löwith schwebt eine als *koinonia* (d. h. Verflechtung und Synthese) von *theorein* und *skepsis* verstandene Philosophie vor, die sich – um wieder das zu werden, was sie einst war – um die konsequente Einübung der Reduktion bemühen muss. Eine solche Befreiungsgeste stellt einen unabdingbaren Übergang dar, um endlich als „strenge Wissenschaft" betrachtet werden zu können. Diese Übung ist keine leichte, denn einerseits entscheidet sie sich für einen *Radikalismus* und entzieht sich andererseits doch den Verführungen des *Extremismus*.[14] Sie nimmt ihren Ausgang von der Auseinandersetzung mit dem Christentum (durch Nietzsche) und gipfelt in der Erkenntnis (jenseits von Nietzsche), dass am Ende der zweitausendjährigen „Geschichte eines Irrthums", nachdem „die wahre Welt" – d. h. alle Hinterwelten mit ihren theologischen Überbleibseln – verschwunden ist, „die scheinbare Welt"[15] *ipso facto* nicht verschwindet. Nach Löwiths Lesart erscheint die ‚neue scheinbare Welt' in Form einer verabsolutisierten Menschenwelt, welche die kosmologische Differenz vernichtet.

Der problematische Ausgang dieser philosophischen *askesis* ist gerade der ‚Naturalismus'. Er ist vor allem deshalb problematisch, weil er die Vorstellung von Abschluss und Lösung als Ausgang verweigert. Löwith betrachtet die Natur als eine in ihre Lebendigkeit als *natura naturans* wieder zurückgestellte *natura*, als All-Eine und als *kosmos* bzw. als jenes *Immerwährende*, das über dem Menschen steht, gleichzeitig jedoch seinen unbequemen

---

[14] Während der Radikalismus die *skepsis* als seinen Hintergrund enthüllt, neigt der Extremismus gefährlich zu einem autotelischen Willen, der nicht fähig ist, die kosmologische Differenz zu erfassen und darin endet, die Menschenwelt zu verabsolutisieren.

[15] Vgl. Nietzsche 1969, 74-75.

Aufenthaltsort „tra Dio e nulla" (*zwischen Gott und Nichts*)[16] ausmacht. Der Wiedergewinnung dieser Betrachtungsweise der Natur in ihrer ursprünglichen Bedeutung gilt eine Denkweise, die sich (nach einem bezeichnenden Ausdruck Franz Overbecks) an ihrem eigenen „Mut zum Problem" misst und also dem anmaßenden ‚Mut zur Angst' den Rücken kehrt: also dem Leitwort jener Jahre, die Spengler als die „Jahre der Entscheidung" bezeichnet hat. Löwiths Idee von Philosophie legt genauer gesagt den bloßen ‚*Willen* zum Wissen' ab, um jenes theoretische *ethos* wiederzugewinnen, das die Kraft hat, angesichts der zwar einfachen, aber unverzichtbaren Eindeutigkeit innezuhalten, „daß man etwas wissen – und auch nichtwissen könne"[17].

Anhand der soeben ausgeführten Betrachtungen kann die Wahl der Frage von Valéry – „Que peut un homme?" – als Epigraph des Löwith'schen Denkweges gerechtfertigt werden. Sie vermag diese Rolle zu übernehmen, weil sich die Menschenfrage als Identitätskern und Leitmotiv einer Philosophie entpuppt, die von Anfang an eine verstärkt anthropologische Auffassung – und zwar mehr im Sinne einer *Menschenanschauung* denn als reines *Menschenbild* – mitbringt. Vergleicht man aus dem Zeitraum von 1928 bis 1971 einige Abschnitte aus der Habilitationsschrift mit Passagen aus dem Valéry-Buch, tritt das deutlich hervor.[18] Hier wie dort tragen vor allem zwei Leitworte dazu bei, der Anthropologie Löwiths einen Rahmen zu verschaffen: *Zweideutigkeit* und *Selbstzweck*. Das erste legt die angeborene ontologische Doppelheit des Menschen fest bzw. seine *Un-natürlichkeit* (*Unergründlichkeit*); also die Tatsache, dass er ebenso ein Naturwesen (und damit ein mögliches Mittel zum Zweck) wie ein Vernunftwesen (und als solches immer schon ein *Selbstzweck*) ist. Der Begriff ‚Selbstzweck' (eindeutig eine Erbe Kants) wird nach vorheriger Befreiung von jeder theologischen Bedeutung einer radikalen Torsion unterworfen, die durch die Überlegungen Löwiths zum Selbstmord unterstützt wird. Es handelt sich dabei um ein Thema, dem Löwith selbst im Laufe seines gesamten Denkweges große Bedeutung beimaß. Gerade vor dem Hintergrund eines solchen archimedischen

---

[16] „Tra Dio e nulla" ist der Titel von Orlando Franceschellis Buch. Passenderweise verweist Franceschelli den Raum von Löwiths Philosophie in diesen „utopischen Standort" (vgl. Franceschelli 2008).
[17] Löwith 1958, 101.
[18] Vgl. Löwith 1928, 31-39 und 156-169; Löwith 1971, 397-400.

Punktes (des Menschen als Selbstzweck) wird der Selbstmord nicht mehr als ein Akt der Verdinglichung verstanden, den der Menschen auf Kosten seiner echten Würde begeht, sondern erhebt sich als „*Freiheit zum Tode*" zu einer

> ausgezeichneten Möglichkeit des seiner selbst bewusst gewordenen *Menschen* als eines solchen Lebewesens, welches, indem es ist, noch nicht – wie die natürlichen Lebewesen – *eo ipso* zu sein hat.[19]

Von diesem Gesichtspunkt aus erweist sich der Mensch als jenes Seiende, das den Sinn seines eigenen Lebens suchen (wenn nicht finden) muss. Anders gesagt: Vorausgesetzt, dass der Mensch, nur weil er lebt, sein eigenes Dasein (sein) wollen kann, kann er gleichzeitig nur so lange am Leben bleiben, wie er es (sein) will. Diese Besonderheit macht aus dem Menschen – mit der Umschreibung einer Formel Schelers ausgedrückt – den ‚*Nein*-zu-sich-*sagenkönner*', d. h. jenes Seiende, das zu sich selbst ‚nein' sagen kann (darf).

Die Darstellung der Menschenfrage als Schwerpunkt des Löwith'schen Denkweges dient im Rahmen unserer Gesamtlesart dazu, ihr auf dieselbe Weise, wie sie im Laufe des ersten Teils im Blick auf die PhA beschrieben wurde, eine neue Definition zukommen zu lassen: als eine *Topologie des Menschlichen*. In diesem Fall entspricht das topologische Element der *Entwicklung einer anthropozentrischen Anthropologie hin zu einer kosmozentrischen Anthropologie* bzw. zu einer umfassenden *Er-örterung*, einer *Oikologie*, die als der Versuch zu verstehen ist, innerhalb ihres ihr am meisten eigentlichen (‚natürlichen') Rahmens eine ebenso deutliche wie bereits früh angelegte anthropologische Auffassung zu verorten. Anfangs, d. h. zur Zeit der Habilitationsschrift, hatte Löwith geglaubt, einen solchen Rahmen in der *Mitwelt* gefunden zu haben, also in jenem Horizont, der vom *Miteinandersein* etabliert und umrissen wird. Daraus leitete er die Hypothese einer *Mitanthropologie* ab, die auf dem Vorrang der Dimension der Beziehung in ihrer paradigmatischen Form basiert: dem verantwortlichen Verhältnis zwischen einem Ich (selbst) und einem Du (selbst).[20] In der unvermittelt darauf fol-

---

[19] Löwith 1928, 158-159 (Anm). Dem Selbstmord widmet Löwith 1962 eine bedeutende Analyse (Löwith 1962b). Eine gekürzte Version davon ist Löwith 1969a. Über den Selbstmord als „Versuchung" für den jungen Löwith vgl. Löwith 1926.
[20] Vgl. Löwith 1928, 75-79 und 129-130. Über Löwiths Mitanthropologie vgl. Cera 2018b und über die soziale Aspekte seiner ersten Philosophie vgl. Koltan 2011 (im Vergleich zu Heidegger) und Thonhauser 2016.

genden Phase – dem Jahrzehnt zwischen den 1930er und 1940er Jahren – wandte er sich der *gesellschaftlich-geschichtlichen* Welt zu, mit einem besonderen Interesse für deren modernen (neuzeitlichen) Verlauf, der in der dramatischen Auflösung des europäischen Geistes im 20. Jahrhunderts gipfelt, und zwar in jener Entwicklung, die von Hegel unausweichlich zu Nietzsche und über diesen hinaus führt. Schließlich, in seinen reifsten Jahren, erkannte Löwith, dass beide Optionen trotz ihrer Differenzen die Verankerung in ein und demselben beschränkten topologischen Horizont teilen: dem der *menschlichen Welt*.[21]

Gerade diese Vorliebe für die Menschenwelt bestimmt den Anthropozentrismus von Löwiths ganz früher Anthropologie und schreibt sie voll und ganz dem philosophischen Umfeld der Neuzeit zu: also dem, was den unaufhaltsamen Aufstieg der „Ontologie des Bewusstseins"[22] in Gestalt einer „geschichtlichen Existenz" bewirkt. Der menschenweltliche Horizont wird Schritt für Schritt seine Unzulänglichkeit offenbaren angesichts dessen, was von der *Welt als solcher* aufgeschlossen wird: „das *Eine und das Ganze alles von Natur aus Seienden*"[23]. Es geht also erneut um jenes Phänomen, das wir als *kosmologische Differenz* beschrieben haben. Die Annahme einer solchen Differenz – die immer schon eine Hierarchie impliziert – entspricht für Löwith der Anerkennung, dass der *Heterozentrismus (die Exzentrizität) die Bestimmung einer jeder Anthropologie darstellt, die echt philosophisch sein (bleiben) will*. Und hier liegt der Sinn der kosmozentrischen Wende seines Denkweges.

---

[21] Was die Unterscheidung zwischen ‚menschliche Welt' (oder ‚humane Welt') und ‚Menschenwelt' betrifft, gilt es festzuhalten, dass die ersten beiden Formulierungen unverkennbar eine ethisch-axiologische Konnotation besitzen bzw. die Idee einer besseren Welt suggerieren. Dagegen bleibt diese Bedeutung beim Begriff ‚Menschenwelt' vager und fehlt vollkommen in dem Gebrauch, den Löwith von ihm macht. Für Löwith steht die Menschenwelt ausschließlich für eine *anthropozentrische Welt*. Unter der Voraussetzung der *kosmologischen Differenz* entspricht seiner Meinung nach die echte *menschliche* oder *humane Welt* (d. h. eine bessere Welt) der *Welt selbst*, und zwar jener kosmisch-natürlichen Welt, der es gelingt, die anthropozentrischen Ansprüche zu ordnen. Diese kurze Abschweifung gibt uns Anlass, einen Autor zu erwähnen, der seit Jahren einen ganz persönlichen Weg (zwischen Heidegger, Wittgenstein, Blumenberg) in der philosophischen Anthropologie verfolgt: Thomas Rentsch (vgl. Rentsch 1995).
[22] Löwith 1975, 331.
[23] Löwith 1960c, 296.

In der Hoffnung, dass es uns, wenn auch nur in Kurzform, gelungen ist, die Triftigkeit einer solchen hermeneutischen Hypothese herauszustellen, sollen nun einige Verdienste der hier dargelegten Neuauslegung des Löwith'schen Denkweges benannt werden. Vor allem beziehen wir uns auf die Überwindung der ‚Naturalismus-Etikette', die potenziell dann in die Irre führt, wenn sie mit einer Philosophie in Verbindung gebracht wird, welche die Spannung des unermüdlichen Hinterfragens (der Skepsis) zu ihrem archimedischen Punkt gemacht hat. Die Verwendung einer solchen Etikette birgt das Risiko, die Natur wie eine ‚Hypostase aus der Zeit' zu betrachten, d. h. wie einen Rettungsanker, an den sich Löwith im Angesicht des Untergangs des philosophischen Projekts der Neuzeit geklammert hätte, bzw. den verzweifelten Ersatz für eine nicht mehr erhoffbare Wirklichkeit.[24] Im Gegensatz dazu entkommt der Ausdruck ‚kosmozentrische Anthropologie' dieser Gefahr, da er den Polyzentrismus unterstreicht, der sich in Form einer unablässigen Schwingung entlang der untrennbaren Mensch-Welt-Polarität dieser Philosophie (als) angeboren erweist. Hinsichtlich der Topologie des Menschlichen scheinen hier die Worte Löwiths unmissverständlich zu sein:

> Ich mache mir keine Illusion darüber, dass man so ohne weiteres zur griechischen Kosmo-theologie zurückkehren könne. Der Verweis auf den griechischen Kosmos dient mir als Hinweis auf ein Begreifen der *wahren* Stellung des Menschen im Universum.[25]

Das Wörtchen „wahr" steht hier für „immerwährend". In ihrer Gesamtheit betrachtet (d. h. als *Entwicklung einer anthropozentrischen Anthropologie hin zu einer kosmozentrischen Anthropologie*), gelingt es unserer Definition darüber hinaus, jene im Schatten stehende, jedoch ausgesprochen starke Kontinuität, die den Denkweg Löwiths prägt, in den verdienten Mittelpunkt zu rücken. Die Vernachlässigung dieses Elements hat zu einigen hermeneutischen Missverständnissen von bedeutsamer Tragweite geführt; so z. B. zu der Schwierigkeit, die erste Schaffensphase dieses Denkweges überzeugend mit der unmittelbar folgenden zu verbinden, jener der historisch-genealogischen Untersuchungen also (*Von Hegel zu Nietzsche* und *Meaning*

---

[24] Was den Zusammenhang zwischen „Hoffnung", „Verzweiflung" und *„skepsis"* für die Errichtung eines philosophischen *ethos* betrifft, vgl. Cera 2011 (inbes. 216-224).
[25] Löwith 1968a, 409. Es handelt sich um die ursprünglich auf Italienisch verfasste Antwort auf Papone 1967.

in History); und umso mehr die ‚naturalistische Wende' mit allem, was ihr vorausgeht. Wendet man dagegen den soeben erläuterten Interpretationsansatz an, wird es im ersten Falle möglich, die Einheitlichkeit eines Ableitens – von der Mitwelt in die gesellschaftlich-geschichtliche Welt – zu erfassen, das völlig innerhalb einer noch anthropozentrischen Perspektive liegt, und zwar innerhalb des Horizonts der Menschenwelt. Im zweiten Fall entzieht man sich der neuerlichen (x-ten) Versuchung, Löwith nach Heidegger'schen Schemata auszulegen, indem man den Naturalismus als die „Kehre" seiner Philosophie verzeichnet.

2.2 Eine einleitende Auseinandersetzung

Die Anerkennung der Menschenfrage als theoretischer Kern der Philosophie Löwiths führt zu dem Ergebnis, dass wir uns einem vergleichenden Standpunkt annähern, der dem gesamten Verlauf der deutschen philosophischen Anthropologie im 20. Jahrhundert entspricht. Diese Annäherung gliedert sich in zwei Schritte:

1) die Suche nach objektiven Berührungspunkten zwischen dem Werk Löwiths und der als Denkansatz verstandenen Philosophischen Anthropologie (die PhA im engeren Sinn);

2) die Prüfung der Möglichkeiten eines unmittelbaren und einzigartigen Vergleichs zwischen Löwith und einem der drei Hauptvertreter der PhA.

Was das erste Moment angeht, wurde vorweg eindeutig festgestellt, dass Löwith zwar mehrmals von dem Ausdruck „philosophische Anthropologie" Gebrauch machte, damit jedoch nie beabsichtigte, sich auf die Denkbewegung von Scheler, Gehlen und Plessner zu beziehen (ebenso wenig also auf die Auslegung, die Fischer anbietet). Eine Ausnahme bildet ein wahrscheinlich einzigartiger Anlass: der Aufsatz *Natur und Humanität des Menschen*, Löwiths Hommage an Plessner anlässlich seines 65. Geburtstages, der bereits im ersten Teil erwähnt wurde. Löwith erinnert hier an die philosophische Anthropologie Plessners und Gehlens in ihrem Bezug auf die Biologie. Er betrachtet sie als eine zwar verdienstvolle, jedoch nur vorläufige Fortsetzung der das Tier-Mensch-Verhältnis betreffenden Sinnesänderung, die Nietzsche proklamiert hatte. Zu diesem Zweck erwähnt Löwith auch Adolf

Portmanns *Biologische Fragmente*, also jenes Werk aus dem Jahr 1944, dem Portmann es verdankt, in der Rekonstruktion Fischers den Gründungsvätern der PhA zugeschrieben zu werden. Löwiths Meinung nach hat man es hier mit einer Linie der philosophischen Anthropologie zu tun, die „durch Heideggers ontologische Analytik des Daseins" begraben worden sei bzw. unter dessen Eindruck „der Anschein" entstand, „als seien beim Menschen Geburt, Leben und Tod reduzierbar auf ‚Geworfenheit', ‚Existieren' und ‚Sein-zum-Ende'". Auf diese Weise würde nämlich die Welt neuerlich „zu einer Fabel", „zu einem ‚Existenzial', einem Strukturmoment des je eigenen Daseins". Dies bedeute in der Engführung, dass „die lebendige Welt, die Nietzsche mit großen Opfern wieder entdeckte [...] ineins mit dem leibhaftigen Menschen, im Existenzialismus wieder verlorengegangen"[26] sei. In Löwiths Aufsatz tauchen auch die Namen Groethuysen, Herder und vor allem Scheler auf. Der entscheidende Punkt ist freilich, dass die Verweise auf diese Philosophen lediglich einer philosophisch ‚antimodernen' und Anti-Heidegger-Polemik dienen sollen. Daher wird Scheler Theodor Haecker als Befürworter einer theologischen Anthropologie gleichgestellt und beide werden als ‚transzendente Anthropologen' wiederum mit Heidegger gleichgesetzt.[27] Oder sie werden als Überbringer einer kryptotheologischen Forderung betrachtet, die den Menschen aufs Neue ganz und gar jenseits und damit außerhalb des natürlichen Umfelds stellt, dessen ontologische Beschaffenheit (Würdigkeit) somit stark angezweifelt wird. Die jeweiligen Ansätze sind ein „theologischer" bei Haecker, ein „theologisierender" bei Scheler und ein „ontologischer" bei Heidegger. Das Ergebnis sei jedoch bei allen dasselbe:

> dass der Bezug auf etwas Metha-physisches und *Überseiendes*, auf Gott, beziehungsweise das Sein, für die Bestimmung des Menschen wesentlicher wird als die Erkenntnis dessen, was er als ein von Natur aus gebürtiger

---

[26] Löwith 1957, 279-280. Dieser Abschnitt wird von Plessner selbst, in anti-Heidegger'schem Sinn, im *Vorwort zur zweiten Auflage* (1964) der *Stufen* verwendet (vgl. H. Plessner 1928, 20). Ein Versuch, einen Vergleich zwischen Löwith und der philosophischen Anthropologie des 20. Jahrhunderts zu ziehen, findet sich in: Kiesow u. Ries 1996. Die von Ries und Kiesow herangezogenen Ansätze unterscheiden sich jedoch von den in der vorliegenden Arbeit präsentierten.

[27] Haecker ist Verfasser eines Buches (Haecker 1933), das von Heidegger als Beispiel für die Haltlosigkeit der vorgeblich philosophischen Fragestellungen zum Menschen erwähnt wird (vgl. Heidegger 1983, 151 ff.).

Mensch im Vergleich und im Unterschied zu dem von Natur aus gebürtigen Tier ist.[28]

Dabei erleidet insbesondere die Anthropologie Schelers Einbußen, da sie in der Lesart Löwiths auf ihre eingefleischtesten *clichés* regelrecht zurückgedrängt wird.

Unter den verschiedenen zufälligen Anlässen im Rahmen der gesamten Produktion Löwiths, bei denen der Ausdruck „philosophische Anthropologie" fällt, wollen wir jetzt zwei emblematische eingehender behandeln. Der erste betrifft die Habilitationsschrift, in der er seinen eigenen Versuch einer „Grundlegung der ethischen Probleme"[29] als „philosophische Anthropologie" definiert, um ihn von jener ontologischen Richtung abzugrenzen, die Heidegger der Phänomenologie aufgeprägt hatte. Einer solchen Entscheidung liegt die unausgedrückte Hoffnung zugrunde, dass seine Menschenfrage eine der Seinsfrage seines Lehrers ebenbürtige Alternative darstellen könnte. Obgleich es nicht unwahrscheinlich erscheint, dass die Übernahme dieser Formel vom Werk Schelers angeregt wurde (*Die Stellung des Menschen im Kosmos* wird in der Habilitationsschrift mehrmals genannt), handelt es sich bestenfalls um eine schlichte Erwähnung.

Das gilt hingegen nicht für eine 1975 (posthum) erschienene Schrift, die einem siebenbändigen Projekt angehört, das von Gadamer herausgegeben wurde und den Hauptrichtungen der *Neuen Anthropologie* gewidmet ist. Schon der Titel des Aufsatzes ist aussagekräftig: *Zur Frage einer philosophischen Anthropologie.*[30] Wo man aber nun berechtigterweise einen gründlichen

---

[28] Löwith 1957, 263.
[29] Löwith 1928, 11. Der Verweis auf die philosophische Anthropologie findet sich im Vorwort zur ersten Auflage des Buches (1928), wo auch der Untertitel: *Ein Beitrag zur anthropologischen Grundlegung der ethischen Probleme* auftaucht. Sowohl das Vorwort als auch der Untertitel wurden in der Neuauflage von 1962 weggelassen, da die Betonung des dem Autor unliebsamen anthropologischen Elements allein aus akademischen Gründen erfolgt war.
[30] Die erste Ausgabe des Aufsatzes – wie gesagt wurde er posthum veröffentlicht – erschien in: Gadamer u. Vogler 1975, 330-342. Wie schon angedeutet, handelt es sich um ein Werk in sieben Bänden, die zwischen 1965 und 1972 von Gadamer und Vogler herausgegeben wurden und einem Überblick über die „neue Anthropologie" in ihren unterschiedlichen Erscheinungsformen gewidmet war. Die Bände behandeln die *biologische*, die *soziale*, die *kulturelle*, die *psychologische* und die *philosophische Anthropologie*. Gadamer schrieb die allgemeine Einleitung (Gadamer 1972).

Dialog mit den Bezugsautoren der PhA erwartet hätte – die in den 1970er Jahren auch auf historischer Ebene eine etablierte und anerkannte Größe geworden war –, erwähnt sie Löwith mit keinem Wort. Er setzt sich stattdessen mit einer gänzlich *sui generis*-philosophischen Anthropologie auseinander. Diese wird als eine Art Begleiterscheinung jener für das abendländische Denken so entscheidenden Zeit begriffen, mit deren Erforschung Löwith einige seiner wichtigsten Arbeiten verknüpft: Die Hegel'sche *Vollendung* und den daraus folgenden *Bruch*, den die jungen Hegelianer bewirkten. Innerhalb dieses Rahmens gilt die philosophische Anthropologie sozusagen als Vorposten eines allgemeineren, umfassenden Phänomens. Genauer gesagt gibt es zwei anthropologische Erfahrungen, die als Prothesen für zwei Gesamtprojekte – d. h. zwei authentische Weltanschauungen als bloße philosophische und/oder kulturelle Systeme – fungieren, deren Kampf Löwith in Form einer Gigantomachie inszeniert: ‚Geschichte gegen Natur', ‚Geist gegen Welt', ‚Hegel *contra* Goethe', also der *redde rationem* der ganzen Neuzeit.

Die Anthropologie stellt eine bedeutsame Front dieses Kampfes dar, zu deren Verteidigung ohne Heerführer zwei Anwärter da sind. Auf die Seite Hegels stellt sich Karl Rosenkranz, der, wenn er „Mensch" sagt, *„Psyche"* meint (seine *Psychologie* geht auf das Jahr 1837 zurück); auf die Seite Goethes stellt sich Carl Gustav Carus, der, wenn er „Mensch" sagt, *„Leib und Physis"* meint (seine *Physis*, eine „Geschichte des leiblichen Lebens", stammt aus dem Jahr 1851).[31] Auch von diesem seltsamen Gesichtspunkt aus bestätigt Löwith seinen eigenen Urteilsspruch, nämlich, den Januskopf Carus/Goethe für eine riesengroße verpasste Chance zu halten. Seiner Meinung nach stellten die beiden die letzte Gelegenheit für den europäischen Geist dar, das Ruder herumzureißen und sich so der egologischen, anthropozentrischen Abdrift zu entziehen, die seinen Verfall bestimmen sollte, bis hin zu jenen unheilvollen Ausgängen des 20. Jahrhunderts, deren Augenzeuge Löwith ja in erster Person geworden ist.

---

[31] Vgl. Rosenkranz 1837; Carus 1846; Carus 1851. In Wirklichkeit ist, weit mehr als Rosenkranz, Carl Ludwig Michelet (in Michelet 1840) der historisch wahre Fortsetzer jener anthropologischen Hypothese, die Hegel der *Philosophie des subjektiven Geistes* in der *Enzyklopädie* zukommen ließ. Zu Carus, auch als philosophischem Anthropologen *ante litteram*, so wie er von Löwith betrachtet wird, vgl. Cera 2014.

All das dürfte genügen, um zu zeigen, dass es im Werk Löwiths keinen ausdrücklichen und bewussten Vergleich mit der PhA als originärem Denkansatz gibt. Andererseits schließt diese Feststellung nicht aus, dass ein solcher Vergleich innerhalb eines umschriebenen Horizonts möglich wäre, und zwar als *vis-à-vis* zwischen Löwith und einem der drei Gründerväter.

Was Scheler betrifft, so gibt es konkrete Berührungspunkte mit Löwith, und zwar zunächst die gemeinsame Zugehörigkeit, wenn auch in unterschiedlichen Zeiträumen, zu demselben philosophischen *milieu*, also demselben Zweig der phänomenologischen Tradition. Der von Jena und dem Lehrstuhl von Rudolf Eucken stammende Scheler hatte sich 1906 dem sogenannten *Münchner Kreis* angeschlossen, zu dessen Gründern Alexander Pfänder und Moritz Geiger zählten. Sie waren auch die ersten Philosophiedozenten von Löwith an der Münchner Ludwig-Maximilians-Universität und die Befürworter seiner Versetzung nach Freiburg 1919, zu Husserl und damit unfreiwilligerweise zu Heidegger. In dieser neuen Situation wurde Scheler – der ebenfalls im Jahr 1919 nach Köln gezogen war, von wo aus er dann den jungen Plessner einlud, ihm zu folgen[32] – für ihn ein wichtiger Gesprächspartner. Dies beweist erneut die Habilitationsschrift, in der Löwith die Theorie des „fremden Ich's", die Scheler wenige Jahre zuvor (1923) in *Wesen und Formen der Sympathie* ausgearbeitet hatte, einer kritischen Prüfung unterzieht.[33]

Zugleich sollte man die Tatsache nicht vernachlässigen, dass *Das Individuum in der Rolle des Mitmenschen* und *Die Stellung des Menschen im Kosmos* im selben Jahr, nämlich 1928, veröffentlicht werden.[34] Wie schon gesehen, stellt ersteres den Auftakt der Anthropologie Löwiths – in Gestalt einer *Mitanthropologie* – dar; und letzteres gilt, zumindest offiziell, als die fortschrittlichste Formulierung des anthropologischen Projekts Schelers. Entschieden bedeutender ist jedoch, dass Löwith der Anthropologie Sche-

---

[32] Wie gesehen, sieht Fischer in dieser Einladung den Geburtsakt der PhA.
[33] Vgl. Löwith 1928, 145-147 und Scheler 1973, 209-258.
[34] Bekanntlich war dieses Werk – es ist der Text eines Vortrags, der 1927 an der *Weisheitsschule* von Darmstadt auf Einladung von Hermann von Keyserling gehalten worden war – unter dem Titel *Die Sonderstellung des Menschen* im gleichen Jahr in der Zeitschrift *Der Leuchter* erschienen, dem offiziellen Sprachrohr der Schule von Darmstadt (vgl. Scheler 1927). Eine interessante Rekonstruktion bietet Henckmann 2003. Löwith zitiert diese Version in seiner Habilitationsschrift. 1928 erschien die erste überarbeitete Ausgabe als Einzelband beim Verlag Reichl in Darmstadt.

lers in den dreißiger Jahren zwei Aufsätze widmete: den ersten während seines Aufenthalts in Marburg (1935), den zweiten während der japanischen Etappe seiner erzwungenen Emigration (1938). Die jeweiligen Titel lauten: *Max Scheler und das Problem einer philosophischen Anthropologie* und *Die Einheit und Verschiedenheit des Menschen*.[35] So verführerisch diese Spur erscheinen mag, so erweist sie sich mit den hier angestellten Überlegungen doch nicht wirklich im Einklang; der Titel des ersten Aufsatzes ist sogar ziemlich irreführend. Löwith streift die Anthropologie in *Die Stellung* lediglich und bezieht sich vielmehr auf Ausführungen, die sich in vorangegangenen Werken finden (*Zur Idee des Menschen*, *Vom Ewigen im Menschen*, *Mensch und Geschichte*). Andererseits konzentriert er sich neuerlich auf deren theologische Voraussetzungen, die auf ihre historisch-theoretische Bedeutung hin untersucht werden. Die zweite Abhandlung hingegen ist eine Untersuchung ganz im Einklang mit *Von Hegel zu Nietzsche*, als dessen vorbereitende Schrift sie betrachtet werden kann. Sie beschäftigt sich mit den Veränderungen, die die Ideen von ‚Mensch' und ‚Menschheit' während des Auflösungsprozesses des europäischen Geistes erfahren. Löwith geht erneut von dem Januskopf Hegel/Goethe aus, um bis zu seiner Aktualität in den dreißiger Jahre vorzustoßen, die durch Persönlichkeiten wie Schmitt, Heidegger und eben Scheler verkörpert werde.

Auf diese Weise wird der Gesamteindruck bestätigt, der bereits aus dem Scheler'schen Bezugstext in *Natur und Humanität des Menschen* gewonnen werden konnte. Im Übrigen stand die Möglichkeit eines direkten Vergleiches bzw. einer Reziprozität zwischen den beiden auch vor einem chronologischen und generationsbedingten Hindernis: Scheler verstarb im gleichen Jahr, in dem Löwith seine Habilitierung abschloss. Selbst wenn er es gewollt hätte, wäre es ihm unmöglich gewesen, das Denken Löwiths zur Kenntnis zu nehmen, denn zu jener Zeit war es erst im Kommen.

Im Gegensatz dazu gelang es Gehlen und Plessner schlicht im Blick auf ihr Alter (sie waren beide jünger als Scheler), einen Dialog mit Löwith aufzunehmen. Und das taten sie, wenn auch nur am Rande. Was die Zwiesprache Gehlen-Löwith betrifft, ist Löwiths Beitrag einmalig, kurz und dennoch ziemlich bedeutsam. Es handelt sich um den *Exkursus I* des Aufsatzes *Vermittlung und Unmittelbarkeit bei Hegel, Marx und Feuerbach*, der auf das

---

[35] Vgl. Löwith 1935a und 1938.

Jahr 1966 zurückgeht.³⁶ Das Interesse Löwiths wurde durch zwei kurze Schriften aus den fünfziger Jahren geweckt,³⁷ in denen Gehlen offen die „Haltbarkeit der Rede von Natur und Natürlichkeit" bestritt und ihnen seine eigene anthropologische Formel gegenüberstellte, nach der der Mensch „von Natur ein Kulturwesen"³⁸ sei. Dem Kulturalismus von Gehlen, der die „Relativität des vermeintlich Natürlichen" aufzeigen will, hält Löwith entgegen, dass dieser sich im Angesicht der „Frage nach der *Wahrheit* einer Naturansicht"³⁹ nicht halten ließe. Indem er auf eine Art wagemutigen gnoseologischen Realismus zurückgreift (bzw. auf die Korrespondenztheorie der Wahrheit nach ihrer klassischen Form als *adaequatio rei et intellectus*), behauptet er, es sei möglich, *objektiv* einige Hauptmerkmale der ‚Natürlichkeit der Natur' zu erfassen, allen voran ihre ontologisch-zeitliche Verfassung als immerwährend, also ihre *sempiternitas*. Damit meint Löwith: Was sich auf der Erkenntnisebene, ist es erst einmal nachgewiesen, als unanfechtbar, endgültig und somit wahr herausstellt, sei unabhängig von geschichtlich-kulturellen Zusammenhängen.⁴⁰

Wirklich interessant ist jedoch der Vorschlag, den Löwith zum Abschluss dieser Erwiderung vorbringt: eine Art anthropologisches Gegenparadigma, das durch Nietzsche inspiriert ist, nach dem der Mensch grundsätzlich ein „noch *nicht festgestelltes Thier*" sei. Löwiths Auffassung nach kann ein derartiges Paradigma als Anhaltspunkt dienen, um die sonderbare

---

³⁶ Vgl. Löwith 1966a, 213-214.
³⁷ Vgl. Gehlen 1956 und 1958.
³⁸ Löwith 1966a, 213. Im Rahmen der gesamten Anthropologie Gehlens fungiert die Formel „Kulturwesen" als Gegenpart zu der äußerst berühmten vom „Mängelwesen". Während die erste den Menschen ‚*downstream*' betrachtet (ausgehend davon, was er auf dem Höhepunkt seiner Entwicklung sein kann und soll), fasst ihn die zweite ‚*upstream*', d. h. in Bezug auf seinen (biologischen) Ausgangszustand ins Auge. Das Ergebnis bleibt jedoch dasselbe. So erkennt Gehlen beispielsweise in der angeborenen Verschränkung aus „Antriebsüberschuss" und „Triebschwäche", die typisch für das Mängelwesen ist, jenes Element, das den Menschen einerseits organisch dezentriert, ihn aber andererseits organisch zur entlastenden (kompensatorischen) Ausübung der Handlung verdammt und somit zu einem künstlichen Schicksal bzw. zu einem Schicksal als *Kulturwesen*.
³⁹ Ebd.
⁴⁰ Was die *sempiternitas* als Zeitform der „Ewigkeit der Welt" betrifft, sollte berücksichtigt werden, dass diese von Löwith nicht „im Sinne von Zeitlosigkeit, sondern von Immerwährend" verstanden wird (Löwith 1967b, 58).

Bedeutung zu rechtfertigen, die der Begriff ‚Natürlichkeit' auf den Menschen bezogen erlangt, ohne damit dem gefürchteten kulturalistischen (historistischen) Relativismus zu verfallen. *Prima facie* scheint sich diese Überlegung nicht allzu weit von derjenigen Gehlens zu entfernen. Ja mehr sogar, in beiden Fällen wird der Akzent auf die *Un-natürlichkeit des Menschen* gelegt, die als dessen Trieb zur Transzendenz verstanden wird, d. h. als der einzige Instinkt, den man diesem seltsamen Tier überhaupt zuordnen kann. Es handelt sich jedoch wie gesagt nur um einen Anschein, und der Abstand zwischen den beiden Autoren wird bald nicht mehr zu übersehen sein. Gehlen betont die *un*-natürliche Seite dieser Un-natürlichkeit, denn er betrachtet die menschliche Natürlichkeit völlig anders als die der ‚einfach natürlichen' Natur. Bekanntlich greift Gehlen einige Ideen Jakob von Uexkülls auf (zum Beispiel jene des *Bauplans*) und behauptet auf dieser Grundlage, Mensch und Tier stellten zwei unterschiedliche Projekte der Natur dar. Die Transzendenz, welche durch diese besondere Un-natürlichkeit eröffnet wird, nimmt zwar die Gestalt einer graduellen Abstandnahme an, bleibt jedoch gleichermaßen unbestimmt wie irreversibel. Es handelt sich um eine *Entlastungs*-leistung, die in einer *Abtrennung* gipfelt; um eine Offenheit, die zuletzt sich selbst zum Maßstab wird, d. h. ihrerseits von nichts Natürlichem mehr übergriffen wird. Hier beziehen wir uns auf jene endgültig entlastete technisch-kulturelle Dimension, in welcher der Mensch seine Kompensationsstrategien anwenden muss, die den Charakter von Institutionen annehmen. So definiert Gehlen abschließend die Persönlichkeit – die er für das einzige mögliche Gegenmittel hält, das der „Seele im technischen Zeitalter" zur Verfügung stehe – als „eine Institution in *einem* Fall"[41].

Löwith dagegen unterstreicht die *natürliche* Seite dieser Unnatürlichkeit, kraft derer die menschliche Transzendenz, ganz gleich, wie weit sie greift, unvermeidlich von einem viel weiteren Immanenzhorizont umfasst – und somit ihrerseits transzendiert – wird, und zwar vom kosmisch-natürlichen: „[D]as göttliche und ewige Ganze des von Natur aus Bestehenden und Beständigen, *id quod substat*"[42]. Wie wir später noch sehen werden, vermag eine solche Differenz auf ausgezeichnete Weise die Grund-

---

[41] Gehlen 1957b, 133.
[42] Löwith 1967b, 8. Kurz zuvor heißt es: „Wenn die Welt weder die mythische Schöpfung eines Gottes, noch ein Machwerk des Menschen ist, dann ist sie von ihr selber her da, immerwährend, weil ohne Anfang und Ende, und schon als Kosmos *to theion*, göttlich, weil ihr als dem ‚Ganzen' (*holon*) nichts fehlt" (ebd. 6).

frage zusammenzufassen, um die es in diesem zweiten Teil unserer Untersuchung geht.

Über den soeben ausgeführten Umstand hinaus scheint die Parallele zu Gehlen keine weiteren Anregungen bereitzuhalten, während der Vergleich mit Plessner um einiges fruchtbarer ist. Mit ihm teilte Löwith schon in biographischer Hinsicht einige wichtige Erfahrungen. Das Aufkommen des Nationalsozialismus zwang beide als Nicht-Arier zur Emigration: Nach einem kurzen Aufenthalt in der Türkei konnte Plessner mit Hilfe seines Freundes Frederik Buytendijk nach Holland (Groningen) fliehen. Löwiths ganz persönliche Diaspora führte ihn zunächst nach Italien (Rom) und dann über Japan (Sendai) in die Vereinigten Staaten (New York).[43] Beide werden zu *Remigranten*, da sie im gleichen Jahr (1952) „auf deutsche Professuren zurückgekehrt sind". Plessner wird Soziologieprofessor in Göttingen, Löwith lässt sich dank des Einsatzes von Gadamer in Heidelberg nieder. Darüber hinaus ergab sich der „bei Philosophen nicht eben häufige"[44] (Zu)Fall, dass beide unmittelbar im gegensätzlichen epistemischen Gebiet verkehrten: dem der Naturwissenschaften. Plessner hatte in Freiburg für zwei Semester Medizin studiert, dann Zoologie und Philosophie in Heidelberg. In Zoologie wurde ihm 1913 sein Diplom verliehen. Sein Lehrer in Heidelberg war Hans Driesch, dessen Einfluss auf sein philosophisches Werk beachtlich war. Man denke außerdem an seine lange Verbundenheit mit Buytendijk, deren bedeutendste Spur der von beiden gezeichnete Aufsatz *Die Deutung des mimischen Ausdrucks* aus dem Jahr 1925 ist.[45] Auch Löwith studierte in München und dann in den ersten Jahren in Freiburg Biologie. In München war der Botaniker Karl Ritter von Goebel, in Freiburg dann der Embryologe und Nobelpreisträger Hans Spemann sein Lehrer.

Hinsichtlich tatsächlicher Kontakte sind eine Reihe von regelmäßigen Treffen während einiger Sommeraufenthalte ab den späten 1950er Jahren mit den jeweiligen Familien in der Schweiz zu nennen (von welchen Monika Plessner berichtet[46]) sowie ein reger Briefwechsel, dessen Spuren sich in den

---

[43] Außer dem schon erwähnten (Löwith 1940) findet sich ein weiterer persönlicher Bericht dieser Diaspora in Löwith 2001.
[44] H. Plessner 1967, 7. Zur Problematik der Remigration, vgl. Dietze 2006, 14-18 und 281-322.
[45] Vgl. Buytendijk u. Plessner 1925.
[46] Vgl. M. Plessner 1995, 143 ff.

jeweiligen Nachlässen finden. Herausstechend sind jedoch mit Sicherheit die Teilnahmen an den jeweiligen Festschriften. Wie schon erwähnt, schrieb Löwith 1957 anlässlich des 65. Geburtstages von Plessner den Aufsatz *Natur und Humanität des Menschen*.[47] Zehn Jahre später, nun anlässlich des 70. Geburtstages von Löwith, antwortet Plessner mit *Zur Hermeneutik des nichtsprachlichen Ausdrucks*.[48] Bei demselben Anlass hielt er die *Laudatio*, einen zwar kurzen Diskurs, aus dem sich jedoch so manches Nennenswerte ergibt. Zunächst die Tatsache, dass Plessner außer Frage stellt, dass die Menschenfrage den Mittelpunkt des Löwith'schen Denkens bildet. Andererseits erklärt er sofort, dass „Ihr Weg zur Anerkennung des anthropologischen Problems ist nicht [s]einer gewesen" sei, da seine eigenen anthropologischen Überlegungen der „Spannung zwischen transzendentale[m] Idealismus und biologischer Erfahrung" entsprungen seien, während die des Gefeierten „unter dem Druck eines großen Lehrers und einer ost- und westliches Gelände verarbeitenden Welterfahrung" stand. Dies vorausgesetzt, betont Plessner: „[B]eide Wege führten uns vor die gleichen unbequemen Fragen"[49], denen sich die akademische Philosophie nur selten und unwillig widme. Er rechnet es Löwith hoch an, der wahrscheinlich einzige unter den direkten Schülern Heideggers zu sein, „der Mut zu *dieser* Konsequenz bewiesen und befördert hat: die Kopernikanische Wendung noch einmal an sich und an ihr zu vollziehen". Um dies zu bekräftigen, findet Plessner unmittelbar im Anschluss eine wirkungsvolle Formulierung für den Löwith'schen ‚Naturalismus', ein weiteres perfektes Epigraph von dessen Denkweg: „[D]ie Wiedereinsetzung der *natura naturans* in ihre von der deutschen Philosophie […] bestrittenen Rechte"[50].

Der letzte nennenswerte biographische Hinweis ist eher zufällig und wurde schon im Blick auf Scheler genannt. Im Jahr 1928, dem offiziellen Geburtsjahr dieser seltsamen Ausgeburt ‚philosophische Anthropologie', geben Löwith und Plessner zwei für die jeweiligen Werdegänge entschei-

---

[47] Vgl. Löwith 1957.
[48] Vgl. H. Plessner 1957. Der Beitrag, der seltsamerweise in Braun u. Riedel 1967 fehlt, wurde dann unter dem Titel *Sprachlose Räume* als weiteres Kapitel in H. Plessner 1970 integriert.
[49] H. Plessner 1967, 8-9.
[50] Ebd. 8.

dende Werke in Druck. Trotz manchen Missgeschicks[51] verwirklicht Plessner mit den *Stufen* sogar sein Meisterwerk. Löwith setzt mit der Habilitationsschrift seinerseits einen ersten Stein für sein philosophisches Denkgebäude. Jenseits des rein chronologischen Zusammenhangs zwischen den beiden Texten wird die Möglichkeit ihres konkreten Dialogs durch mindestens zwei Umstände belegt. Den ersten und bedeutenderen Hinweis verdanken wir Hans Robert Jauss, der einen Aufsatz zu Löwiths Auslegung von Pirandellos *Così è (se vi pare)* verfasste, die sich im § 23 von *Das Individuum in der Rolle des Mitmenschen* findet.[52] Der zweite ist einer für die Gesamtgeschichte der PhA – einschließlich ihrer Soziologisierung – wichtigen Persönlichkeit zuzuschreiben: Wolf Lepenies. Er ergreift die Gelegenheit der Veröffentlichung einiger Bände der jeweiligen *Gesammelten Schriften* – vor allem: des ersten Bandes von Löwiths *Sämtlichen Schriften*, der fast ausschließlich anthropologisch ausgerichtet ist – und arbeitet auf diese Weise einen hypothetischen Vergleich zwischen den beiden Denkwegen insgesamt heraus. Leider bleibt dieser, da es sich um einen Artikel für die *Frankfurter Allgemeine* handelte, lediglich stichwortartig.[53]

---

[51] Bekanntlich (es handelt sich um eine bereits zum Klassiker avancierte Anekdote aus dem Bereich der philosophischen Anthropologie) durfte das Buch, als es veröffentlicht wurde, nicht den ursprünglich vorgesehenen Untertitel „*Grundlegung*" tragen, sondern den weniger ehrgeizigen einer „*Einleitung* in die philosophische Anthropologie". Das war der Preis für die Einsprüche vonseiten Schelers, die sich nur zum Teil durch die Vermittlung Hartmanns mildern ließen.

[52] Vgl. Jauss 1996 (insbes. 223-224). Andererseits bezieht sich auch Plessner selbst in H. Plessner 1948, 403 (Anm.) auf die Pirandello-Analyse von Löwith (vgl. Löwith 1928, 100-118; vgl. auch Cera 2010, 161-198). Das Bestehen einer starken Verbindung zwischen der Habilitationsschrift Löwiths und den *Stufen* sowie zu *Der Mensch* von Gehlen wird auch von Hans-Martin Saß angedeutet (der die Veröffentlichung von *Der Mensch* fälschlicherweise ebenfalls auf das Jahr 1928 datiert; vgl. Saß 1974, 12). Spuren von Löwith lassen sich in Plessners Werk noch mindestens zwei weitere Male finden; zum einen in H. Plessner 1936b, einer Löwith (1933) gewidmeten Rezension, zum anderen in der Antrittsvorlesung, die er 1936 in Gröningen hielt (wahrscheinlich nach ihrer Ausgabe von 1953), in der ein schmeichelhafter Hinweis auf *Von Hegel zu Nietzsche* fällt (vgl. H. Plessner 1936a, 34 Anm.).

[53] Lepenies 1987. Lepenies setzt als selbstverständlich voraus, dass ein grundlegender Zusammenhang zwischen den beiden Denkern bestehe und kommt so mit fast übertriebener Unbefangenheit dazu, das Denken Löwiths auf das Umfeld der philosophischen Anthropologie zurückzuführen.

2.3 Marquards Kanon

Soviel zu dem Versuch, eine Zwiesprache unter vier Augen zwischen Löwith und einem der Hauptvertreter der PhA einzufädeln. Die andere hier untersuchte Option ergibt sich aus einem *paradigmatischen Ansatz*, bei dem die Frage der Selbstauslegung der philosophischen Anthropologie als Denkansatz innerhalb des deutschen philosophischen *milieu* des 20. Jahrhunderts im Mittelpunkt steht. Daher bezieht sich dieser Ansatz ausdrücklich auf den im ersten Teil unserer Untersuchung entworfenen Diskurs. Und wie im ersten Teil deutlich wurde, handelt es sich hier um eine auf breiter Ebene diskutierte und vielfach umstrittene Thematik, zu der das Buch von Fischer einer der lebendigsten und sichtbarsten Beiträge der jüngeren Jahre ist. Wir haben dort ebenfalls auf die Tatsache hingewiesen, dass sich in der bereits etablierten Tradition einer so gearteten Debatte ein Autor mit außerordentlichem Einsatz und Glück mit der Bestimmung eines anthropologischen Paradigmas in der Philosophie beschäftigt hat: Odo Marquard.[54] Er war Schüler Joachim Ritters und Herausgeber der Gesamtausgabe von Plessner und hat neben der historischen Rekonstruktionsarbeit einen originellen philosophischen Vorschlag entwickelt, in dem die Komponente der Skepsis eine zunehmend wichtigere Rolle spielt. Dieser letzte Aspekt verbindet ihn stark mit Löwith. Marquard vertieft die Arbeit Ritters über den Kompensations-Begriff und verlegt somit schrittweise die Möglichkeiten, die er anfangs der klassischen philosophischen Anthropologie zugeschrieben hatte, in das, was er als eine *Philosophie des Stattdessen* bezeichnet. Deren wesentlicher Bestandteil ist die bereits erwähnte Formulierung des *homo compensator*.[55] Daher – und nicht zuletzt aufgrund seines entscheidenden Beitrags zur historischen Bestimmung eines philosophisch-anthropologischen Paradigmas – scheint es ziemlich überraschend, dass Fischer ihm nur bedingt seine Aufmerksamkeit schenkt.[56]

---

[54] Im Vergleich zu Fischer untersucht Marquard einen ausgedehnteren zeitlichen Rahmen, der einen beträchtlichen Teil der Moderne einschließt.

[55] Vgl. Marquard 1981-1983. Marquard definiert Kompensation als „Ausgleich von Mangellagen durch ersetzende oder wiederersetzende Leistungen" (Marquard 1988-1989, 36). Vgl. auch Marquard 1976.

[56] Vgl. Fischer 2008, 441-445. Fischer hält Marquard für eine Art *pendant* zu Blumenberg und behauptet, dass der eine (mit dem Begriff ‚Kompensation') wie der andere (mit der Metaphorologie) Forschungswege ziehen, die sich entschieden auf die PhA

Soviel vorausgesetzt, soll unser Hauptinteresse jedoch der historisch-rekonstruktiven Seite von Marquards Arbeit gelten. Wie eingangs erwähnt stellt seine Hypothese, auch wenn sie nicht für definitiv gehalten werden kann, nach wie vor die wahrscheinlich einflussreichste im Bereich der konstruktiven Auslegungen der philosophischen Anthropologie dar. Demzufolge ist sie ein Bezugspunkt für jeden, der sich, von welcher Perspektive aus auch immer, mit der Frage des anthropologischen Paradigmas in der Philosophie befassen möchte.[57] Sie hat in jeder Hinsicht *kanonischen Charakter* und besitzt als ein solcher Kanon eine weitere Eigenschaft: nämlich gerade auch von ihren Kritikern (Schnädelbach, Landmann, Linden usw.) implizit bestätigt zu werden,[58] da sich ihre – besonders bezüglich des *aut aut* zwischen Natur und Geschichte, das Marquard für die *instantia crucis* hält, um die Anerkennung eines anthropologischen Paradigmas durchzusetzen – durchaus angebrachten Einwände in Alternativhypothesen übersetzen lassen, deren Genauigkeit sie jedoch recht wenig gefügig und daher sozusagen ‚nicht kanonisierbar' macht. Deutlicher gesagt fehlt es ihnen an jener wirkungsvollen, ja synthetischen Kraft, die unabdingbar ist, will man eine theoretische Einzelposition zu universellem, allgemeingültigem Rang aufsteigen lassen, um sie zu einem *topos* und somit (auch kritisch) gemeinsamen Bezugspunkt zu machen, der für die Fortführung und Bereicherung einer Diskussion zwingend ist. Und so kommt es dazu, dass jene aspirierenden Gegenparadigmen zuletzt fast ausschließlich zu *Variationen über den Kanon von Marquard* werden, d. h., sie bleiben wohl oder übel dem Schattenkegel verhaftet, dem sie sich eigentlich zu entziehen beabsichtigten.

Innerhalb des italienischen Panoramas, das sich für diese Themen immer schon als besonders empfänglich erwiesen hat, möchten wir beispielhaft zwei Kritikpunkte an Marquard nennen. Der erste stammt von Marco Rus-

---

berufen. Er definiert die ‚kanonische' Arbeit von Marquard als einen Rekonstruktionsversuch der philosophischen Anthropologie als „philosophische Denkbewegung" (ebd. 441) – also weder als *Denkrichtung* noch als *Denkansatz*.

[57] Marquard erarbeitet sein anthropologisches Paradigma in Marquard 1965; vgl. darüber hinaus Marquard 1971a und 1995. Was den theoretisch originellen Ansatz Marquards betrifft, der sich ständig mit seinen ‚kanonischen' Überlegungen zur Anthropologie kreuzt, siehe: Marquard 1981; 1986; 2000; 2007.

[58] Ganz gegen Marquard wendet sich – zumindest dem Titel nach – Ignatow 1993, der sich zum Ziel setzt, die Unvereinbarkeit von ‚Anthropologie' und ‚Geschichtsphilosophie' aufzulösen.

so, der seine Idee der philosophischen Anthropologie und ihrer Geschichte unter der Bezeichnung „fenomenologia dell'umano (Phänomenologie des Menschlichen)"[59] entfaltet. Der zweite Kritikpunkt ist jüngeren Datums und geht auf Riccardo Martinelli zurück, der den Zusammenhang zwischen der Wende zur Natur und der Abkehr von der Geschichtsphilosophie als Identitätskern der philosophischen Anthropologie beanstandet.[60] Aufgrund seiner Klarheit und Strenge kann Martinellis Einwand als Zusammenfassung einer Reihe von Marquard-kritischen Positionen gelten, und in dieser Funktion bietet er sich für eine kurze Vertiefung an. Dem Kanon von Marquard stellt Martinelli eine Vorstellung von Anthropologie entgegen (die auch in diesem Fall von einer *ad hoc* historischen Rekonstruktion unterstützt wird), die in Einheit mit der Geschichtsphilosophie eine Alternative zum Werdegang der Psychologie vorzeichnet. Dementsprechend wird diese letztere als das wahre Gegenparadigma der Anthropologie in der Moderne betrachtet. Im Hinblick auf die von uns vertretene Ansicht – welche die Möglichkeit einer echt philosophischen Anthropologie auf ihre Fähigkeit beschränkt, die kosmologische Differenz zwischen Welt und Menschenwelt zu erfassen und zu bewahren – erscheint Martinellis Vorschlag im Gegensatz zu Marquards allerdings nicht radikal genug: Sowohl die Geschichtsphilosophie als auch die Psychologie befinden sich auf der kosmologischen Seite der Menschenwelt, von der sie zwei mögliche Varianten darstellen. Beide bleiben faktisch jenem neuzeitlichen Geschehen verhaftet, das den Aufstieg der Menschenwelt – in Form der ‚geschichtlichen Existenz' und des ‚geschichtlichen Bewusstseins' – zum allumfassenden Horizont bestimmt und so über die Eklipse der kosmologischen Differenz entscheidet. Nur aufgrund einer solchen Eklipse erfährt das Wiederauftauchen der anthropologischen Frage seine philosophische Dringlichkeit. Das gilt jedoch nicht für Marquard, da seine Gegenüberstellung von Geschichtsphilosophie und Natur sich durchweg an die Löwithsche Differenzierung hält. Diese beiden Pole entsprechen voll und ganz den beiden kosmologischen Fronten und spiegeln somit deren grundsätzliche Unvereinbarkeit wider.

Das Hauptproblem ist jedoch ein anderes. Das *aut aut* zwischen philosophischer Anthropologie und Geschichtsphilosophie betrifft nicht so sehr das Interesse bzw. Desinteresse an der Geschichte (ein solches Interesse steht aus wohl eindeutigen Gründen außer Frage), sondern vielmehr dessen

---

[59] Vgl. Russo 2000, 51-57; vgl. auch Russo 2015.
[60] Vgl. Martinelli 2010b.

Ausmaß bzw. die Frage, welcher Gebrauch davon gemacht wird. Unter diesem Gesichtspunkt betrachtet behält die Unterweisung aus der zweiten *Unzeitgemäßen Betrachtung* Nietzsches ihren Wert unverändert bei. Anders ausgedrückt: Insofern die Geschichtsphilosophie das Bestehen einer den *res gestae* zugrunde liegenden Sinnordnung postuliert (und es postulieren muss, um bestehen zu können), erzeugt sie eine unversöhnliche Zäsur zwischen Natur und Kultur, zwischen Mensch und Welt. Eine solche Zäsur lastet wie eine endgültige Hypothek auf der Möglichkeit, den Menschen als Lebewesen im Ganzen (als Allmensch) zu erfassen, und zwar ohne irgendeine außernatürliche/außerweltliche Bestimmung für ihn anzunehmen. Insofern der Mensch zum auserwählten Objekt und/oder Subjekt (d. h. Schöpfer und zugleich Höhepunkt) einer geschichtlichen Handlung wird, die auf rein natürlicher, irdischer Ebene nicht intelligibel ist, trennt er sich von all dem, was ihn unmittelbar umgibt und bestimmt. Dementsprechend fühlt er sich dazu berechtigt, ausschließlich an sich selbst zu denken, von sich selbst auszugehen und alles zu seinem eigenen Zweck zu tun. Nur er und er allein – „was ihm passiert" bzw. „was er tut" – dient als Medium, um den authentischen (höheren und verborgenen) Sinn der Dinge zu ergründen.

Diese anthropozentrische Veranlagung für eine verabsolutisierte Menschenwelt (eine geschichtliche Welt als ‚Welt der *facta*') und die daraus folgende Verschleierung der Welt als solcher sowie der kosmologischen Differenz insgesamt erklärt auch die Grundübereinstimmung zwischen Geschichtsphilosophie und Psychologie. Beide teilen dieselbe Unvereinbarkeit mit einer philosophischen Anthropologie, die den ex-zentrischen, heterozentrischen Versuch ausdrückt, *an den Menschen zu denken, indem man die Welt betrachtet*. Mit Marquard gesprochen: indem man sich von der Geschichte löst und sich der Natur (wieder) zuwendet bzw. der „Wiedereinsetzung der *natura naturans* in ihre Rechte".

Vor dem Hintergrund all dieser Voraussetzungen lohnt es sich, nun kurz die Grundlinien des Gedankenganges von Marquard nachzuzeichnen. Dafür wird auf seine erste Formulierung Bezug genommen, die auf die Mitte der 1960er Jahre zurückgeht, da hier die theoretische Konstruktion und die historische Rekonstruktion am dichtesten miteinander verschmolzen.[61] Marquards Ziel besteht darin, grundlegende Eigenschaften herauszuschälen, um eine philosophisch starke Idee von ‚Anthropologie' zu etablieren. Wie

---

[61] Vgl. Marquard 1965. Die hier zitierte Ausgabe ist wie gesagt eine 1973 erstellte Überarbeitung des Aufsatzes von 1965.

für Fischer ist auch für ihn die historische Rekonstruktion völlig auf den theoretisch-hermeneutischen Zweck und seine Wirkung ausgerichtet.

Das erste Element besteht aus einer doppelten Abwendung: zum einen von der „traditionellen Schulmetaphysik" und zum anderen von der „mathematisch geprägten Wissenschaft", die sich positiv in eine „Wende zur Lebenswelt" verwandelt. Daraus leite sich ab, dass die Anthropologie der „Lebensweltphilosophie"[62] gleichkomme. Andererseits geht es um ein Kriterium, das sie zwar beschreibt, aber keinesfalls definiert, weder vollständig noch exklusiv. Das zweite entscheidende Element besteht aus der Kombination einer weiteren Abstandnahme, diesmal von der Geschichtsphilosophie (die ebenfalls zu einer Lebensweltphilosophie werden möchte), und einer weiteren Wende, diesmal hin zur Natur (des Menschen). Marquard fasst diese Bedingungen in einer bemerkenswerten Formulierung zusammen:

> ‚Anthropologie' ist und nennt sich nicht jede [...] sondern allein diejenige philosophische Theorie des Menschen, die durch Abkehr von traditioneller Schulmetaphysik und mathematischer Naturwissenschaft – das heißt durch eine ‚Wende zur Lebenswelt' – möglich wird und durch eine ‚Wende zur Natur' – beziehungsweise durch Resignation der Geschichtsphilosophie – fundamental wird.[63]

Diese Charakterisierung legt nahe, dass die Anthropologie kein allzeitlicher Begriff ist, sondern viel eher eine spezifische Ausgeburt der Moderne. Streng genommen bezieht sie jedoch nicht die Moderne insgesamt seit dem 16. Jahrhundert ein (will man bis zu historisch bedeutsamen Werken zurückgehen wie das *Anthropologium de hominis dignitate, natura et proprietatibus* – 1501 – von Magnus Hundt), sondern nur ihren Spitzenanteil, also die Zeit vom ausgehenden 18. und beginnenden 19. Jahrhundert an. Innerhalb dieses Zeitrahmens stellt Kants Anthropologie für Marquard zwar einen wichtigen Abschnitt dar, wird jedoch deshalb nicht wirklich ausschlaggebend, weil sie sich unter dem Gesichtspunkt der Abstandnahme von der Geschichtsphilosophie als mangelhaft erweist. Ihre Einschränkung resultiert genauer daraus, dass sie *pragmatisch* ist, ohne *physiologisch* zu werden. Sie zieht mit anderen Worten keinen unmittelbaren Ruf nach der Natur nach sich (nach der Natur *des* Menschen und *im* Menschen, nach seiner inneren Bindung an die Naturwelt), sondern führt die ganze Frage nach dem Men-

---

[62] Vgl. ebd. 127.
[63] Ebd. 138.

schen vielmehr auf die nach seiner *Bestimmung* zurück, auf die Frage nach dem rechten Handeln, und mündet daher in einen ethisch-praktischen Bereich. Folglich bleibe die Frage nach dem Menschen unter das Joch der Geschichtsphilosophie gespannt.[64]

Einerseits handelt es sich hier um eine vermutlich allzu eindeutige Lesart (wie übrigens viele Stellungnahmen Marquards), andererseits ist sie nicht gänzlich von der Hand zu weisen, da bei Kant Anthropologie und Philosophie gerade im Rahmen der Geschichte ein ideales Bündnis eingehen: und zwar im Projekt einer allgemeinen Republik, die den ewigen Frieden gewähren soll. Ein solches Ergebnis kann das *telos* des gesamten Geschichtsverlaufs verkörpern, gerade weil es die Erfüllung der echten Bestimmung des Menschen ist, d. h. seiner Bestimmung zur Vernunft.

Dieser Übergang erweist sich – nicht nur in Bezug auf die Untersuchung Marquards – als überaus wichtig, da man daraus die folgende allgemeingültige Formulierung ableiten kann: Eine philosophische Anthropologie, die die Frage nach der Bestimmung des Menschen allein auf die ethisch-praktische Sphäre zurückführt (d. h. die Handlungssphäre), hebt ihre physische (natürlich-weltliche) Verankerung auf und verdammt sich daher selbst zu einer disziplinären und zweckdienlichen Funktion.

Es wird erst die Romantik mit ihrer Naturphilosophie sein, die das *aut aut* zwischen Anthropologie und Geschichtsphilosophie verdeutlicht und die daraus folgende Zielsetzung der ersteren, sich als „Fundamentalphilosophie" anzubieten. Die als Lebendigkeit verstandene Natur schafft Platz für die *physiologische Anthropologie*, die „eine Gestalt der Naturphilosophie ist: die Naturphilosophie des Menschen"[65]. Nicht selten setzt sich diese neue Heerschar von Anthropologen aus Ärzten bzw. Philosophen mit einer medizinischen Ausbildung zusammen.[66] Von dem schon zitierten Heinroth bis zu Henrik Steffens – Autor einer *Anthropologie* (1822) in zwei Bänden[67] – erreicht bei Ludwig Feuerbach die Einführung physiologischer Elemente in den anthropologischen Diskurs ihren Höhepunkt. Zweck ist es, eine „Universalwissenschaft" daraus zu bilden, d. h. den *habitus* einer „Philosophie der Zukunft", die dem unbequemen Erbe Hegels den Rücken kehrt. Letzterer hatte in der *Enzyklopädie* bekanntlich die Anthropologie dem Bereich der

---

[64] Vgl. ebd. 128.
[65] Ebd. 129.
[66] Man denke an den Lotze des *Mikrokosmus* (vgl. Lotze 1856-1864).
[67] Steffens 1822.

Philosophie des subjektiven Geistes zugeordnet, einem Gesamtprojekt also, das die Geschichtsphilosophie als „Theorie der menschlichen ‚Wirklichkeit'" präsentiert und aus der Anthropologie somit nur eine „Theorie der menschlichen ‚Möglichkeit'"[68] macht. Diese Hegel'sche Intuition wird dann von seinen Anhängern und Schülern – Rosenkranz und vor allem Michelet – aufgenommen und weiterentwickelt. Laut Marquard löst gerade der Versuch Hegels, die Anthropologie an die Geschichtsphilosophie anzupassen, „die Degradierung der Anthropologie"[69] aus, und besiegelt damit unbeabsichtigt die schicksalhafte Unvereinbarkeit der beiden. Nach einer Linie, die Marquard bis zur Kulturanthropologie von Rothacker (als einer „Theorie der Kulturstile"[70]) ausdehnt, wird es später Dilthey zukommen, zu beweisen, dass die Degradierung auch umgekehrt gilt: dort nämlich, wo es der Geschichtsphilosophie in den Sinn kommt, sich den anthropologischen Diktaten zu beugen.

Der Anbruch des 20. Jahrhunderts ändert nichts an diesem Szenarium. Die Philosophie bekräftigt ihre Neigung zur Lebenswelt, in deren Namen erneut die beiden unvereinbaren Alternativparadigmen aufeinanderstoßen. Das bedeutet, dass die Entscheidung für die Geschichte sich weiterhin auf die Ablehnung der Anthropologie stützt und umgekehrt. Ein Ostrazismus, ein echtes *anthropologisches Interdikt* charakterisiert aus verschiedenen Gründen sowohl die Existenzphilosophie (Heidegger) als auch den Marxismus (Lukács). Das geht so weit, dass die Anthropologie in diesem Zusammenhang zum Synonym und Stigma der Heterodoxie bzw. die anthropologische Frage von einigen ‚sezessionistischen Erscheinungen' innerhalb des Existenzialismus und des Marxismus kraftvoll wieder aufgegriffen wird. Genau einer dieser Ausnahmeerscheinungen im Umkreis Heideggers schreibt Marquard die anthropologischen Überlegungen Löwiths zu.[71]

Inzwischen festigt sich die ‚bejahende' philosophische Anthropologie – d. h. die offiziell, rund um ihre drei Gründer anerkannte – im Zusammenhang von *drei Identitätsmerkmalen*: Die Veröffentlichung von *Die Stellung* wird als Akt der (Wieder)geburt anerkannt; den Überlegungen Gehlens einschließlich der Mängelwesen-Theorie kommt zentrale Bedeutung zu; ihre ursprünglichen Zielsetzungen – bzw. die Annahme jener vorgeblich reakti-

---

[68] Marquard 1965, 132.
[69] Ebd.
[70] Ebd. 133.
[71] Vgl. ebd. 135 (mit den entsprechenden Anmerkungen).

ven und disziplinären Berufung, von der Habermas 1958 sprach – werden verringert, was mit einem ganz neuen, wenn auch sehr ausgewogenen Interesse an der Geschichte einhergeht. Letzteres wird durch eine, wie Marquard schreibt, „Nichtphilosophie der Geschichte"[72] verkörpert. Auf sie beruft sich auch die Soziologie, ein Fach also, das einen der am besten durchdachten Ansätze darstellt, um der philosophischen Anthropologie der Gegenwart eine neue und konkrete Entwicklungsmöglichkeit zu verschaffen. Unter anderem dank einer teilweisen Rückbesinnung der Vertreter der Frankfurter Schule hinsichtlich ihrer anfänglichen Vollverschließung (die im Ansatz Horkheimers von 1935 ihren Ausdruck fand), wird die nachfolgende Soziologie-Generation den Weg einer Soziologisierung der philosophischen Anthropologie einschlagen, die als eine harmonische Kombination der jeweils entschieden neu ausgelegten Natur wie Geschichte zu verstehen ist. Innerhalb dieses Horizontes kann die Position der Berliner Schule der soziologischen Anthropologie mit Lepenies und Claessens – deren Projekt auf der Voraussetzung einer *nova natura* basiert[73] – als avantgardistisch bezeichnet werden. Marquard schließt seine Untersuchung ab, indem er der Überzeugung Ausdruck verleiht, dass, wenn auch versteckt und/oder aktualisiert, das auf gegenseitigem Ausschluss und Wettbewerb beruhende Verhältnis zwischen philosophischer Anthropologie und Geschichtsphilosophie grundsätzlich unbehelligt weiterbestehe. Und solange so eine Situation fortbestehe, „bleibt grundsätzlich die Frage akut, wer von der beiden [...] recht habe"[74].

2.4 Die Umkehrung des Kanons: die Anthropologie der Neu-Zeit

Angesichts des soeben gezeichneten Rahmens erweist sich ein Vergleich mit dem Denkweg Löwiths als besonders interessant, da dieser ein Verhältnis von einzigartiger Unvereinbarkeit herstellt. Er wird zum Träger einer ganz außergewöhnlichen Exzentrizität.

---

[72] Ebd. 137.
[73] Vgl. ebd. 140 ff. Marquard stellt fest, dass Claessens diese „nova natura" gebraucht habe, um „geschichtliche Hoffnungen setzen zu können" (ebd. 141). Er bezieht sich hier auf das bereits zitierte Claessens 1970.
[74] Marquard 1965, 144.

Es ist bekannt (und wurde zum Teil auch in der Eröffnung dieses Abschnitts betont), dass zwei bezeichnende Merkmale der letzten und reiferen Phase des Denkens Löwiths von einem Widerstand gegen die Geschichtsphilosophie, ja selbst deren Möglichkeit – die er für das Ergebnis einer missbräuchlichen Vermischung von theologisch-eschatologischen mit anderen echt philosophischen Elementen hält – und der Wiederaufnahme eines ‚neogriechischen' Natur-Welt-Begriffes (*physis-kosmos*) geprägt sind. Bis hierhin scheint eine vollkommene Übereinstimmung mit den Maßstäben des Paradigmas von Marquard vorzuliegen. Das Problem entsteht hinsichtlich der soziologischen Wende der philosophischen Anthropologie, in der auch Marquard – wenn auch nicht so deutlich wie Rehberg und Fischer – ein entscheidendes Moment der zweiten anthropologischen Welle des 20. Jahrhunderts ausmacht, also jener, die in groben Zügen in die späten fünfziger Jahre fällt und damit auf die erste, die der zwanziger Jahre, folgt. Die Nicht-Zustimmung entfaltet sich hierbei zu einem wahren Kontrast, der durch einen kurzen Vergleich mit Plessner deutlich werden kann. Wie bereits gesagt, werden 1928 *Das Individuum in der Rolle des Mitmenschen* wie auch *Die Stufen* publiziert. Ersteres stellt den Gipfel einer hypothetischen Konvergenz Löwiths (*ante litteram*, unter anderem) hinsichtlich der genannten Soziologisierung dar. Als „phänomenologische Strukturanalyse des Miteinandersein"[75] könnte man aus diesem Werk eine Art Abhandlung zur ‚transzendentalen Soziologie' herauslesen, da das Miteinandersein als die grundlegende Vorbedingung für jegliche Gemeinschaft/Gesellschaft hervortritt. Auf den Seiten seines Meisterwerks führt dagegen Plessner das ‚eigentlich Menschliche' auf den natürlichen Bereich zurück, der als das „Organische" begriffen wird. Durch eine stufenförmige ontologische Wahl überwindet er die übertriebene Strenge sowohl des traditionellen anthropologischen Dualismus *psyche* vs. *soma* als auch der Unterteilung in die zwei getrennten Seinsbereiche von Tier (das einfach Lebendige) und Mensch (das Geistige). Am Ende ihrer jeweiligen Lebensläufe sollten sich die beiden auf gewissermaßen gegensätzlichen Positionen wiederfinden: Plessner wird in Göttingen den Lehrstuhl für Soziologie innehaben und wird zum Vorstand der *Deutschen Gesellschaft für Soziologie* (1956 wird er gar eine Soziologie des Sports veröffentlichen)[76]. Löwith dagegen wird jegliches Interesse an der gesellschaftlich-geschichtlichen Welt ablegen. Ja mehr noch, er wird sie

---

[75] Löwith 1928, 16.
[76] H. Plessner 1956a.

schlussendlich sogar untergraben, indem er sich ausschließlich der Wiederaufnahme der Begriffe von Natur und Welt nach ihrer ursprünglichsten Bedeutung widmet: als etwas, das immer vor und über jeglicher soziokulturellen und geschichtlichen Wirklichkeit steht.

Zum besseren Verständnis der wahren Gründe der Anthropologie Löwiths für ihre *teilweise Unempfänglichkeit für Marquards Kanon* soll ihre vollendete Fassung vertieft werden. Sobald sie in ihren adäquaten Kontext gebracht ist, wird deutlich, dass sie berechtigterweise eine „*antropologia della modernità* (Anthropologie der Moderne)"[77] darstellt – oder besser: eine *Anthropologie der Neuzeit, der neuen Zeit*.

Da eine solche Charakterisierung zwar in ihren theoretischen Grundzügen recht deutlich ist, in ihren publizierten Niederschlägen jedoch vage bleibt, besteht unser erster Schritt in einer Art Abgrenzung ihres Umfangs. Wir möchten dazu jene Werke aufzählen, die zwischen den beginnenden 1950er und den ausgehenden 1960er Jahren entstanden sind (mit einem bedeutenden Anhang, der bis in das folgende Jahrzehnt reicht), und deren Leitlinien nachziehen. Zu einem Gutteil haben wir sie schon erwähnt, diese zusätzliche Anführung hat somit den Charakter einer offiziellen Investitur. Es wird von *Can There Be a Christian Gentleman?* (1948-49)[78] ausgehend, über *Natur und Geschichte* (1950)[79], *Natur und Humanität des Menschen* (1957), *Mensch und Geschichte* (1960), *Welt und Menschenwelt* (1960), *Töten, Mord und Selbstmord* (1962), *Zur Heideggers Seinsfrage: Die Natur des Menschen und die Welt der Natur* (1969) bis zum postumen *Zur Frage einer philosophischen Anthropologie* (1975) gegangen. All diese Schriften lassen sich mit *Welt und Menschenwelt* überschreiben, was sich (bereits als Titel) als Manifest und theoretischer Identitätskern der Löwith'schen Menschenfrage anbietet. Hier werden nämlich die Koordinaten einer kosmozentrischen Anthropologie gelegt, die an den Menschen denkt, indem sie sich der Welt zuwendet. Genauer formuliert: Löwiths philosophische Anthropologie erweckt im Menschen jenes eigentümliche Pathos wieder, dem es gelingt, den Hiatus zwischen Welt und Menschenwelt (die kosmologische Differenz)

---

[77] So definiert sie zu Recht Enrico Donaggio (vgl. Donaggio 2004, 54 ff.). Zum Thema „Löwith und die Moderne" vgl. auch Fazio 2015.
[78] In deutscher Übersetzung (leicht gekürzt) Löwith 1967a. Hier werden wir den Aufsatz nach seiner vollständigen englischen Fassung zitieren: Löwith 1948-1949.
[79] Löwith 1950.

sichtbar zu machen. Indem ein solches Pathos die Welt als solche wiedererweckt, lässt es den Menschen sich selbst als jenes Lebewesen erkennen, das *ex-sistiert*, d. h. naturgemäß *welt-offen*, grundlegend ‚aus-gesetzt' ist. Das ist ein allen anderen Lebewesen unbekannter Zustand.

Unser zweiter Schritt betrifft die Auffassung Löwiths von der *Moderne als Neuzeit*, die Frage nach der ganz besonderen (nicht allein chronologischen) Verfassung dieses Begriffs. Von dieser Präzisierung hängt die entscheidende Vertiefung seines gesamten anthropologischen Paradigmas ab, weil sie zeigt und deutlich macht, dass die Voraussetzung für jenen – von Habermas hervorgehobenen – „stoischen Rückzug vom historischen Bewusstsein", der diesem Paradigma zugrunde liegt, eine historische (geschichtliche) ist. Das heißt, dass an ‚einem gewissen Punkt' die Geschichte *natürlicherweise* selbst über sich hinausführt. Eine solche Voraussetzung entspricht der Vollendung der Entwicklung der Moderne, die sich einerseits als Verabsolutisierung der Menschenwelt in Form einer geschichtlichen Welt der *facta*, andererseits als (gleichzeitige) Implosion derselben verwirklicht. Das Scheitern dieses Versuchs, einen Teilbereich (d. h. die historische, kulturelle Dimension) zur Totalität zu erheben, lässt traumatischerweise jene unauslöschbare Anwesenheit wieder auftauchen, welche die *nicht-geschichtliche Vorbedingung jeglicher Geschichtlichkeit* und somit auch das *telos* jeder echten philosophischen Anthropologie verkörpert.

Das an die Bestimmung der Moderne gebundene Grundthema wird durch eine Fragestellung ganz deutlich, und zwar: „Was ist es, das aus dem *modus hodiernus* eine neue Zeit macht?"; „Aus der *Moderne* eine *Neuzeit*?". Bedient man sich des klassischen Schemas von Weber (dem sich in groben Zügen Löwith selbst anschließt)[80], steht der Zeitraum vom beginnenden 16. bis zu den Anfängen des 19. Jahrhunderts unter dem Zeichen des Zusammenspiels von *Rationalisierung* und *Entzauberung*, d. h. von zwei epochalen Grundmerkmalen, die ein völlig neues Weltbild und eine noch nie dagewesene Weltanschauung hervorbringen. Nach Löwiths Ansicht liegt jedoch *die Neuheit der Neu-Zeit* in einer ganz in der Negativform abgewandelten Entzauberung, und zwar in der *Ent*-Zauberung (Ent-Heiligung) der sichtbaren Welt zugunsten eines unsichtbaren, transzendenten, persönlichen Seienden, das sich alle Züge des ‚Göttlichen' aneignet. Das bedeutet, dass hier die Mo-

---

[80] Dem Denken von Max Weber hat Löwith einige wichtige Beiträge gewidmet. Darunter treten hervor: Löwith 1964 und besonders Löwith 1932.

derne als Neuzeit mit der „*Entweltlichung der Welt*"[81] zusammenfällt bzw. mit dem Prozess der Entkosmisierung der *physis*, ihrer Verwandlung von *kosmos* in *mundus* und vor allem von *mundus* in *saeculum*. Das Auftreten des *saeculum* hat die entscheidende Rolle einer Einleitung zu jener verabsolutisierten Menschenwelt und gegen sie schlägt die Anthropologie Löwiths das *pharmakon* ‚kosmologische Differenz' vor. Demzufolge entspricht die *Moderne* wortwörtlich der *Säkularisierung* und, da der Übergang von *mundus* zu *saeculum* – der wie jede Umwandlung authentischer Leitwörter eine ontologische Verwandlung miteinschließt – dem Christentum zuzuschreiben ist, will man mit dessen Aufkommen die Neu-Zeit beginnen lassen, und zwar mit der radikalen Zäsur, die das Christentum hinsichtlich des griechisch-heidnischen Universums ausdrückt.

Die synthetische Formel dieser Neuzeit besteht aus dem Übergang „von der griechischen *Kosmo-theologie* über die christliche *Anthropo-theologie* zur *Emanzipation des Menschen*"[82]. Daraus folgt, dass in der gesamten Rekonstruktion Löwiths die Rationalisierung, d. h. die vollendete Säkularisierung (bzw. jene des Rationalismus, der Aufklärung bis zum Aufkommen der Technikwissenschaft und des Industrialismus), zu einem Begleitphänomen abgewertet wird. Analog zu der traditionellen Teilung des Mittelalters in „Frühmittelalter" und „Hoch-" bzw. „Spätmittelalter" kann dieser Zeitraum – der in der Geschichte der Metaphysik von Descartes bis Nietzsche reicht – als *Hoch-* bzw. *Spätmoderne* gegenüber einer *Frühmoderne* bezeichnet werden, welche ausgehend von der Durchsetzung des Christentums bis zur cartesianischen Grenzlinie reicht. Unter diesen Voraussetzungen entsteht folglich ein Legitimitätsproblem für die moderne Epoche nach ihrer üblichen Definition und Bedeutung. Es handelt sich um die Schwierigkeit, sie weiterhin als einen eigenständigen und in sich abgeschlossenen historischen Abschnitt zu verstehen, und nicht als Teil einer breiteren Wirklichkeit. Diesbezüglich ist zu bedenken, dass während der 1960er Jahre gerade die *Legitimität der Neuzeit* Gegenstand einer harten und bereits berühmten Auseinandersetzung zwischen Löwith und Blumenberg wurde.[83]

---

[81] Löwith 1967b, 10 (Hervorh. A. C.). Für die vorliegende Rekonstruktion beziehen wir uns auf Löwith 1967b und zum Teil auf Löwith 1941.
[82] Löwith 1967b, 4.
[83] 1966 wurde *Die Legitimität der Neuzeit* veröffentlicht. Zwei Jahre später schreibt Löwith dazu eine Rezension und antwortete damit auf die Kritiken, die in dem Buch Blumenbergs gegen ihn vorgebracht werden (Löwith 1968c). Darauf hatte Blumen-

Löwiths Auslegung nach zeichnet der gesamten Verlauf der Neuzeit eine Linie, die vom hl. Paulus bis zu Nietzsche reicht, d. h. von der Geburt Gottes bis zu seinem Tode: *Von der Entweltlichung (Entkosmisierung) der Welt bis zu Egologisierung des Menschen*. Wie es übrigens Löwith selbst empfiehlt, kann diese umfassende Bewegung – die auch eine entscheidende Vorgeschichte einschließt – übersichtsweise erfasst werden, indem man jene „metaphysische Trinität" in den Blick nimmt, die die Grundlage von Wolffs *Metaphysica specialis* bildet: Gott, Mensch und Welt.[84] Das großartige Vorspiel der Neuzeit wird vom Griechentum eingeläutet, in dessen Horizont nur zwei Seiende auftauchen: Mensch und Welt. Letztere, die sich hier in ihrer kosmisch-holistischen Version zeigt, trägt die Eigenschaft der Göttlichkeit (*to theion*) in sich, welche somit nicht in einer eigenen ontischen Gestalt substantiviert oder hypostasiert wird. Der Kosmos, dieses „anfangs- und endlose, immerwährende Ganze", ist, „wie alles *physis*, positiv *selbständig*"[85], perfekt (*teleion*) und deswegen göttlich (*theion*). Er ist ewig im Sinne der *sempiternitas*, nicht „im Sinne von Zeitlosigkeit, sondern von Immerwährend". Daraus folgt eine besondere Zeitform: die kreisförmige, autotelische (da sie atelisch ist) der ewigen Wiederkehr, nach dem Beispiel der Naturkreisläufe. Innerhalb dieses vollkommenen Ganzen stellt der Mensch einen festen und integrierten Bestandteil dar.

Das Aufkommen des ontologischen Dualismus, der vom Platonismus vorbereitet und vom Christentum verwirklicht wird, verändert den Zusammenhang zwischen Mensch und Welt. Ihre Harmonie bekommt einen Riss. Die Welt verliert ihre Göttlichkeit zugunsten eines selbstständigen, transzendenten Seienden: einer allmächtigen Persönlichkeit, die aus einem Akt der Freiheit und der unendlichen Güte heraus die Welt *ex nihilo* erschafft. Das bedeutet, dass „das Göttliche" – das, wie gesagt, bisher nur eine Eigen-

---

berg eine Gegenantwort folgen lassen (Blumenberg 1974). Im Zusammenhang mit seiner Teilnahme an einer Gruppendiskussion zu einem Werk Blumenbergs, schlägt gerade Marquard eine Lösung zu dieser *querelle* vor. Er stellt fest, dass Blumenberg und Löwith zwei verschiedene Nuancierungen („euphorisch oder epikureisch" der erste, „deprimiert oder stoisch" der zweite) ein und derselben philosophischen Stimmung vertreten: der „Verzweiflung" bzw. der „Skepsis" (vgl. Marquard 1971b, 530). Über die Löwith-Blumenberg-*querelle* vgl. auch Carchia 1987.

[84] Vgl. Löwith 1967b, 4. Unter den Werken Wolffs bezieht sich Löwith auf Wolff 1728.

[85] Löwith 1967b, 57 und 58.

schaft (der Welt) war – sich in Gestalt einer ‚persönlichen ersten Substanz' hypostasiert, und zwar als „Gott". Demzufolge hört die Welt auf, ein notwendiges und in sich selbst vollkommenes Seiendes zu sein, und wird kontingent und zeitlich bestimmt. Die weltliche Zeitlichkeit wandelt sich von immerwährend, kreisförmig und autotelisch in teleologisch und eschatologisch. Die *Zeitform* wird geradlinig, und damit geschichtlich. Auf ontologischer Ebene steigt der *kosmos* zu *mundus* und schließlich zu *saeculum* ab. Jetzt entspricht er einem Geschöpf bzw. einer leeren ontischen Schale, die einem Zweck zugehört, hinsichtlich dessen sie lediglich als Werkzeug dient. *„Amare mundum* wird gleichbedeutend mit *non cognoscere Deum. Christus mundum de mundo liberavit*"[86].

Dieser ganzen neuen Situation entspricht eine ontologische Aufwertung des Menschen, der zur ‚Krone der Schöpfung' wird und als solche am göttlichen und transzendenten Geschehnis teilhat. Er wird in den überweltlichen und teleologischen Plan Gottes mit eingeschlossen. Löwith schreibt: „Gott und Mensch sind einander wesentlich näher als Gott und Welt, bzw. als Welt und Mensch"[87]. Dieses neue, diesmal triadische Gleichgewicht, feiert im Mittelalter seinen Höhepunkt und entwickelt sich dann schrittweise zu einer vollständigen Säkularisierung. Eine ‚Immanentisierung der Transzendenz' bewirkt den Verschleiß des hinterweltlichen Gerüsts, jener ‚Welt hinter der Welt' also, die bisher das notwendige *telos* für jede eschatologische Spannung war. Die Abnutzung der göttlichen Hypostase („Gott") – die ihre Bestimmung als ‚selbstständig Seiendes' (Substanz) verliert und wieder zu einer Eigenschaft („das Göttliche") wird – führt neuerlich zu einer Zweierbeziehung. Erneut gibt es nur Mensch und Welt; diesmal kehrt sich jedoch die ontologische Hierarchie im Vergleich zu der ersten, griechischen Ausgabe um. Jetzt kommt zuerst der (göttliche) Mensch, dann die (vergegenständlichte) Welt.

Dieser Vorgang fällt in den eben als Hochmoderne bezeichneten Abschnitt. Zwei Hauptauswirkungen gehen aus dieser vom Cartesianismus eingeleitete Phase hervor. Einerseits vollendet sie den Zusammenbruch der rein natürlichen Welt (d. h. der Welt in ihrem kosmischen Sinn) und bereitet so ihre instrumental-zweckdienliche Abdrift vor, die sie in eine zur totalen Verfügung stehende Quelle für die menschliche Machenschaft/Machbarkeit

---

[86] Ebd. 10. Es handelt sich um ein Zitat von Augustinus (*Epistola Iohannis ad Parthos*, Rede II, §§ 8-9).
[87] Ebd. 19.

verwandeln wird. Der *mundus* wird so zu *fabrica et machina,* zu dem, was Heidegger später als *„Bestand"* bezeichnen wird. Andererseits nimmt die Hochmoderne die *Egologisierung des Menschen* auf, d. h. seine endgültige Umwandlung in ein selbstbewusstes Ich (*ego cogito*), das schrittweise seine eigene wesentliche Differenz von der göttlichen Hypostase vernichtet, indem es sie in ihren ontologischen Vorrechten aushöhlt. Diese „Ontologie des Bewußtseins"[88] – die gleichzeitig eine Anthropologie des Bewusstseins ist – prägt die gesamte moderne (neuzeitliche) Philosophie, weit über ihre ‚Hegel'schen Herkulessäulen' hinaus. Laut Löwith behalten selbst Husserl und Heidegger dieses cartesianische (christliche) *imprimatur* bei, da sie beide fordern, *die Welt auf ursprüngliche Weise egologisch zu gründen*. Beide gehen genauer gesagt immer noch von dem christlich geprägten Misstrauen gegenüber der Gewissheit bezüglich der Welt als solcher aus. Wegen der Rolle, die der Ich-Struktur innerhalb dieser epochalen Bewegung zukommt, zeichnet sie sich als eine ontologische *enclave* aus. Sie stellt eine Mittelebene (einen Schnitt- und Schmelzpunkt) zwischen der Aufwertung des Menschen aus dem Zustand eines bloßen *ens creatum* und der Abwertung Gottes dar, der die Ausschließlichkeit seines ontologischen Zustandes abgibt.

Mit dem Aufkommen des Hegelschen Idealismus erfüllt sich der Prozess: die Trennung zwischen Gott und Mensch verschwindet zugunsten einer höheren Versöhnung. Das selbstbewusste Ich steigt zuletzt zu einem dem christlich verstandenen Göttlichen gleichwertigen Zustand empor und entmachtet es daher. Das Göttliche und das Menschliche sind nicht mehr auseinanderzuhalten, sie werden zu einer höheren synthetischen Einheit. Dasselbe passiert mit dem Glauben, der im Wissen Erfüllung findet, und der Religion, die sich in der Philosophie auflöst. Im Rahmen der Auslegung Löwiths stellt jedoch die Geschichtsphilosophie die emblematischste der Hegel'schen Synthesen dar, welche einer vernünftig immanentisierten Theodizee, einer „philosophische[n] Verweltlichung des christlichen Glaubens"[89] entspricht. Von einer derartigen Synthese angespornt, verwirklicht sich Vicos Voraussetzung des *„verum et factum convertuntur",* d. h. die Men-

---

[88] Löwith 1975, 331. Vgl. auch Löwith 1969b, 285 ff. Was das Weiterbestehen des Cartesianismus bei Husserl und Heidegger (wie auch bei Sartre und Valéry) betrifft, vgl. Löwith 1967b, 29-50.

[89] Löwith 1960b, 367. Es wird Marx zukommen, die atheistische Voraussetzung zu klären, die der Versöhnungsstrategie Hegels zugrunde liegt (vgl. ebd. 367-372). Über Hegel und das Christentum vgl. Löwith 1962c.

schenwelt erhebt sich als geschichtliche Welt zur Totalität und es folgt die Eklipse der kosmologischen Differenz.

Die Hegel'sche *Vollendung* verkörpert eine absolute Grenze – eine Art *entelecheia* – für jene metaphysische triadische Struktur, die sich mit der platonisch-christlichen Weltanschauung durchgesetzt hat. Ergo gilt diese Vollendung gleichzeitig als Voll-*Endung*. Wie gesagt, die Hypostase eines transzendenten, persönlichen und selbstständigen Göttlichen, dessen Funktion in der Zwischenzeit das Seiende ‚Mensch' übernommen und ersetzt hat, wird überflüssig und verschwindet. Das bedeutet, dass das Absterben des Seienden ‚Gott' von einem Prinzip ontologischer Ökonomie bestimmt wird bzw. es wird, da es nutzlos geworden ist, unglaubwürdig und ist daher des Glaubens nicht (mehr) wert. Das christliche Universum mündet in das Pluriversum des *secular age*, in das unerforschte Gebiet der Zeit von Gottes Tod. Je nach Betrachtungsweise erscheinen den neuen Heiden entweder Wüstenstreifen oder aber das versprochene Land. Löwith hält vor allem zwei Weisen, sich von der christlich-bürgerlichen Welt zu verabschieden, für fundamental. Erstere radikalisiert die immanentistische und säkularisierte Richtung, wie sie von der Hegel'schen Linken vertreten wurde: von Feuerbach über Marx bis hin zur nihilistischen Egologie eines Max Stirner. Die zweite, die sich noch nach der transzendenten Dimension ausrichtet, erfüllt sich im Versuch Kierkegaards, eine phantomatische Urchristlichkeit wiederherzustellen. Der dänische Philosoph prägt seiner „Angst", den soeben abgeschlossenen epochalen Übergang zu assimilieren, dieselbe Ausrichtung auf, die wir auch noch bei Nietzsche finden: *vorwärts hin zur Vergangenheit*. Und doch hält Kierkegaard, beflügelt von diesem ungezähmten Drang nach der Reinheit des Ursprünglichen, einen Schritt früher ein als Nietzsche. Aus seiner Perspektive betrachtet entspricht die Überwindung des Christentums nicht seiner vollständigen Beseitigung, sondern der Wiedergewinnung seiner Authentizität, der Überwindung einer jahrhundertelangen Zwischenzeit also, während der die eigenen Wurzeln verleugnet worden waren, und die es daher einfach zu löschen gilt.[90]

---

[90] Zu einer vergleichenden Lesart von Marx und Kierkegaard als Spiegelreaktion auf den Hegelianismus siehe Löwith 1941, 177-222 (Titel des Kapitels: *Die Auflösung von Hegels Vermittlungen durch die Entscheidungen von Marx und Kierkegaard*). Zu Kierkegaard und Nietzsche vgl. Löwith (1933). Es handelt sich dabei um den von H. Plessner 1936b rezensierten Aufsatz.

Dank seiner unvergleichlichen diagnostischen Fähigkeiten gelingt Nietzsche eine großartige Anamnese des europäischen Geistes, eine Auskultation seines *pneuma*. Er beschäftigt sich mit der genealogischen Rekonstruktion des Werdegangs, der diesen Geist in eine epochale *impasse* geführt hat. Andererseits stellt Nietzsches Versuch auf historischer Ebene einen letzten (übrigens trügerischen) Versöhnungsmoment vor dem endgültigen Bruch dar. Das Resultat dieser Anamnese ist das Aufscheinen der Möglichkeit, erneut zwischen Mensch und Welt ein unmittelbares Verhältnis (eine Wiederverlobung) herzustellen, wobei beide in ihrer vorchristlichen Bedeutung wiederzugewinnen sind. Seinerseits hängt ein solcher Anspruch vom Aufblühen eines völlig außergewöhnlichen historischen Umstandes ab: der Zeit des Todes Gottes und eines aktiven Nihilismus.

Offensichtlich ist sich Nietzsche dieser Gesamtsituation vollkommen bewusst, und daher hat Löwith bis zu diesem Punkt an seinem Verfahren nichts auszusetzen. Nietzsche verirrt sich jedoch ab dem Zeitpunkt, an dem er der anthropozentrischen Illusion in ihrer postchristlichen Version nachgibt bzw. der Überzeugung, dass der Vollstrecker dieser Wiederverlobung erneut der Mensch sein soll, die erstrebte Wiederherstellung des kosmischen (vorchristlichen und vorplatonischen) Zustandes also nur durch unsere Hand stattfinden kann. Oder besser gesagt: durch eine x-te Leistung des menschlichen Willens, die sogar so weit geht, *die eigene Abschaffung – die eigene Überwindung – zu wollen*.

Der prognostische Irrtum Nietzsches birgt jedoch auch einen feinen diagnostischen Fehler in sich. Seine Überzeugung, dass die mögliche Wiederherstellung der Welt in sich selbst und als solche vom Menschen abhänge, verrät eine noch unsichere Metabolisierung dieses zweitausendjährigen Ereignisses, innerhalb dessen demnach auch die Erfahrung Nietzsches verhaftet bleibt. Das bedeutet, dass es dem kosmischen Gefühl von Nietzsche nicht gelingt, zu einem authentischen *weltlichen pathos* zu werden: Es fehlt ihm an jener übergeordneten theoretischen Weisheit, dank derer die Willensbelastung ‚epochisiert' (d. h. zurückgehalten und überwunden) werden kann. Löwiths Meinung nach war Spinoza mit seinem *Deus sive natura* der einzige, der im Verlauf der Hochmoderne über eine solche Weisheit verfügte.[91]

---

[91] Im Blick auf dieses Thema ist der Verweis auf das Schlusskapitel von Löwith 1967b: *Spinoza. Deus sive Natura* (148-194) unumgänglich.

Der „antichristlichen Bergpredigt"[92] von Nietzsche entgeht die *an und für sich paradoxe Verfassung der vollendeten Moderne*. Die „verwirklichte Neuzeit" entspricht einem Oxymoron, einem perfekten Beispiel nämlich für die Heterogonie der Zwecke: eine *de iure* (logische) Unmöglichkeit, die jedoch zu einer *de facto* Realität wird. Die *Neuzeit* verordnet, dass die *Unmöglichkeit* nun schon zur bevorzugten Form der *Wirklichkeit* geworden ist. Es handelt sich hier um einen authentischen inneren Widerspruch, wie gesagt um ein Oxymoron. Wir haben es eingangs schon angedeutet: Die vollendete Moderne kommt der Verleugnung der in der *Götzen-Dämmerung* enthaltenen Prophezeiung gleich. Ist die „wahre Welt" erst einmal verschwunden, verschwindet mit ihr keineswegs die „scheinbare Welt". Letztere – deren Matrix das christliche *saeculum* bleibt – besteht weiterhin und übernimmt darüber hinaus die Funktionen ihrer ausgelöschten Doppelgängerin. Sie eignet sich deren Aufgaben an, jedoch nicht, ohne sich vorher zu verwandeln, sich ihr anzupassen, d. h. sich zu säkularisieren. Der zum Schicksal erhobene Fortschritt (*das Verhängnis des Fortschritts*)[93] stellt das wahrscheinlich emblematischste Beispiel einer solchen Verwandlung dar. Er entspricht einer immanentisierten Eschatologie, die dazu dient, die teleologische Linearität der historischen Zeit aufrechtzuerhalten, indem sie ihren (Ver)lauf nährt.

Innerhalb dieses erneuerten Rahmens wird die Aufrechterhaltung des vom Christentum hervorgerufenen egologischen und anthropozentrischen Mechanismus zum Grundbedürfnis, jedoch ohne transzendente Belastung, die auf ihn wie eine Begrenzung, ja wie eine Bremse wirkte. Als einziger, mit Wirklichkeit angefüllter Bezugspunkt bleibt nun der Mensch übrig. Hinsichtlich seines ontologischen Vorrangs gegenüber der Welt wird er noch christlich verstanden, jedoch zugleich von jenen Banden, die seine Fügsamkeit gegenüber einem hypostatisierten Göttlichen – d. h. seine Bestimmung als Geschöpf gegenüber einem persönlichen Gott – mit sich brachte, befreit. Wie Heisenberg in seinem im ersten Teil zitierten Vortrag über *Das Naturbild der heutigen Physik* bemerkte: Auch wenn der Mensch nach dem Anderen sucht, findet und „begegnet er auch hier wieder sich selbst"[94]. So ist die beste Definition für diesen Zustand nicht etwa der ‚Re-anthropozentrismus', sondern der *Pananthropismus*. Streng genommen handelt es sich um einen hybriden und damit trügerischen Pananthropismus, da er sich

---

[92] Vgl. Löwith 1962d.
[93] So der Titel von Löwith 1962a.
[94] Heisenberg 1955, 18.

weiterhin auf unausdrückliche und uneingestandene übermenschliche (theologische) Voraussetzungen stützt. Insofern das christliche *saeculum* beweist, dass es sich zu einer vollkommen dem Menschen angepassten Welt hin entwickelt hat (wie gesagt: zu einer als geschichtliche Welt der *facta* verabsolutisierten Menschenwelt), gelten ‚Säkularisierung' und ‚Pananthropismus' als Synonyme. Sie stellen die zwei spiegelbildlichen Kehrseiten jenes Oxymorons dar, das *Neuzeit* heißt.

Für diesen als Stigma der neuen Zeit geltenden Widerspruch findet Löwith eine ausgesprochen wirksame anthropologische Krasis in der für die vollendete Moderne typischen Gestalt des *christlichen Gentleman*. Er steht für eine *contradictio in adiecto*, die aus einer Unvereinbarkeit *de iure* eine Wirklichkeit *de facto* macht. Es geht um die Unvereinbarkeit zwischen dem Ethos des *gentleman* – einer Neuausgabe des griechischen Ideals der *kalokagathia* und der *megalopsychia*, das den Menschen als ein vollkommen weltlich-natürliches Wesen betrachtet – und dem des guten Christen, der grundsätzlich die Überzeugung ausdrückt, der Mensch sei nicht wirklich von dieser Welt. Die Vertrautheit im Umgang mit der paradoxen Idee des christlichen *gentleman* klingt wie ein Urteilsspruch zu unserer aktuellen Lage:

> we live in a Christian world which still reflects the religious faith in the Kingdom of God but only in its secular transformations. All modern history of the West is still inspired by the quest for the Kingdom of God, but it sets its hope in a ‚better world', on material production, progress and welfare.[95]

Diese Zweideutigkeit (*ambiguity*) entsteht aus „the wordly success of the Christian Church and at the same time her failure to make the world Christian". Deshalb „we can meet a ‚Christian gentleman' in the flesh, as a social matter of fact, but he does not exist in spirit and principle"[96].

Und doch gibt es ihn: Das ist die anthropologische Aporie, und zwar die Aporie unserer Zeit. Hier liegen der Ausgangspunkt und die Grundtatsache, aus denen die Menschenfrage als vorrangige philosophische Frage hervorgeht. Und eben darum erweist sich die zeitlose (kosmozentrische) Anthropologie Löwiths zugleich als die perfekte *Anthropologie der Neu-Zeit*.

---

[95] Löwith 1948-1949, 36.
[96] Ebd.

Auf der Grundlage dieser epochalen Bewusstwerdung, dass unsere Lage noch ganz innerhalb der *Neuzeit* liegt, übernimmt die Philosophie die sich daraus ergebende Aufgabe: nämlich, das uns bestimmende Paradox ins rechte Licht zu rücken, es *more anthropologico* zu lösen und somit die spät- und postmoderne *impasse* zu überwinden.

Sollte also die Gesamtbewegung der Moderne einer *Entweltlichung der Welt* entsprechen, so besteht die von der philosophischen Anthropologie anvisierte Gegenbewegung aus einer *Wiederverweltlichung der Welt*, d. h. aus der „Wiedereinsetzung der *natura naturans* in ihre Rechte". Man könnte auch sagen, dass der anthropologische Vorschlag Löwiths einen Versuch *ante litteram* darstelle, zu „réenchanter le monde"[97]. Gegen diesen Vorschlag richtet sich die Kritik, er stelle eine verdeckte Flucht des Willens in eine phantomatische zeitlose Ursprünglichkeit dar und sei daher kein heilendes *pharmakon*, sondern eher eine beruhigende Illusion. In Anbetracht derartiger Einwände, wählt Löwith bewusst eine Strategie, die sich nicht auf eine ‚Wirkungslogik', also nicht auf Leistungsprinzipien welcher Art auch immer zurückführen lässt. Seiner Auffassung nach kann eine solche Wiederverweltlichung weder noetisch noch voluntaristisch und auch nicht theoretisch (solange das *theorein* nicht zuvor von dem Ballast, den ihm die Moderne aufgebürdet hat, befreit wird) erfolgen bzw. ganz allgemein nicht auf einem ‚aktiven' (tätige, wirksamen …) Wege vonstatten gehen. Der Dietrich, um das Paradox zu knacken, in das wir verwickelt sind, ist vielmehr das Verlassen jener ausschließlich geschichtlichen Dimension, die das hartnäckigste und aufdringlichste Erbe der Moderne verkörpert, und damit das offensichtlichste Zeichen einer totalisierten *Menschenwelt*, das Siegel des strengen Zusammenhanges zwischen Säkularisierung und Pananthropismus. Es geht darum, wieder an das tiefliegende *phylum* (den Faden) unserer weltlichen Bestimmung anzuknüpfen, jenen außergeschichtlichen, kosmisch-natürlichen Horizont erneut zu öffnen, der uns transzendiert, weil er selbst nicht transzendierbar, weil er unauslöschlich in uns eingeschrieben ist. Dieser Dietrich ist nur auf pathischem Weg zu erlangen, denn unsere unauslöschliche kosmisch-natürliche Prägung wurzelt in jenem *weltlichen pathos,* das uns *ipso facto* zum Überschuss des *mundus rerum* hinsichtlich jeglicher historisch-kulturellen Verwirklichung – hinsichtlich jedes *mundus hominum*, jedes *saeculum* – wiedererwecken kann. Es öffnet uns wieder auf unsere *Weltoffenheit*, die sich so als das Schlüsselwort der anthropologischen Wende in der

---

[97] Vgl. Stiegler 2006.

Philosophie abzeichnet und so das ‚Scheler'sche *imprimatur* dieser Wende' bekräftigt.[98]

Seinerseits ist dieses Pathos völlig mit unserer Fähigkeit im Einklang, die kosmologische Differenz offenzuhalten, indem wir sie erfahren. Es stimmt mit unserer *dynamis theoretica* zusammen, die kraft ihrer ‚Grundlosigkeit' (*Un*-mittelbarkeit) den *Umsichtkreis* unterbricht und so überwindet (transzendiert), also jene Synthese aus *Merkwelt* und *Wirkwelt*, der das Tier verhaftet bleibt. Diese pathische Transzendenz ermöglicht es dem Menschen neuerlich, die „schon immer bestehende Welt als ein vollkommen selbständiges Ganzes" zu erfassen und ihn damit jener *umweltlichen Benommenheit* zu entziehen, die das pathische Merkmal des tierischen Zustandes ist, d. h. die besondere Grundstimmung seiner Befindlichkeit.[99] Selbst der „klassische Begriff der Philosophie als *episteme theoretiké*"[100] entstammt dieser einzigartigen ek-statischen Möglichkeit des Menschen, sich in der *Ent-fernung* zu finden. Letztere entspricht einem Abstand zu den Dingen wie zu sich selbst, welcher unseren innerweltlichen/alltäglichen Umgang (d. h. unsere erzwungene und zweckdienliche Nähe) mit ihnen unterbricht, um uns in den Abgrund ihres reinen ‚*Daß*' bzw. das, was vor und jenseits

---

[98] Zum Thema des „Pathischen" – ein grundlegender Begriff im zweiten und vor allem im dritten Teil der vorliegenden Untersuchung – beziehen wir uns nicht nur auf Heidegger (insbes. Heidegger 2004), sondern auch auf Viktor von Weizsäcker, der diesen Begriff seit 1930 verwendet, um den anti-logischen Charakter des Lebens zu beschreiben. Das bedeutet, dass die Lebewesen seiner Auffassung nach zunächst pathische Wesen sind. Vor diesem Hintergrund entwickelt Weizsäcker eine Theorie der Affekte, also eine Klassifikation von Grundgefühlen, die in dem sogenannten *pathischen Pentagramm* gipfelt. Letztere ist eine Struktur, die aus den fünf Modalverben –*können, wollen, müssen, dürfen* und *sollen* – besteht. Innerhalb eines solchen Rahmens erweist sich das Sollen als die spezifische Besonderheit des Menschen im Vergleich zu anderen Lebewesen, besonders zu den Tieren (vgl. Weiszäcker 1956).

[99] Die Unterscheidung zwischen menschlichem und tierischem Zustand sowie die Begriffe „Ent-fernung", „*theorein*" („*contemplatio*") und „weltliches *pathos*" werden im dritten Teil (im Rahmen unseres Vorschlags einer philosophischen Anthropologie der Technik) ausführlich behandelt.

[100] Löwith 1960c, 314. Löwith interpretiert die „Entdeckung" der Philosophie durch die Griechen als eine Folge der Tatsache, dass sie „einmal für immer entdecken, daß es ein Sehen und eine Einsicht gibt, die frei sind von den Beschränktheiten der alltäglichen praktischen Umsicht, die sich im Umkreis unserer jeweiligen Absichten bewegt" (ebd.).

von jeglichem ‚Was' und ‚Wie' ist, einzutauchen.[101] Sogar die Fähigkeit zur Objektivierung – die später zu jenem wissenschaftlichen Verhalten wird, das schicksalhaft dazu bestimmt ist, das *theorein* zu verfinstern – entspringt dem *theorein*, der *contemplatio*. In seiner Urform ist das *theorein* (wie der griechische *kosmos*) autotelisch, da es atelisch ist und daher *teleion*, perfekt. Es erweist sich als Selbstzweck, weil es frei ist von zweckdienlichen Zielsetzungen und sich daher durch keine Leistungsparameter erfassen lässt. Diese Urform des *theorein* entspricht einem *pathos* und wird daraus zunächst zu einem *ethos* und erst dann schrittweise zu: *logos, episteme, scientia,* Wissenschaft ... und letztlich zur Technik, also zur *Machenschaft*. Der Mensch konnte dieses urtheoretische *pathos* so lange erfahren, bis die christliche Weltanschauung es moralisch zähmte, indem sie es zur „cupiditas rerum novarum" und „curiositas"[102] abwertete. Wie schon erwähnt, bildet diese ontologische und semantische Verwandlung die Grundlage für die epochale Bewegung, die sich in der Moderne als Neu-Zeit erfüllt und die von einer echt philosophischen Anthropologie verstanden und unterbunden werden sollte.

Löwith bezeichnet diese *dynamis theoretica* mit Erwin Straus dezidiert als einzigartige anthropologische Formel, laut der „zum Menschen der aufrechte Gang" gehöre (ein biologisches Merkmal) und „der dadurch frei gewordene Umblick"[103]. Letzterer ist kein unmittelbar biologisches Merkmal, sondern auf eine, wenn auch neu und anders interpretierte, biologisch-natürliche Dimension zurückzuführen. Wir können diesen Gedankengang in der Formel zusammenfassen: *die kosmologische Differenz begründet die anthropologische Differenz,* und die kosmozentrische Anthropologie Löwiths hat zum Ziel, letztere mittels der ersteren zu wahren. Der Mensch ist anders als das Tier (bzw. als das, was der menschlichen Vorstellung als Idee vom ‚Tier' eingeprägt wurde), weil er eine Welt hat und keine Umwelt. Er hat jedoch ausschließlich in dem Maße eine Welt, in dem er diese *fühlen* kann. Der Mensch ist deutlicher gesagt dazu fähig, *pathisch* den Unterschied zwischen den zwei Grundstimmungen ‚Umsicht' und ‚Betrachtung' wahrzunehmen,

---

[101] Zwar unbewusst, aber deutlich zeichnet sich der Zusammenhang zwischen dem *theorein*, auf das sich Löwith beruft – um ‚wieder die Augen für die Welt als solche zu öffnen' – und dem *Mystischen* – dem reinen ‚*Daß der Welt als solcher*' – Wittgensteins (*Tractatus*, Satz 6.44) ab, auf das im ersten Teil hingewiesen wurde. Letzteres kann auch als eine Veranschaulichung der kosmologischen Differenz verstanden werden.
[102] Löwith 1960c, 316.
[103] Ebd. 315. Löwith zitiert Straus 1949.

und damit die radikale Unterschiedenheit zwischen der eigenen oikologischen Nische (der *Menschenwelt*) – also dem *oikos*, dem Lebensraum, den er immer wieder neu gestalten muss, um zu leben – und jenem unerfassbaren Horizont (der *Welt*), der für diese Nische die grundlegende Möglichkeitsbedingung bildet, zu erfahren.

Die kosmozentrische Perspektive bleibt zwar der Schwerpunkt des Löwith'schen Ansatzes; in der Festschrift zum 80. Geburtstag von Heidegger und vor allem in dem postumen Aufsatz *Zur Frage einer philosophischen Anthropologie* wird jedoch eine Art innerer Entwicklung deutlich. Sie geht gewissermaßen von einer *kosmozentrisch-pathischen* zu einer *kosmozentrisch-physiologischen* über. Der Zugang zur Wiederverweltlichung der Welt ist kein pathischer mehr, er wird jetzt durch einen physiologischen – oder besser: einen *physio*-logischen – ersetzt. Dieser Übergang zeigt, dass der anthropologische Weg Löwiths zugleich mit der Tradition der *physiologischen Anthropologie* in Verbindung gebracht werden kann, die im ausgehenden 18. Jahrhundert entstand und deren Hauptvertreter Ernst Platner ist. Sie präsentierte sich als Alternative zur pragmatischen Anthropologie Kants und zielte als Reaktion auf den Hegelianismus darauf ab, die Anthropologie in den Rang einer *Fundamentalphilosophie* zu heben – und dies durch einen kosmologischen Ansatz.[104] Henrik Steffens fasst ihre Grundinspiration pointiert zusammen als „diejenige Ansicht, welche den Menschen mit dem All der Natur verschmelzt und jenes Gefühl, welches uns in die Fülle der Natur versenkt" und das somit „das Fundament der Anthropologie"[105] darstellt.

Löwith fügt sich in diese Strömung ein, indem er sich der Suche nach der ursprünglichen, nicht transzendierbaren *weltlichen Verankerung* des Menschen verschreibt. Er will die verborgensten und am tiefsten verwurzelten (die un- und vorbewussten) Spuren der Natur in uns hervortreten lassen, da wir meist keine Kenntnis darüber haben, „wie tief und wie weit die Physis des leibhaftigen Menschen in seine bewusste Existenz hineinreicht"[106]. Löwith findet diese Spuren innerhalb eines streng physiologischen

---

[104] Vom chronologischen Standpunkt aus ist eher das Gegenteil richtig, d. h. Kant verstand seine Anthropologie in pragmatischer Hinsicht auch als Reaktion auf jene physiologische von Platner, dessen Hauptwerk Platner 1772 ist.
[105] Steffens 1822, 14-15 (zitiert in Marquard 1965, 129).
[106] Löwith 1969b, 286.

(d. h. nicht rein somatischen) Rahmens: besonders im Phänomen des Schlaf- und Wachrhythmus also, das seiner Meinung nach das am meisten vernachlässigte und offensichtlichste Beispiel für unsere kosmische Entsprechung darstellt. Zu diesem Zweck beruft er sich auf verschiedene Autoren. Aus ihnen sticht erneut Erwin Straus hervor (der den Menschen als *fragendes Wesen* bezeichnet)[107], also ein bedeutsamer Vertreter jener medizinischen Anthropologie, die über ihr eigenes Fachgebiet hinausgeht, um sich philosophisch prägnanten Fragen zu widmen. Auch diese anthropologische Tradition wurde in der Moderne von Platners *physiologischer Anthropologie* eingeleitet.[108]

Trotz dieser Entwicklung und trotz der Tatsache, dass sie von dem schon bald eintretenden Tod Löwiths unterbrochen wurde, gerät die Folgerichtigkeit seines philosophischen Projekts nicht ins Wanken. Auch in der *physio-logischen* Version bleibt seine Anthropologie die einer neuen Zeit, da ihr entscheidender polemischer Bezug bestehen bleibt: die Ontologie des Bewusstseins, d. h. die Ideologie einer in Form einer geschichtlichen Welt der *facta* verabsolutisierten Menschenwelt, welche das grundlegende Resultat der Moderne darstellt. Vor diesem Hintergrund sind die möglicherweise seltsam anmutenden Hinweise auf die Anthropologien von Rosenkranz und Carus, die sich in einer Untersuchung zur „Frage einer philosophischen Anthropologie" aus den 1970er Jahren finden, naheliegend und verständlich. Diese beiden Denker stellen wie gesehen die philosophisch-anthropologische Weggabelung dar, an der die europäische Seele eine endgültige Wahl zu treffen hat: Goethe und die Natur (die Welt) auf der einen Seite, Hegel und die Geschichte (die Menschenwelt, das Bewusstsein, der Geist) auf der anderen. Heute wie damals stellt diese Entscheidung für Löwith eine Art philosophischer Schützengraben dar. Sie bildet die Grenze, welche die Ge-

---

[107] Was die Straus-Bezüge bei Löwith betrifft, vgl. Löwith 1957, 284; 1960c, 315; 1969b, 281 ff.; 1975, 338 ff. Von einer anthropologischen Perspektive aus betrachtet vgl. Straus 1953 und 1956. Fischer untersucht Straus Beitrag zur PhA in Fischer 2008, 243 ff.

[108] Außer Straus sollten als bedeutende Vertreter der medizinisch-physiologischen Anthropologie des 20. Jahrhunderts zumindest folgende genannt werden: Viktor Emil von Gebsattel (vgl. Gebsattel 1954 und 1968) und vor allem Viktor von Weizsäcker, dessen Stellungnahmen einen direkten Einfluss auf die Hauptvertreter der PhA ausübten. Vgl. Weizsäcker 1940 (sein Meisterwerk) und 1951. Wie gesagt ist ihm auch eine bedeutende Überlegung zum Thema des Pathischen zu verdanken (Weizsäcker 1956). Zu Weizsäcker und die philosophische Anthropologie siehe Rasini 2008.

schichte in ihrem Versuch, sich zum *Absolutum* zu erheben, nicht zu überschreiten vermag. Dementsprechend wird auch die wichtige Rolle, die Erwin Straus in den letzten Werken Löwiths spielt, verständlich. Straus stellt gewissermaßen eine aktualisierte Fassung des anthropologischen Ansatzes nach Goethe vor, wie er bereits von Carus vorgebracht worden war. Genau wie damals, als sich dieser Ansatz der Position von Hegel/Rosenkranz entgegenstellte, soll er nun das jüngste Ergebnis der Ontologie des Bewusstseins bekämpfen, und zwar Heidegger und seine ‚existenziale Nicht-Anthropologie'. Diese schlägt einen neu als „Dasein" verstandenen Mensch vor, der sich – insofern er durch und durch ‚existent' ist – nicht mehr als Lebewesen erkennen kann. Oder anders gesagt: Da das Dasein den Sinn für seine natürliche Bestimmung verloren hat (da ihm das eigene weltliche Pathos abhanden gekommen ist), kann es nur mehr ein „Sein zum Tode" sein, ist aber nicht mehr fähig, einfach (natürlich) zu sterben, d. h. „ab-zu-leben".[109]

Das weltliche Pathos und die *dynamis theoretica* (letztlich *physiologica*) machen die Wesenszüge jenes ‚Ewigen im Menschen' – bzw. jenes anthropischen Perimeters – aus, nach dem eine echt philosophische Anthropologie suchen muss (darin liegt ihr Zweck) und den sie bewahren soll, wenn sie ihn erst einmal gefunden hat (darin liegt ihre Aufgabe). Andererseits bewahrt eine solche Anthropologie das Bewusstsein, dass es nicht dem Menschen obliegen kann, die Welt ‚zurechtzurücken'. Sollte nämlich die Welt tatsächlich jener „vor- und übermenschlichen Welt des Himmels und der Erde" entsprechen, die „ganz und gar auf sich selber steht und sich selbst erhält" (also jener Welt, auf welche die Griechen schauten), dann übertrifft eine solche Welt unendlich „die Welt, die mit dem Menschen steht und fällt". Die Welt „gehört nicht uns, sondern wir gehören zu ihr". Sie „ist nicht nur eine kosmologische ‚Idee' (Kant) oder ein bloßer ‚Total-Horizont' (Husserl) oder ein Welt-‚Entwurf' (Heidegger), sondern ist sie selbst, also absolut selbständig: *id quod substat.*"[110]

Wenn der Mensch sein weltliches Pathos wiedererweckt, indem er seinen rein theoretischen Blick erneut auf das Erfassen der kosmologischen

---

[109] Was die Differenz zwischen Sterblichkeit und Endlichkeit betrifft, die in Löwiths Auseinandersetzung mit Heidegger eine wichtige Rolle spielt, sei der Verweis gestattet auf Cera 2010, 137-159.
[110] Löwith 1960c, 295.

Differenz ausrichtet, kann er sein eigenes Maß wiedergewinnen. Er kann (erneut) lernen, sich zu messen, indem er sich an jener nicht transzendierbaren Dimension ausrichtet, die ihn umfängt und so schon immer übertrifft. Eine auf solche Voraussetzungen gestützte philosophische Anthropologie stellt sich eindeutig allen menschenweltlichen (d. h. kulturellen oder geschichtlichen) Varianten entgegen, welche den Menschen „aus sich selber […] und nicht von einem in gegenständlicher Ebene angesetzten Vergleich […] mit einem außermenschlichen Sein"[111] her verstehen, und zwar als vollständiges Kulturwesen, da ihrer Meinung nach „die Menschen nur in den konkreten Lebenswelten je ihrer Gesellschaft leben und handeln, niemals in ‚der' Welt"[112]. Andererseits hielt Habermas 1958 die Kulturanthropologie von Rothacker für die einzige Möglichkeit einer epistemisch starken philosophischen Anthropologie, als „allgemeine vergleichende Menschenwissenschaft" verstanden, die im dauernden „Wechselgespräch mit einer Theorie der Gesellschaft" steht.[113]

Habermas bringt damit eine Überlegung in eine allgemeine Betrachtung ein, bei der es sich kurz zu verweilen lohnt. Er erkannte den besonderen historischen Umstand an, der die neue Anthropologie hervorgebracht hatte, und sah darin „eine Reaktion der Philosophie auf jene herangereiften Wis-

---

[111] Bollnow 1972, 25. Bollnows Kritik gilt ganz grundsätzlich dem – auf dem Vergleich zwischen Mensch und Lebensformen beruhenden – kosmologischen Ansatz in der Anthropologie, da dieser seiner Meinung nach einige Aspekte der menschlichen Natur einseitig behandelt. Seinerseits schlägt er stattdessen eine *pädagogische Anthropologie* vor (siehe Bollnow 1965 und 1972b). Dagegen behauptet Löwith, „nur die Frage nach der Humanität des Menschen in die nach seiner Natur zurückstellen und auf diese Weise *die menschliche Natura vom außermenschlichen Leben des Tieres abheben und abgrenzen*" zu wollen (Löwith 1957, 280; Hervorh. A. C.). Zu Bollnow als philosophischem Anthropologen siehe Giammusso 2008.

[112] Habermas 1977, 107. Die Gleichsetzung von „Lebenswelt" und „Menschenwelt" (letztere wurde dann der „Gesellschaft" gleichgesetzt) scheint auf ein grundlegendes Missverständnis zurückzugehen oder aber auf einen aufschlussreichen *lapsus*, wenn man so möchte. Denn sie behauptet, dass die Lebenswelt mit der Existenzwelt übereinstimme und die Existenzwelt wiederum mit der geschichtlichen, Kultur- und gesellschaftlichen Welt. Die Vorstellung von Lebenswelt sollte sich dagegen schon immer auch auf einen rein weltlichen Bereich beziehen, und zwar auch auf jene ‚*physiologische*' Dimension, welche die stille, aber nie überwindbare Anwesenheit der *physis* in uns bestätigt.

[113] Ebd. 109 und 110.

senschaften, die ihr Gegenstand und Anspruch streitig machen". Aus diesem Umstand ergibt sich ihr disziplinärer Charakter, da die neue Anthropologie die Wissenschaften nicht mehr begründet, sondern sich darauf beschränkt, sie zu verarbeiten. Ihr ebenso reaktives wie zweckdienliches Schicksal wird von der „moderne[n] Naturphilosophie" und der „moderne[n] Geschichtsphilosophie" geteilt, die respektive zu einer „Theorie des Lebens" und zu einer „Theorie der Gesellschaft"[114] werden. Man kann daraus bequemerweise Rückschlüsse ziehen wie den folgenden: Eine ganz kulturalistisch inspirierte philosophische Anthropologie widersetzt sich der Geschichtsphilosophie nicht, sondern stellt sich an ihre Seite, da sie dieselbe soziologische Inspiration und dasselbe Fachstatut besitzen. In der Ausdrucksweise von Löwith heißt dies: Wenn die Theorie der Gesellschaft die aktualisierte Version der Geschichtsphilosophie darstellt, und wenn letztere das Paradigma für eine verabsolutisierte Menschenwelt ist (d. h. für eine vollendete Eklipse der kosmologischen Differenz), dann bleibt eine ‚soziologisierte philosophische Anthropologie' notwendigerweise im Horizont der Menschenwelt verankert. Das bedeutet, dass sie strukturell unfähig dazu ist, zur *Sache des Denkens* zu werden. Eine derartig ausgelegte Menschenfrage hat ihre philosophische Berufung immer schon verraten. In Fischers Begriffen formuliert führen hingegen Habermas' Voraussetzungen zu einem potenziell aporetischen Ergebnis, weil gerade eine durch die Soziologisierung gefilterte philosophische Anthropologie (und das ist die von Fischer gezeichnete PhA) kein wahrer Denkansatz (als den Fischer sie definiert) sein kann.[115]

Löwiths Anthropologie stellt sich diesem Ansatz entgegen und betont so ihren ekstatischen, aber zugleich fest verwurzelten Schwerpunkt: ihre heterozentrische, kosmozentrische Berufung. Insofern sie auf die Einrichtung eines pathischen Zusammenhangs zwischen *theorein* und *kosmos* zielt, bietet sie sich als eine „exzentrische Betrachtung der Welt"[116] an.

---

[114] Ebd. 92.
[115] Wie gesagt teilt Fischer mit Habermas die herausragende Wertschätzung für die Anthropologie Rothackers; so sehr, dass er ihn für einen der fünf Gründerväter der PhA hält.
[116] Löwith 1960c, 313.

2.5 Karl Löwith und die *Philosophische* Anthropologie

Anhand der bisherigen Überlegungen, die die Grundzüge der Anthropologie Löwiths in den Vordergrund rücken sollten, wird es zum Schluss dieses zweiten Teils möglich, einen echten Vergleich zwischen Löwith und der PhA zu ziehen bzw. eine Auseinandersetzung zwischen der anthropologischen Formel Löwiths auf der einen Seite und der von den drei Vätern der PhA auf der anderen zu präsentieren.

Auch hier lässt sich zunächst eine grundsätzliche Nähe feststellen. Scheler, Plessner, Gehlen und Löwith erkennen die Einzigartigkeit des Menschen in seinem angeborenen *Zwiespalt* (gemeint als *Zweideutigkeit*), d. h. in seiner besonderen ontologischen Stellung, aufgrund derer er nicht zur Gänze auf seine unmittelbar biologischen Gegebenheiten zurückgeführt werden kann. Demzufolge sind diese Gegebenheiten nicht als *datum* (*materia a priori*), sondern als *dandum* (*materia a posteriori*) zu verstehen. Plessner gibt dazu ein schönes Bild, wenn er sagt, es bestünde ein grundlegender Unterschied zwischen *hominitas* und *humanitas*:[117] Die Humanität – das Menschsein – meine immer schon, „Mensch zu werden", im Sinne dessen, die eigene *Bestimmung* zu verwirklichen bzw. eine Aufgabe oder Pflicht zu erfüllen. Eben daraus ergebe sich die *Unergründlichkeit* als grundlegendes Merkmal des Menschen: „[D]er homo absconditus, der unergründliche Mensch, ist die sich ständig jeder theoretischen Festlegung entziehende Macht seiner Freiheit"[118].

Im Ausgang von dieser gemeinsamen Voraussetzung tauchen bei den einzelnen Auslegungen dieses ‚zwiespältigen (un-natürlichen) Charakters' bedeutende Verschiedenheiten auf, und in ihnen zeigt sich auch, was bei diesem Vergleich eigentlich auf dem Spiel steht. Was Löwith betrifft, so widmet er der menschlichen Zweideutigkeit, die er als *„Unnatürlichkeit"* auslegt, große Aufmerksamkeit. Wie bereits deutlich wurde, spielt dieser Begriff im

---

[117] Vgl. H. Plessner 1956, 134.
[118] Ebd. Vgl. darüber hinaus H. Plessner 1969. Bekanntlich spricht Plessner „das Prinzip der Unergründlichkeit des Menschen" aus, nämlich des Menschen als „offene Frage" (vgl. H. Plessner 1931, 160-165 und 175-185). Löwith macht eine ähnliche Aussage. Er legt das Ideal der *humanitas* als Aufgabe aus, die in Verbindung mit *urbanitas* erfüllt werden soll, und verstärkt somit seinen Vorzug für das Ideal des *gentleman*: Das perfekte Beispiel eines vollständig ‚humanen Menschen' (vgl. Löwith 1957, 271 ff.).

Verlauf seines gesamten Denkweges – von der Habilitationsschrift bis zum Buch über Paul Valéry – eine ausgesprochen wichtige Rolle. Ebenso haben wir bereits auf die Tatsache hingewiesen, dass Löwith schon seit 1928 im Selbstmord – aufgefasst als eine allein dem Menschen vorbehaltene Möglichkeit – den ‚Beweis' für diesen Zwiespalt erblickt. Das Thema des Suizids erfüllt innerhalb seiner Philosophie dieselbe Funktion, die dem *Lachen und Weinen* innerhalb Plessners Werks zukommen. Löwith bezeichnet dieses *Nein-(zu-sich)-sagen-Können* gleichzeitig – dialogisch und polemisch Bezug nehmend auf die „Krankheit zum Tode" Kierkegaards und insbesondere auf das „Sein zum Tode" Heideggers – als *„die Freiheit zum Tode".* Eine solche Formel drücke das grundlegende Bewusstsein des Menschen aus, dass er, nur weil er ist, „noch nicht – wie die natürlichen Lebewesen – *eo ipso* zu sein hat"[119].

Die den hier untersuchten Denkern gemeinsame Anerkennung der/des Zweideutigkeit/Zwiespalts als Besonderheit des Menschen kann als moderne (neuzeitliche, säkularisierte) Neuauslegung des platonisch-christlichen anthropologischen Paradigmas gelten, das in der Formel *animal rationale* zum Ausdruck kommt.[120] Dieses Paradigma las jedoch aus dem menschlichen Zwiespalt keine ‚einfache', unbestimmte oder ethisch-axiologisch neutrale Zweideutigkeit heraus, sondern vielmehr eine *Doppelheit*. Dies kann unter dem genetischen Gesichtspunkt zwar auf den Platonismus zurückgeführt werden, auf genealogischer Ebene (jener der Wirkungsgeschichte) aber ist es klar der christlichen Weltanschauung zuzuschreiben. Der Mensch wird als

---

[119] Zur „Freiheit zum Tode" im Zusammenhang der Mitanthropologie, siehe Cera 2010, 99-159.

[120] Zugegebenermaßen finden wir bei Löwith in der allerletzten Phase seines Denkweges eine Wiederaufnahme/Rehabilitation des *animal rationale*. In der Festschrift zu Heideggers 80. Geburtstag formuliert er eine unmissverständliche Apologie: „[D]ie traditionelle Bestimmung des Menschen als eines *animal rationale* [...] hat den Vorzug, daß sie den Menschen nicht eindeutig, einheitlich und einseitig durch Seele und Geist oder Bewußtsein und Existenz oder als ‚Da' des Seins bestimmt, sondern als einen leibhaftigen Zwiespalt von Animalität und Rationalität. Die äußerste Weise dieses Zwiespalts bezeugt sich in der Möglichkeit der Selbstvernichtung: daß der Mensch als einziges Lebewesen nicht nur den Trieb zur Selbsterhaltung, sondern auch ‚die Freiheit zum Tode' hat." (Löwith 1969b, 280-281) Es mutet eigentlich befremdend an, dass auch Schnädelbach für die „Rehabilitierung des *animal rationale* eintritt", da er, wie gesehen, gegenüber der philosophischen Anthropologie als Denkansatz ziemlich kritisch ist (vgl. Schnädelbach 1992).

doppelt/zweifach gesehen, weil er ein Untertan zweier Reiche, zweier radikal voneinander unterschiedenen Gebiete ist. Er ist gleichzeitig Naturwesen, daher *animal*, und Vernunftwesen, somit *imago dei*, und nicht nur ‚anders', sondern grundsätzlich ‚mehr' als ein Tier. Die ontologische Abwertung der Welt, deren Mechanismus oben erläutert wurde, stellt eine entscheidende Voraussetzung für diese Doppelheit dar: der *kosmos* der Griechen sinkt auf den Rang eines *ens creatum* herab – der *mundus* wird zum *saeculum* – und entsprechend wird der Mensch in den *status* der ‚Krone der Schöpfung' erhoben. Auf diese Weise findet der endgültige Übergang von der griechischen Kosmo-Theologie zur christlichen Anthropo-Theologie statt.

Welche Folgen zieht eine solche umfassende ontologische Umwandlung nach sich? Die erste Folge ist, dass sich der zur Zweifachheit gewordene Zwiespalt in einen Wert verwandelt. In dieser neuen Form hört er auf, eine bloße Tatsache zu sein (nämlich ein möglicherweise nur quantitatives ‚Mehr'), um zu einem (qualitativen, wesentlichen) ‚Mehr als' zu werden. Dieser Sachverhalt erweist sich als immer schon axiologisch und damit ontologisch polarisiert. Denn der Wert soll als Beweis dafür dienen, dass der Mensch gerade aufgrund seines ontischen Vorrangs zu etwas Höherem bestimmt ist, d. h. zu etwas, das weit über das ‚einfach natürliche' Gebiet hinausgeht. So wird das Bestehen eines *hyperuranius* postuliert, der in sich jene Ganzheits- (*holon*), Ordnungs- (*systema*) und Notwendigkeits- (*ananke*) Merkmale vereinigt, die vorher dem *kosmos/physis* zukamen. Es ist das platonische Reich der Ideen oder das christliche Reich Gottes; jedenfalls eine Hinterwelt, eine „wahre Welt" (ein Jenseits) im Gegensatz zu einer „scheinbaren Welt" (einem Diesseits), in die sich der Mensch vorläufig als *geworfen* vorfindet.

Nun, die einfache Tatsache, dass diese dem Menschen angeborene Doppelheit/Zweifachheit als ein Verweis, ja sogar ein Versprechen auf die Hinterwelt – die ihrerseits als der höchste Wert gilt – ausgelegt wird, macht auch aus ihr einen Wert. *Obgleich dieses ‚X', das der Mensch ist, seine problematische Natur beibehält, wird es zu einer wesentlichen Bestimmung. Sie gilt jetzt als ein ‚Mehr (als)'*, und in dieser Form verspricht sie der menschlichen Doppelheit eine überweltliche Versöhnung. Was hier und heute (in der Welt, auf der Erde) zwei ist, wird dort und dann (in der Hinterwelt, im Himmel) endlich eins sein. Daher hat der erste und grundlegende Gewinn dieses Paradigmas gerade mit dem anthropischen Horizont zu tun: Der Mensch rettet sich in erster Linie vor seiner inneren Spaltung, die in einer (immer) kommenden eschatologischen Harmonie sublimiert wird.

Inzwischen bestätigt die voranschreitende Neuzeit – vor allem, was wir oben als „Hochmoderne" bezeichnet haben – durch einen Grundsatz ontologischer Ökonomie die schrittweise Abnutzung der theologisch-hinterweltlichen Voraussetzungen und die daraus folgende Aufwertung des Diesseits, das so nicht weiter eine bloß scheinbare Welt verkörpert. Was die anthropologische Fragestellung betrifft, markiert diese neue Situation einen bedeutende Perspektivenwechsel. Da sich die Gewissheit des durch die wahre Welt (Hinterwelt) verkörperten höchsten Wertes auflöst – eine solche Welt ist immer weniger glaubhaft (an sie zu glauben, bringt immer weniger Nutzen mit sich) und daher wird sie endlich zur „Fabel" –, kann der menschliche Zwiespalt nicht mehr als Zweifachheit/Doppelheit verstanden werden (d. h. als eine hierarchisierte, axiologisierte Doppelheit, die ihrerseits zum Wert wird). Sie wird vielmehr erneut für alles und jeden zur Zweideutigkeit bzw. zu einer unbestimmten Doppeldeutigkeit (Mehrsinnigkeit) und somit zu einem Phänomen, das eine Neuauslegung verlangt. Anders gesagt: Dieses Phänomen hört auf, Zeichen, Hinweis, Versprechen und Garantie für ein Jenseits zu sein – welches seinerseits *ipso facto* ein ‚Mehr' ist – und wird in sich selbst problematisch. Ganz abgesehen von Definitionen des Menschen als „exzentrische Positionalität", „Mängelwesen", „noch nicht festgestelltes Thier" usw. bleibt seine *natürliche Unnatürlichkeit* problematisch, also sein Unvermögen, sich mit seinen natürlichen Gegebenheiten auf eine *unvermittelte* Weise zu identifizieren. Jetzt bedeutet die menschliche Mittelbarkeit ausschließlich ein ‚Fehlen von Un-mittelbarkeit', nichts weiter als einen Mangel, eine Fehlerhaftigkeit, auch wenn diese nicht länger einem vorzuhaltenden Fehler (keiner Schuld) entspricht.

Wie bereits aus den Schlussfolgerungen des ersten Teils hervorging, sollte Nietzsche diesen Knoten lösen, da es ihm mit einzigartiger Geistesschärfe gelang, die Besonderheit der gegenwärtigen *conditio humana* einzuordnen. Zu einem Gutteil ist ihm das Aufkommen einer anthropologischen Moderne zuzuschreiben sowie die daraus folgende Möglichkeit, eine Anthropologie der Neu-Zeit ins Visier zu nehmen. Von diesem Wendepunkt an wandelt sich die Auseinandersetzung mit der Menschenfrage in eine Wahl zwischen zwei Optionen. Die erste besteht aus der Wiederherstellung irgendeines metaphysisch-hinterweltlichen Ansatzes; diesmal aber im Rahmen einer notwendigen Zwiesprache mit der natürlichen Seite, die durch die Fortschritte der Wissenschaften mit neuer Kraft und in neuer Gestalt wieder präsent wird. Diese Wiederherstellung bringt die Absicht zum Ausdruck, jenen ursprünglichen Zwiespalt durch eine abschließende Synthese zu lösen.

Trotz aller notwendigen Präzisierungen – die auf den vorliegenden Seiten ausführlich diskutiert wurden – stellt Scheler das Vorbild dieser ersten Option dar.

Die zweite Option geht von der Anerkennung der Unmöglichkeit aus, „in die weit und erbarmend geöffneten Arme der alten" (und neuen) „Kirchen"[121] zurückzukehren, und verwandelt sich in den Versuch, ‚das Menschliche' gänzlich auf den umfassenderen Horizont des ‚Natürlichen' zurückzuführen. Letzteres wird als „das Leben", „das Organische" oder „die Natur" zu etwas weitaus Komplexerem.

Aufgrund des von dieser zweiten Option umschriebenen Bereiches, der noch Löwith, Plessner und Gehlen zusammenhält, ergibt sich dann ein Element wesentlicher Unvereinbarkeit, das mit dem Begriff der *Re-zentrierung* bzw. *Kompensation* zu tun hat bzw. mit den unterschiedlichen Erwiderungen, welche die drei Denker vorschlagen, um der Instabilität der menschlichen Zweideutigkeit sowie der Gefahr ihrer Verabsolutisierung entgegenzuwirken. Genauer genommen sind sich alle drei noch einig, wenn es um die Anerkennung einer dem Menschsein angeborenen Dialektik geht, die mit dem oben genannten destabilisierenden Zwiespalt eine Gegenbewegung verknüpft, und zwar eine Spannung, die ihrerseits diesen entlastenden, exzentrischen, transzendenten Ur-*conatus* ausgleichen soll. Dagegen lässt die konkrete Bestimmung einer solchen Gegenbewegung erhebliche Unterschiede hervortreten. Im Fall von Plessner und Gehlen vollzieht sich die Rezentrierung/Kompensation ganz im Raum jener Menschenwelt, die ausschließlich von der zweiten Natur des Menschen geschaffen wird und in der er aktiv (d. h. durch die Handlung) danach trachtet, das Ungleichgewicht, dessen Träger er durch biologische Verfügung ist, zu neutralisieren. Bei Gehlen führt der Zusammenhang von „Entlastung" und „Handlung" zur Schaffung der Institutionen, die eine *Verkörperung der menschlichen Askese* darstellen. Sie verpflichten diese Askese zu Konkretion und beladen sie damit mit Ballast, erden sie. Die Institutionen bedeuten den Höhepunkt des gesamten Selbstausgleichungsprozesses; demzufolge ist der institutionalisierte Mensch das vollkommene „Wesen der Zucht". Aus der Perspektive von Gehlen bedeutet das ein *optimum*, eine *entelecheia*. Nebenbei bemerkt geht schon aus dieser knappen Engführung deutlich hervor, dass Gehlens Staatskult eine Bedeutung zukommt, die weit über den streng politischen oder kleinlich parteilichen Aspekt hinausweist.

---

[121] Weber 1919, 23.

Bei Plessner wird das Thema komplizierter, da nach ihm die Hauptsphäre des Menschlichen – das ‚Kulturhafte' – nur einzelne Rezentrierungen bieten kann, lediglich unvollständige Stabilisierungen, die unvermeidlich zum Untergang bestimmt sind. Schlussendlich handelt es sich um eine notwendige Auswirkung des Grundbegriffs seiner Anthropologie, da die exzentrische Positionalität den Menschen im Wesentlichen als ein ‚*zoon kinetikon*' betrachtet, als eine unaufhörliche Schwingung. Diese Formel will letztlich nichts anderes heißen, als dass die Position (Stellung) des Menschen immer außerhalb seiner selbst liegt und somit jedes Mal zu neu bestimmen ist, auch wenn sie sich einer endgültigen Bestimmung entzieht. Demzufolge ist sie eine Nicht-Position, ein Nicht-Ort, eine Utopie. Daraus folgt, dass die kompensatorische Gegenbewegung nicht einer wortwörtlichen, endgültigen Rezentrierung gleichkommen kann (wenn dem so wäre, gliche die Stabilisierung einem Stillstand, was die Seinsweise des Menschen leugnen würde), sondern eher den unendlichen Möglichkeiten einer je teilweisen und dynamischen Rezentrierung. Es ist eine Art gleichmäßiges und zugleich entgegengesetztes *Streben*, dazu fähig, der menschlichen Exzentrizität die fortwährende Illusion einer Zentrierung zu verschaffen und so zu verhindern, dass sie sich in ihrer ekstatischen Spannung verliert. Es handelt sich also um etwas, *das die Positionalität durch eine* (immer nur teilweise und zeitlich beschränkte) *Direktionalität (Ausrichtung) bindet.*[122]

Trotz dieses nicht zu vernachlässigenden Unterschiedes zwischen Gehlen und Plessner könnten die beiden aus Löwiths Sicht gut zusammenarbeiten, da sie in einem grundlegenden Fehler übereinstimmen, der wiederum auf Nietzsche zurückweist. Er besteht in einem reaktiven Übermaß gegen jene christliche Anschauung von Mensch und Welt, derer man sich ein für alle Mal entledigen wollte, einem *Kompensationsüberschuss*, dessen Endergebnis das anthropologische Paradigma des *Übermenschen* ist. Mit den Worten Foucaults gesprochen: „[D]ie Bahn der Frage *Was ist der Mensch?* gelangt im Bereich der Philosophie an ihr Ziel in der Antwort, die sie zurückweist und entwaffnet: ‚*der Übermensch*'"[123]. Die strenge Entschlossenheit also, jegliches hinterweltliche Echo zu tilgen, hätte Plessner wie auch Gehlen dazu verleitet, sich ausschließlich auf den Bereich rein menschlicher Zustän-

---

[122] Eine Erläuterung dieses Diskurses wird im dritten „anthropologischen Grundgesetz" Plessners geboten, jenem des „*utopischen Standorts*" (vgl. H. Plessner 1928, 419-425).
[123] Foucault 2010, 118.

digkeit (die Kultursphäre) zu konzentrieren. Auf diese Weise würden sie unbewusst das von der vollendeten Moderne verordnete ontologische Gefüge bestätigen, das zwar die äußere Form verändert, aber nicht die wesentliche Funktion der platonisch-christlichen Überwelt überwindet. Diese würde nun als eine nach dem Ebenbild des Menschen geformte Welt neu bestimmt, nämlich als der Bereich der Mach- und Nutzbarkeit. Die kosmologische Differenz verdunkle sich zugunsten einer verabsolutisierten Menschenwelt, die als geschichtliche Welt der *facta* in Erscheinung träte.

Löwith schreibt die Implementierung dieser ontologischen Verwandlung dem Zusammenwirken zweier scheinbarer Gegner zu: Descartes und Vico.[124] Hegel sollte das Ganze dann fertigstellen. Einerseits bereite Descartes den ontologischen Nährboden vor, indem er eine modernisierte (säkularisierte) Fassung des platonisch-christlichen Dualismus präsentiere. Andererseits ziehe Vico daraus die auf der Wirkungsebene wesentliche Konsequenz. Beide tragen entscheidend zur Umwandlung der *pragmata* in *facta* bei bzw. der „bloßen Dinge"[125] in ‚das, was ganz abhängig von uns ist', was unserem aktiven Eingreifen zur Verfügung steht. Alles Seiende gilt nur als solches, insofern es verwertbar, benutzbar, machbar ist. „Unverwertbares ist nicht; oder nicht wert zu sein"[126], oder: *„Sein ist Rohstoffsein"*[127]. Folglich zieht sich der Umfang der Welt, der Totalitätshorizont so weit zusammen, dass er mit diesem Raum der Nutz- und Überprüfbarkeit übereinstimmt. Wenn das Seiende mit Dingen und die Dinge mit Fakten (= Gemachtem) gleichgesetzt werden, dann wird die Welt erst wirklich, wenn sie wahr ist, und erst wahr, wenn sie überprüfbar ist, und wiederum erst überprüfbar, wenn sie unserem Wirkungsbereich voll und ganz zur Verfügung steht.

Das Bestehen des Seienden insgesamt entspricht nicht länger einer *„Realität"* oder *„Wirklichkeit"*, sondern der *„Machbarkeit"*. Erst wenn die Wissenschaften all ihren epistemischen Ballast abwerfen, um sich gänzlich von der Positivität des Wirkens (von der Machenschaft) lenken zu lassen (erst

---

[124] Zur Komplementarität von Descartes und Vico innerhalb des modernen/neuzeitlichen Entwurfs vgl. Löwith 1960b, 360 ff. Für die Löwithsche Lesart von Vico siehe Löwith 1953a, 125-149 und besonders 1968b.

[125] Mit dem Ausdruck „bloße Dinge" beziehen wir uns auf Heidegger 1935-1936, 6 ff.

[126] Anders 2002a, 184. Dieser Satz drückt „das zweite Axiom der Wirtschafts-Ontologie" aus (vgl. ebd. 183-188).

[127] Anders 2002b, 33.

wenn sie zu Techno-Wissenschaften werden), wird die scheinbare Trennung zwischen der Vernunftwelt Descartes' und der gesellschaftlichen Welt (*mondo civile*) Vicos im Namen einer höheren Einheit überwunden: im Namen einer *totalisierten Menschenwelt*, die gleichzeitig und aus demselben Grund eine geschichtliche Welt und eine Welt der *facta* ist.[128] Letztere werden am Ende nicht mehr (wie noch bei Vico) als Handlungen des Menschen, sondern ausschließlich als seine Erzeugnisse aufgefasst, als *artefacta* also. Die Gleichung „verum et factum convertuntur" überträgt sich in den Imperativ des sogenannten Gabor-Gesetzes: *„das Gekonnte* ist *das Gesollte"*[129]. Das „Machen-*Können"* wird zum „Machen-*Sollen"* und schließlich zum *„Nicht-mehr-nicht-machen-Können"*, d. h. zum „Machen-*Müssen"*.

Um zum Hauptthema zurückzukehren: Es sollte deutlich werden, dass die philosophische Anthropologie den Begriffen von ‚Welt' und ‚Leben' – und zwar so, wie sie der von Nietzsche verkündeten anthropologischen Neuzeit folgend aufkommen – eine noch nie dagewesene Aufmerksamkeit schenkt. Dennoch werden sie hier wie ein mehr oder weniger dunkler Hintergrund (ein *Ab-Grund*) betrachtet, aus dem sich der Mensch durch die Handlung bzw. den Aufbau des eigenen Lebensraums befreien muss, d. h. der eigenen

---

[128] Im Ausgang hiervon könnte man glauben, Löwith halte ein anfängliches Missverständnis der Geschichte als Ursache für die Eklipse der kosmologischen Differenz – mit der darauf folgenden Verabsolutisierung der Menschenwelt als ‚geschichtliche Welt der *(arte)facta*'. Das heißt: Sobald die Geschichte als Wirken/Machen und nicht als Geschehen/Ereignis ausgelegt wird, ist der anthropozentrische *vulnus* ohne Möglichkeit zur Abhilfe gesetzt. Das ist nur zum Teil wahr, da Löwith bei Heidegger eine noch verfeinerte Version dieses Missverständnisses erkennt. Heidegger denkt zwar an eine ‚ereignishafte Geschichte', jedoch wird in ihr dem Menschen nach wie vor eine besondere Rolle garantiert. Er ist nicht mehr der Hauptdarsteller, bleibt aber ein erster Nebendarsteller. Er stellt das bevorzugte *medium* für einen Geschichtsablauf dar, der als Abfolge von Seinsgeschicken einen teleologischen Charakter erhält. „Ist der Mensch ‚Hirte des Seins' oder der Welt, dann [...] ist der Schild seiner metaphysischen Ehre wieder blank. Das gleiche gilt vom ‚Schmied der Welt'. In beiden Philosophien handelt es sich nun freilich um *verschämten Anthropozentrismus*, um eine neue Spielart" (Anders 2002a, 187). Zu diesem Thema vgl. Löwith 1953b, 164-192.
[129] Anders 2002b, 17. Ursprünglich war es Jacques Ellul, der vom „Gabor-Gesetz" sprach, das auf den ungarischen Physiker und Nobelpreisträger Dennis Gabor zurückgehen soll. Vgl. Gabor 1972.

spezifischen *oikologischen Nische*, deren Bedeutung und Wert damit übereinstimmen, wie fähig sie ist, gerade jene Welt/Ab-Grund zu verdunkeln.

Aus Löwiths Sicht ist das Paradox einer solchen Situation folgendes: Eine authentische *philosophische* Anthropologie sollte die kosmologische Differenz wahren, so jedoch arbeitet sie an deren Sabotage. Tatsächlich trägt eine solche Anthropologie dazu bei, dass ein unbrauchbar gewordenes Simulakrum ‚einfach' durch ein anderes ersetzt wird: sozusagen eine Hinterwelt durch eine *Vorwelt*. Letztere entspricht einer oikologischen Nische technisch-kultureller Prägung, die das „noch nicht festgestellte Thier" ein für alle Mal zu stabilisieren vermag, indem sie die Vielschichtigkeit seiner ‚natürlichen Bestimmung' in einer zähmbaren und ganz neuen ‚kulturhaften Tierheit' auflöst. Auf diese Weise würde der Mensch seine Exzentrizität gänzlich kompensieren (d. h. saturieren), indem er sie innerhalb eines institutionalisierten Rahmens sublimiert, indem er aus dem „Wesen der Zucht" ein definitiv ‚gezüchtetes Wesen' macht – ein *Kultur-Tier*.

Insofern die verabsolutierte Menschenwelt die Rolle einer technisch-kulturellen Vorwelt für einen durch seine eigene kompensatorische Angst zum Tier gewordenen Menschen übernimmt, nimmt sie zugleich die Züge einer *anthropischen Umwelt* an und ruft so ein Phänomen ins Leben, das als *Neo-Umweltlichkeit* bezeichnet werden kann. Die Analyse dieses epochalen Phänomens bildet den Mittelpunkt unseres Vorschlags einer philosophischen Anthropologie der Technik, der im dritten Teil ausgeführt wird.

Es versteht sich von selbst, dass dieser Gesamtprozess sämtliche Lehren einbezieht, die sich mit ähnlichen Fragestellungen beschäftigen. Die Soziologisierung, die als der jüngste Ausgang der Entwicklungen in der philosophischen Anthropologie auftritt, bewirkt deren epistemische Verwandlung, d. h. ihre Evolution durch historisch-kulturelle Selektion. *So verwandelt sich die Anthropologie vom ‚philosophischen Fragen nach den Bedingungen des Menschlichen' in die ‚philosophische Wissenschaft der Menschenwelt'*. Eine solche Wandlung bestätigt den Verdacht, dass die angebliche Transzendierung (d. h. die bis aufs Äußerste gehende Entlastung) des Menschen gegenüber der Welt (im Sinne der ‚rein natürlichen Welt') in Wirklichkeit eine Verdrängung bzw. ein Vergessen ist. Ist die Welt – genauer gesagt: unsere Fähigkeit, sie *als solche* zu erfassen – jedoch verschwunden, verschwindet auch die kosmologische Differenz.

Da die kosmozentrische Anthropologie Löwiths als echte und besondere Aufgabe der Philosophie (im Sinne einer Anthropologie der Neu-Zeit) die

Wiederherstellung und Wahrung dieser Differenz anerkennt – die Wiederweltlichung der Welt als *arché* und *telos* des menschlichen Daseins –, bestätigt sie ihre grundsätzliche Unvereinbarkeit mit dem soeben beschriebenen Szenarium. Die Beschaffenheit einer solchen Wiederherstellung wird auf den abschließenden Seiten von *Natur und Humanität des Menschen* hinreichend deutlich dargelegt. Löwith beruft sich hier u. a. auf die *Quaestiones naturales* Senecas,[130] um so etwas wie eine *Transzendierung zweiten Grades* vorzuschlagen. Es handelt sich dabei um den Übergang von einer *Transzendierung ersten Grades* – welche eine *Transzendierung aus der Natur* ist, d. h. das unvermittelte, instinktive Abstandnehmen (Entfremdung) des Menschen gegenüber dem bloß Natürlichen, das, was wir als seinen/e *Zwiespalt/Zweideutigkeit* bezeichnet haben[131] – zu einer *Transzendierung zur Natur hin*, die aus der erlebten Bewusstwerdung besteht, dass dieses Abstandnehmen nur innerhalb desselben Horizonts stattfinden kann, von dem es sich ursprünglich hatte trennen wollen. Dieser Horizont ist für uns nicht transzendierbar, da wir nicht von ihm zu trennen sind. Auf dieser Grundlage hört die Natur auf, lediglich eine *natura naturata* zu sein, und enthüllt sich erneut als *natura naturans* bzw. lässt sich erneut als *physis* erfassen, als „der Inbegriff eines Seienden als eines So-seienden"[132]. *Id quod substat.*

Andererseits kann der Mensch einzig und allein durch die Ausübung jenes echt weltlichen *pathos* – das dem *theorein* als reiner Betrachtung entspricht – zu einer solchen Bewusstwerdung gelangen. Es ist autotelisch (Selbstzweck), weil atelisch (zwecklos), da es von jeglicher Zweckdienlichkeit befreit ist. Löwith hält eben gerade den Verlust dieser reinen Uneigennützigkeit und Zwecklosigkeit für die Ursache des Verfalls der ursprügli-

---

[130] Vgl. Löwith 1957, 293.
[131] In der Entfremdung erkennt Gehlen den Keim der Freiheit (vgl. Gehlen 1952). Auf das Thema der Rezentrierung bezogen, erweist sich die ‚intragehlensche' Lösung von Eugenio Mazzarella als interessant. Er denkt an die Möglichkeit einer Institutionalisierung der Natur als einer „ersten Institution" (vgl. Mazzarella 2004, 106 ff.).
[132] Löwith 1957, 267. Zum Thema Kosmos – als immanentem Gesamthorizont, der auch die transzendente Spannung des Menschen enthalten soll – schreibt Löwith: „Die Frage nach *Gott* und dem *Menschen* wird damit nicht beseitigt, wohl aber einbezogen in das Ganze des von Natur aus Seienden, welches der Kosmos ist. Als ein Prädikat des ganzen und darum vollkommenen Kosmos ist das Göttliche kein persönlicher Gott über und außer der Welt und der Mensch kein einzigartiges, weil gleichfalls überweltliches Ebenbild Gottes, sondern wie jedes lebendige Wesen ein Weltwesen, durch das die Welt zur Sprache kommt." (Löwith 1959b, 461)

chen Inspiration der Philosophie, die nach und nach von der kontemplativen Übung (*Betrachtung*) zur Wirkungspraxis (*Umsicht*) übergeht und so vom Rang einer Weisheit zu dem eines Wissens und schlussendlich einer Wissenschaft absteigt. Aus seinen Bemerkungen wird es möglich, zwei wesentliche Typen des *theorein* zu unterscheiden: eine *reine* Theorie gegen eine *bloße* Theorie. Es handelt sich um ein ‚*betrachtendes theorein*' (ein unverdorbenes, uneigennütziges) im Gegensatz zu einem ‚*umsichtigen theorein*' (einem wirksamen, erzeugenden). Letzteres stellt eine abgeleitete und verfallene Form des ersten dar, die dann zum Zuge kommt, wenn dieses erste sich vom Leistungsprinzip verpflichten lässt, wenn es sich also ausschließlich an seiner Fähigkeit bemisst, *wirksame* Theorien hervorzubringen.

Nur mittels seiner *dynamis theoretica* kann der Mensch seine eigene Rezentrierung gewinnen, indem er auf pathischem Wege erfährt, dass diese keine bloße *Grenze* darstellt bzw. dass sie nur dann zu einer solchen wird, wenn sie zugleich *Maß* (d. h. *sophrosyne*) ist. Dieser Gedankengang kann in zwei Formeln ausgedrückt werden. Mit Nietzsche gesprochen entspricht die Transzendenz zweiten Grades der innerlichen Überzeugung, dass *die ‚Verheißung des Übermenschen' sich nur als ein Über-dem-Menschen bewahrheiten kann*. Mit Gehlen gesprochen handelt es sich hier um eine *Entlastung zweiten Grades*: *Wenn die Natur den Menschen zur Handlung zwingt* (und daher zur Kultur), *zwingt ihn die Handlung* (d. h. die Kultur, die Menschenwelt) *schlussendlich zur Betrachtung* (der Natur, der Welt).

Nimmt man eine PhA-interne Perspektive an, zeichnet sich Löwiths Vorschlag als der Versuch ab, eine Art Synthese zwischen den Ansätzen Gehlens und Plessners auf der einen Seite und jener von Scheler auf der anderen anzuwenden. Die ersten beiden drücken den gemeinsamen Vorsatz aus, den Geist-Materie-Dualismus durch ein allgemeineres Neuverständnis des ‚Natürlichen' zu überwinden. Dagegen wirft die metaphysische Wahl Schelers eine Frage auf, von der sich nicht einmal ein post-metaphysisches Denken entbunden fühlen darf: Kann der Mensch einzig und allein ausgehend von dem, was er selbst nicht ist (d. h. von dem, was mehr als er, was über ihm ist), ein festes Maß der eigenen Menschlichkeit ableiten? Als Schlussfolgerung dieser Synthese ergibt sich die Erkenntnis, dass Schelers Formulierung der Menschenfrage schon eine mögliche Antwort enthält: *die Stellung des Menschen* liegt *im Kosmos*. Angesichts der modernen (neuzeitlichen) Umwandlung der Menschenfrage in eine *Topologie des Menschlichen*, scheint die Wiederverweltlichung der Welt – die wie gesehen durch die Wiedergewinnung der echt theoretischen Dimension der Philosophie durchführbar ist – imstande zu sein, den Menschen erneut zu verorten. Sie kann ihm sein ‚Was' spenden, indem sie sein ‚Wo' festlegt. Wie schon gesagt: *Die kosmologische Differenz gründet die anthropologische Differenz.*

In einer ontologischen Sichtweise – bzw. als Antwort auf die klassische Formulierung der Frage: „Was *ist* der Mensch?" – würde die Erwiderung Löwiths apophatisch klingen: Der Mensch ist vor allem das, was er nicht ist, und in dem er dennoch unvermeidbar (d. h. *pathisch, physio-logisch*) verankert bleibt. Der Übermensch ist das Über-dem-Menschen.

Bleibt noch die Frage nach der Zielsetzung sowie der gegenwärtigen Bedeutung des anthropologischen Ansatzes Löwiths, der durch seinen Ruf nach einem vorchristlichen Begriff von Natur/Kosmos oder der Philosophie als reiner Betrachtung eine nahezu aufdringliche Unzeitgemäßheit aufweist. Was könnte ein solcher Ansatz den Vorschlägen von Gehlen und Plessner (aber auch von Rothacker, Portmann usw.) entgegenhalten, welche nicht nur einen gleichgestellten Dialog mit den Wissenschaften annehmen, sondern sich sogar als Wegweiser für deren konkretes Wirken anbieten? Eine mögliche Antwort ist in den ethisch-praktischen Ursachen zu suchen, die dem Denkweg Löwiths zugrunde liegen. Damit meinen wir seine Lebensgeschichte, die ihn in die Rolle des Direktzeugen der Auflösung des europäischen Geistes in Folge des Zerfalls seiner christlich-theologischen Verankerung zwang. In seinen jungen Jahren, als Schüler Husserls und vor allem Heideggers, begeisterte er sich für die Destruktion der metaphysischen Tradition, die er als Bejahung einer unhaltbaren Lebenskraft, eines neuen Zeitgeistes begrüßte. Wie vielen Vertretern seiner Generation wurde ihm erst später schmerzhaft die eigentliche Bedeutung jener unterschiedslosen Begierde nach Neuheit klar, welche zusammen mit allen hinterweltlichen Hypotheken jeglichen nicht-anthropischen Rahmen zurückwies. Zuletzt wurde diese Verweigerungshaltung zu einer vielfältigen Verdrängung und Verdeckung, und zwar: a) *zeitlich* der natürlichen Ewigkeit (*sempiternitas*) zugunsten der Geschichtlichkeit; b) *anthropologisch* des Lebens zugunsten der Existenz; c) *kosmisch* der Welt zugunsten der Menschenwelt. Es handelte sich damit um eine überarbeitete und aktualisierte Neuauflage des *metron anthropos* (*homo mensura*) Protagoras', die in der Blüte des technischen Zeitalters stattfand. Dies führte zur endgültigen Vollendung jener Neuzeit, die vom Aufkommen des Christentums als Weltanschauung eingeleitet wurde: die Epoche „einer *Physik ohne physis* und einer *Natur ohne logos*"[133].

Von dieser Loslösung zum definitiven Untergang, von dieser gesunden Abrechnung mit einer erdrückenden Tradition zur Nacht des dezisionistischen Nihilismus, wo wirklich alle Wege begehbar schienen, sollte es nur ein kleiner Schritt sein. Eine erste, jedoch entscheidende Bestätigung für diesen Sachverhalt erhielt Löwith mit Heideggers politischer Kehre, deren Ursachen er für alles andere als zufällig erachtete, da sie in der seinsgeschichtlichen (schicksalhaften) Prägung seiner Philosophie wurzelten. Aus derartigen Gründen wählte Löwith die *hybris* als Chiffre dieser epochalen Vollendung insgesamt und gelangte zu der folgerichtigen Überzeugung, dass die einzige Antwort der Ruf nach dem anderen Pol einer atavistischen Dialektik sei: nach *sophrosyne*, einem weisen Maß, das nur aus einer möglichen Neuverankerung geboren werden kann. Letztere konnte jedoch keine verzweifelte Rückkehr in die „geöffneten Arme der alten [und neuen] Kirchen" bedeuten, da diese ja nur die Kehrseite des nihilistischen Okkasionalismus darstellte.[134]

Löwiths Suche nach einem entsprechenden archimedischen Punkt gipfelte hingegen in der Wiederaufnahme des *kosmos/physis*-Begriffes, der als eine *minimale Verankerung* verhandelt wird – ‚minimal', weil seine einzige Definition ihrem ‚Mehr-als-der-Mensch-Sein' entspricht. Während der *Übermensch* schicksalhaft am *Willen zur Macht* zerbricht, führt das *Über-dem-Menschen* zu einem möglichen *Willen zum Maß*.[135]

Bei genauerem Hinsehen offenbart sich der Übergang von *sophrosyne* zu *hybris*, der die im Rhytmus des technischen Weltbildes einherschreitende anthropische Postmodernität auszeichnet, als sonderbarer Kurzschluss.

---

[133] Löwith 1967b, 60.

[134] Historisch hatte Löwith die Beziehung zwischen Nihilismus und Okkasionalismus untersucht, wie sie im Denken Carl Schmitts dargelegt wird (vgl. Löwith 1935b). Dieser Aufsatz wurde unter dem Pseudonym Hugo Fiala veröffentlicht. 1960 erschien eine erweiterte Fassung des Aufsatzes (Löwith 1960a).

[135] In der Formel „Wille zum Maß" versteckt sich eine mögliche Mehrsinnigkeit. Um sie zu überwinden, rufe man sich in Erinnerung, dass Löwiths Aufruf zur *sophrosyne* wesentlich dem Versuch entspricht, den Willen zu zügeln bzw. die *sophrosyne* mittels *skepsis* und *theorein* im festen Halt des *kosmos* zu verankern. Auf diese Weise wird verhindert, dass sich der Wille zu seinem eigenen Maß erhebt und somit der Fehler Nietzsches wiederholt wird.

Gemeint ist eine *Maß-losigkeit* aufgrund eines *Über-maßes*, und zwar aufgrund einer Übertriebenheit des *Messens* (d. h. Berechnens), die als *Maß* missverstanden wird. Man beruft sich wieder auf das Motto des Protagoras, und so wird es möglich, einen folgerichtigen Zusammenhang zwischen *homo natura*, *homo cultura* und *homo mensura* zu bilden. Der *homo mensura* ergibt sich sowohl als Übergangsmoment (eine Verwandlung im Sinne Nietzsches) vom *homo natura* zum *homo cultura* als auch als Vorstufe zum *homo ,dismisura'*; d. h. zu jenem *homo immodestus*[136] – jenem tiergewordenen Menschen – welcher den perfekten Bewohner der techno-wissenschaftlichen Neo-umwelt verkörpert.

Wenn also *der Mensch sich selbst das eigene Maß gibt* – wenn er sich zum einzigen Messer (zum einzigen Maßstab) macht –, *ist er schon über dem Maß* (und genau so nimmt er sich wahr), *und gerät so unvermeidlich ,ins Übermaß'*. Das bedeutet, dass von dieser Perspektive aus gesehen ,*Über-maß*' und ,*Maß-losigkeit*' im Zeichen der *hybris* versöhnt werden. „Der Mensch", so schreibt Löwith, „bemißt sich, wenn er sich recht versteht, nicht an ihm selbst, sondern an diesem übermenschlichen, göttlichen Ganzen"[137]. Seine Erwiderung auf den oben genannten Kurzschluss lautet: vom *homo mensura* zur *mensura hominis*, vom *metron anthropos* zum *metron tou anthropou*.

Wenn nach Heidegger das Sein „*das transcendens schlechthin*"[138] ist, entspricht der Löwithsche Kosmos dem ,andauernden Immerwährenden', ,*dem permanens schlechthin*'. Dieses weise ,Pathos des Maßes' bringt, so wie das *theorein* als für dessen Ausübung notwendige Bedingung, die Annahme der *skepsis* als echtes philosophische *ethos* mit sich. Immerhin stammt das Substantiv ,*skepsis*' vom Verb ,*skeptomai*' (betrachten/bedenken) ab. Der *skeptikos*, also derjenige, der bemerkt und bedenkt, ist *ipso facto* ein Betrachter. Die Skepsis ist schon immer ein *theorein*, so wie das *theorein*, als *metron* der *skepsis*, als seinen Bezugshorizont nur den *kosmos* haben kann. *Der uneigennützige Blick des Betrachters ist immer aufmerksamer als der kluge und umsichtige, der immer schon weiß, was er in dem, was er anblickt, suchen muss (das Nützliche). So ein Blick erblickt nur, um zu finden, und nicht, um einfach zu betrachten.* „Der Mensch lebt *frei* in der Theorie"[139].

---

[136] Im Lateinischen bezeichnet das Wort ,*immodestia*' eben ,Maßlosigkeit'.
[137] Löwith 1967b, 8.
[138] Heidegger 1977, 51.
[139] Diese wirksame Formel macht den Titel eines kurzen Beitrages aus, der von Iring Fetscher zum 75. Geburtstag Löwiths verfasst wurde (Fetscher 1972). Zur entschei-

Ein ‚suggestiver Gedankengang' soll diesen zweiten Teil abschließen und sein Grundthema pointiert zusammenfassen. Genauer gesagt möchte er die Ursache der aktuellen Unvereinbarkeit, aber auch einer wünschenswerten zukünftigen Abstimmung zwischen der vollendeten (soziologisierten) PhA und der kosmozentrischen Anthropologie zum Ausdruck bringen.

In seiner Einleitung zu *Zur Kritik der Hegelschen Rechtsphilosophie* schreibt Karl Marx: „Radikal sein ist die Sache an der Wurzel fassen." In Einklang mit Marx würde die PhA, endlich mit einer Stimme, antworten: „Die Wurzel für den Menschen ist aber der Mensch selbst"[140]. Dem würde Löwith, mit seinem typischen, gleichermaßen zurückhaltenden wie festen Tonfall entgegenhalten: „[D]ie Wurzel für den Menschen ist aber *nicht* der Mensch selbst."

---

dende Rolle der *skepsis* bei Löwith in Zusammenhang mit *theorein* und *kosmos*, siehe Cera 2011.
[140] Marx 1993, 177.

Dritter Teil

Neo-Umweltlichkeit und *Tierwerdung* oder: Grundlinien einer philosophischen Anthropologie der Technik

> *L'umanizzazione integrale dell'animale*
> *coincide con una animalizzazione integrale dell'uomo*
>
> Giorgio Agamben[1]

3.1 Prolog. Von der kosmozentrischen Anthropologie zur Anthropologie der Technik

> Wer z. B. einen Hörsaal betritt, der sieht und erkennt mit einem Blick all das, aber auch nur das, was ihn in dieser Situation unmittelbar angeht [...]. Ähnlich verhalten sich auch die Tiere: sie nehmen in ihrer Umwelt nur dasjenige wahr, was ihr triebhaftes Interesse anspricht. Um aber einzusehen, daß ein Hörsaal überhaupt ein Raum und dieser im Weltraum ist, [...] dazu gehört schon eine philosophische Abstraktion, ein Absehen von der gewohnten und gewöhnlichen Umsicht und ihrer Absicht. Mit einem solchen absichtslosen Hinsehen rein um der Einsicht willen beginnt das Philosophieren als zweckloses *theorein*.[2]

Aus diesen Zeilen Löwiths geht eindeutig hervor, dass er im Rahmen seiner kosmozentrischen Anthropologie die anthropologische Differenz dort verortet, wo sich zwei grundlegende *pathische Leistungen* – die *Betrachtung* ei-

---

[1] „Die vollständige Vermenschlichung des Tieres fällt zusammen mit einer vollständigen Tierwerdung des Menschen."
[2] Löwith 1960c, 314-315.

nerseits und die *Umsicht* andererseits – voneinander scheiden. Es lohnt, dieser fruchtbaren Weisung näher auf den Grund zu gehen.

Der Mensch ist, was er ist, weil er *Weltwesen* ist – wobei er nur insoweit weltlich ist, als er (potenziell) die grundlegende pathische Leistung der Betrachtung, des *theorein* besitzt, die es ihm erlaubt, die kosmologische Differenz zu erfahren. *Der Mensch ist in der Tat weltlich, weil er potenziell betrachtend ist. Das Weltwesen ist im Wesentlichen ein Betrachtungswesen.*

Das Tier wiederum ist, was es ist, weil es ein Umweltwesen ist – wobei es *umweltlich* insofern ist, als es (aktual) durch eben jene *pathische* Leistung bestimmt wird, die es ihm unmöglich macht, die kosmologische Differenz zu erfahren: die Umsicht, also zweckdienliches und eigennütziges Handeln. Das Tier verschmilzt mit der eigenen oikologischen Nische, geht gleichsam in ihr auf, so dass es dadurch zu einer höherwertigen, untrennbaren Einheit mit ihr gelangt. Dies führt gar dazu, dass das Tier als solches in seiner Individualität gänzlich verschwindet. Seine Umsicht ist in Wirklichkeit der Effekt seiner noch tieferen *Verstrickung*, seiner *Benommenheit*. Daraus folgt, dass *das Tier tatsächlich umweltlich ist, weil es aktual (zwingendermaßen) umsichtig bzw. benommen ist. Das Umweltwesen ist offensichtlich ein Umsichtwesen, doch im Wesentlichen ein Benommenheitswesen.*

Der potenzielle Charakter dieses ‚weltlichen Pathos', als dessen ausschließlicher Hüter der Mensch gilt, hat zur Folge, dass es zumindest in Teilen unserer freien Verantwortung überlassen wird. Dies bestätigt einmal mehr, dass ‚Menschsein' immer auch bedeutet, ‚Mensch zu werden' und zu bleiben. Die *hominitas* ist noch keine *humanitas*: Die Erfüllung unserer Bestimmung schließt sowohl eine Aufgabe als auch ein Sollen ein. Auf solchen Voraussetzungen basierend, birgt die philosophische Anthropologie eine angeborene ethische Berufung in sich. Die kosmozentrische Anthropologie von Löwith setzt sich zum Ziel, eben jene Aufgabe auszuführen, die mit dem Erlangen einer übergeordneten Versöhnung einhergeht. Die Humanität des Menschen entspricht seiner ‚natürlichen' (und zwar weltlichen) Bestimmung; die authentische *humanitas* wird dort zur Realität, wo sie das Ergebnis eines ganz bewussten (d. h. skeptischen) Annehmens der eigenen *hominitas* ist.

Dass das Menschsein eine zu erfüllende Aufgabe darstellt, bedeutet gleichzeitig, dass am Ende ein Misserfolg stehen kann. Der Mensch hört zwar dadurch nicht auf, ein solcher zu sein, doch wird er seiner Bestimmung nicht gerecht, weil er sie unerfüllt und unbehütet lässt. Dem eigenen Sollen gegenüber bleibt der Mensch somit schuldig. In einem solchen Fall gerät die anthropologische Differenz ins Wanken, so dass die *conditio humana* sich mit derjenigen des Tieres zu vermengen droht. Da nun unserer theoretischen Hypothese nach diese Differenz auf der Unterscheidung zwischen Weltlichkeit und Umweltlichkeit basiert und letztere wiederum auf derjenigen von Betrachtung und Benommenheit, ist dies die Ebene, auf der sich das Wanken vollzieht. Der Mensch verleugnet die eigene Menschlichkeit, sobald er seine Fähigkeit zu weltlichem Pathos, zur *dynamis theoretica* verleugnet, sobald er also im Funktionskreis der Umsicht und der eigennützigen Zweckdienlichkeit verfangen bleibt.

Was beim Menschen der Umsicht entspricht (jener auf die eigenen Interessen gerichteten Veranlagung), finden wir im Tier wie gesagt als Benommenheit. Die totale Verschmelzung des Tieres mit seinem eigenen Lebensraum, seine Verstrickung und das daraus hervorgehende umsichtige Verhalten stellen eine Grundgegebenheit dar, eine unabänderliche biologische (respektive ontologische) Voraussetzung. Dies erklärt auch, warum ein gänzlich umsichtiger Mensch, im Gegensatz zum Tier, zur Verantwortung gezogen werden kann.

In seiner allgemeineren und gewissermaßen neutralen Definition bedeutet ‚Technik' das zweckdienliche, eigennützige Handeln. Das angeborene *pathos* der *techne* ist entsprechend die Umsicht. Wenn also die Technik (= das zweckdienliche Handeln) zur Weltform wird, drückt sie der Menschheit ihren pathischen Stempel auf, und das Ergebnis ist ein Menschentyp, welcher eine totale Umsicht erfährt. Anders formuliert, handelt es sich hier um die Auswahl eines Typs von Mensch, der zur totalen Hemmung des eigenen weltlichen Pathos gezwungen ist, woraus folgende paradoxe Konsequenz erwächst: Der perfekt umsichtige Mensch entspricht dem perfekt rationalisierten (entzauberten) Menschen, der dem eigenen zweckdienlichen Lebenskreis verbunden bleibt, da er keinen Grund (bzw. keinen gewinnbringenden Anlass) dazu sieht, daraus auszubrechen. Er bleibt in ihm verstrickt und benommen. Gerade auf dem Höhepunkt seiner entlastenden Spannung also, die ihn in ein ‚vollkommen rationalisiertes Wesen' verwandelt hat (d. h. in einen *homo = full rational agent*), nähert sich der Mensch dem Zustand des Tieres an. Er beschreibt den Prozess einer *Tierwerdung*. Die plötzliche Unmöglichkeit, die eigene, inzwischen vollkommen gehemmte *dynamis theoretica* zu erfahren, macht den Menschen zu einem gänzlich umsichtigen

Wesen und daher zu einem Umweltwesen. *Die Technik wird in Form einer Umwelt – genauer gesagt, einer Neo-Umwelt – zur Weltform.*

Da *sub specie anthropologiae* die Technik ihre gegenwärtig epochale Tragweite enthüllt, gestaltet sich das technische Zeitalter in erster Linie als die Zeit der Eklipse der kosmologischen Differenz zwischen Welt und Menschenwelt. In der angemessenen Herausstellung dieses epochalen Knotenpunktes und dem sich daraus ergebenden Verweis auf den aktiven Schutz der kosmologischen Differenz kann die Menschenfrage hier und jetzt ihre eigentliche Aufgabe und ihre unveränderte Wichtigkeit erkennen.

Vor dem Hintergrund dieser Feststellung kann eine streng *philosophisch* ausgerichtete Anthropologie wie die von Löwith den Weg für eine *philosophische Anthropologie der Technik* freimachen. Die Hypothese der auf den folgenden Seiten entwickelten Anthropologie der Technik, die auf den Schlüsselbegriffen *Neo-Umweltlichkeit* (*neoambientalità*) und *Tierwerdung* (*ferinizzazione*) basiert, definiert sich in Anlehnung an eine provokante These Franco Volpis – aus seinem Buch über den Nihilismus – als eine „*Philosophie der Technik im Nominativ*" (*filosofia della tecnica al nominativo*; ab jetzt TECNOM). Das Thema Nihilismus ist auf das Engste mit dem der Technik verknüpft.

Allerdings liegt in diesem theoretischen Ansatz bereits ihr eigener *Grenzcharakter* begründet, da die Neo-Umweltlichkeit – aufgefasst als entscheidende Wirkung der Technik in ihrer gegenwärtigen und vollendeten Version – insofern als Trennungslinie fungiert, als sich jenseits von ihr eine wesentlich veränderte Menschengestalt abzuzeichnen scheint. Daraus ergibt sich die offenkundige Schwierigkeit, weiterhin von einer wie auch immer gearteten ‚Anthropologie' zu sprechen. Als These formuliert: *Indem sich die Technik (im Gewand einer Neo-Umwelt) in den Rang einer Totalität erhebt, markiert sie zugleich die Grenze des Menschlichen.* Und damit auch diejenige eines potenziellen ‚Nach' oder ‚Über' dem Menschen bzw. einer möglichen *posthumanen Schwelle.*

Die Klärung des eben Dargelegten verlangt nach einer Erhellung eben jener Perspektive, die der Bestimmung eines Dies- und eines Jenseits des Menschen dient. Auch wenn es unmöglich geworden ist, weiterhin von einem ‚Wesen/Substanzbegriff des Menschen' auszugehen, so gilt dies doch nicht in Bezug auf die Suche nach einzelnen Faktoren, deren Zusammenspiel dem Menschen einen spezifischen und in sich stimmigen Rahmen bzw. eine ihm eigene Textur verleiht. Dies sei, so Eugenio Mazzarella, vor allem im

Sinne eines Wiedererkennens der eigenen Selbstbestimmung zu verstehen, da „[…] der Anfang für jenes Dasein, das weiß, einen solchen Anfang zu besitzen, eben im Wissen darum liegt"[3]. Im Folgenden werden wir einen Weg beschreiben, der zwischen einer strengen Wesensdefinition des Menschen einerseits und der Zurückweisung jeglicher Charakterisierung andererseits verläuft. Wir begreifen ihn als eine Art gemeinsamen Nenner, der den Menschen als solchen in erster Linie dadurch identifizierbar macht, dass er sich von anderen Lebewesen unterscheidet. Als Ersatz für die klassischen Begriffe vom ‚Wesen des Menschen' oder der ‚menschlichen Natur' verwenden wir die Formel des *anthropischen Perimeters (perimetro antropico)*. *Das anthropische Perimeter ist die Gesamtheit jener grundlegenden Eigenschaften (Ekstatizität, Weltlichkeit, Erdhaftigkeit und Geschichtlichkeit), welche die Grenzen der* conditio humana *definieren, oder besser gesagt, die den oikologischen Horizont (das Perimeter) stiften, in dem der Mensch fähig ist, sich als solchen wiederzuerkennen.*

Da der Schwerpunkt eines solchen Perimeters auf ein spezifisches Pathos zurückbezogen werden kann (d. h. auf jene besondere Grundstimmung, die den Menschen auf seinen entsprechenden Lebensraum[4] abstimmt), lässt sich diese posthumane Schwelle innerhalb eines pathischen Horizonts ausfindig machen. Insofern die Technik als epochales Phänomen die spezifische menschliche Pathizität (den Zusammenhang von *thauma/thaumazein* und *theorein*) verändert, gefährdet sie den gesamten Zusammenhalt des anthropischen Perimeters in Richtung einer potenziell tierhaften *conditio post-humana*, da diese dann nicht mehr als weltlich, sondern als (neo)-umweltlich zu begreifen ist.

Wir fassen zusammen: *Die Grenzanthropologie (bzw. die posthumane Schwelle) stellt die wichtigste faktische Auswirkung dar, die durch eine Philosophie der Technik im Nominativ (TECNOM) zum Ausdruck kommt. Eine solche Philosophie erkennt den wesentlichen Zug der zeitgenössischen Technik in ihrem Aufstieg in den Rang einer Neo-Umwelt, das heißt in ihrer Fähigkeit, das anthropische Perimeter zu zersetzen.*

---

[3] Mazzarella 2004, 13 (im Original: „l'inizio, per quell'esserci che sa di averlo, è nel suo saperlo").
[4] Hier wird der Begriff ‚Lebensraum' in seinem ursprünglichen Wortsinn verwendet, der auf Friedrich Ratzel (in Ratzel 1897) zurückgeht und damit vor seiner verhängnisvollen geopolitischen Wende etabliert wurde.

Es ist offenkundig, dass diese Behauptung eine Reihe von Annahmen enthält, die einer weiteren Erklärung bedürfen. Beginnen wir mit der Formel „Philosophie der Technik im Nominativ" (TECNOM), gefolgt von der des „anthropischen Perimeters", deren nähere Bestimmung die notwendige Voraussetzung für unsere Auslegung der Technik als „Neo-Umwelt" darstellt.

Zuvor gilt es jedoch, einen naheliegenden und durchaus nachvollziehbaren Einwand vorwegzunehmen, der sich für unsere Fragestellung gleichwohl als unangemessen erweist. „Es ist keineswegs gesagt", so lautet der Einwand, „dass die ‚Tierhaftigkeit' – vorausgesetzt, es existiere tatsächlich so etwas – der sogenannten ‚Umweltlichkeit' entspreche, im Gegenteil". Unser Ansatz, so ist zu erwidern, hängt keinesfalls von einer solchen Entsprechung ab und nimmt sie auch nicht für sich in Anspruch. Wir behaupten also nicht, dass die ‚Umweltlichkeit' tatsächlich und wesentlich die Seinsart jener Lebewesen zusammenfasst, die aus Konvention als ‚Tiere' bezeichnet werden. Selbst wenn sich die These von der Umweltlichkeit des Tieres als reine anthropologische Projektion erweisen sollte, steckt der für uns entscheidende Aspekt darin, dass diese Projektion *ab intra* – bzw. aus dem Inneren der *conditio humana* heraus – eine Grenze der Erkennbarkeit herzustellen vermag und somit eine Schwelle sichtbar macht, über die hinaus der Mensch es riskiert, sich als solchen nicht mehr wiederzuerkennen.

Gleichwohl kommt dem Gedankenexperiment einer Gleichsetzung von Umweltlichkeit und Tierhaftigkeit die Rolle eines notwendigen Vergleichsmoments zu, um zu zeigen, dass ein ‚verumweltlichter Mensch' – also jener Typus, der in seiner ihn eigentlich bestimmenden Weltlichkeit gehemmt und somit von der Technik in ihrer systemischen Version produziert wird – es nicht mehr vermag, sich selbst zu erkennen.[5]

---

[5] Obgleich wir in Bezug auf das Thema der Tierhaftigkeit sowie der anthropologischen Differenz eine Position einnehmen, die sich aus Überlegungen von Uexkülls in der Lesart Heideggers speist, sind wir uns der Kritik Derridas durchaus bewusst, die er in seinem leider unvollständig gebliebenen Versuch formuliert, die Tierhaftigkeit und das Tier neu zu denken, was in seiner Wortneuschöpfung „*animot*" zum Ausdruck kommt (vgl. Derrida 2010). In Agamben 2003 geht Giorgio Agamben von einem Vergleich zwischen dem Zustand des Tieres (umweltlich) und dem des Menschen (weltlich) aus, wobei auch er auf den diesbezüglichen Gedanken Heideggers rekurriert. Daraus entwickelt Agamben eine These, welche eine Nähe zur Neo-Umweltlichkeit aufzeigt.

Zwei abschließende Vorbemerkungen. Erstens: Die hier vorgelegten Untersuchungen sind Teil einer bereits vor einigen Jahren in Angriff genommenen Forschungsstudie, die noch *in fieri* zu gelten hat.[6] Die zweite Vorbemerkung ist lexikalischer Natur. Da die hier entwickelte philosophische Anthropologie der Technik in Anknüpfung an einige Schriften Heideggers entstanden ist (insbesondere an *Der Ursprung des Kunstwerkes* und die Vorlesungen über die *Grundbegriffe der Metaphysik*), entstammen auch einige unserer Schlüsselbegriffe diesen Werken. Was wir in den ersten beiden Teilen mit „Welt" und „Menschenwelt" bezeichnet haben, wird nun hier entsprechend unter den Begriffen „Erde" und „Welt" behandelt.

3.2 Die Philosophie der Technik im Nominativ (TECNOM)

Um die für unsere Argumentation unabdingbare Formel „Philosophie der Technik im Nominativ" (TECNOM) zu präzisieren, führen wir Franco Volpi an, auf den dieses Konzept zurückgeht. Volpi schreibt:

> [N]ach dem zu urteilen, was in Kulturkreisen dieser Art für Untersuchungen angelegt worden sind, [...] zeichnet sich folgendes Risiko ab: Dass zum wiederholten Male eine *Philosophie im Genetiv* hervorgebracht wird. Was ich damit meine, sind Gedanken, die im Wesentlichen eine lediglich zweckdienliche und untergeordnete Funktion haben, ohne selbst eine Orientierung zu geben. [...] [D]as Risiko der vielen Philosophien im Genetiv, welche zahlreich auftreten [...] ist die Reduzierung des Philosophierens auf eine Art von *anabasis*, das Zurückziehen von den großen Fragen, um sich in Detailprobleme zu flüchten. Es drängt sich somit die Frage auf: Ist eine *Philosophie der Technik im Nominativ (filosofia della tecnica al nominativo)* möglich?[7]

Die Herausforderung dieser Worte anzunehmen bedeutet, eine affirmative Antwort auf die hier formulierte Frage zu finden, und sie lautet: Ja, eine solche Philosophie ist möglich. Im Folgenden werden wir die Gründe dafür erörtern.

---

[6] Insbesondere müsste die vorliegende Arbeit durch einen Aufsatz ergänzt werden, der gleichsam ihr natürliches *pendant* darstellt: Cera 2007a. Vgl. außerdem Cera 2012.
[7] Volpi 2004, 146-147 (Hervorh. A. C.).

1) „Im Nominativ" steht eine Philosophie der Technik, die einen Status der Autonomie für sich beansprucht, vor allem, insofern sie die schwierige Aufgabe übernimmt, die Wirklichkeit der Technik als epochales Phänomen nachzuweisen. Auf diese Weise wird sie zur Zielscheibe all jener Einwände, die vom „Neo-Ingenieurismus *(neo-ingegnerismo)*"[8] formuliert werden, nach dem es so etwas wie ‚*die* Technik' nicht gibt. Von diesem „Einwand des Nominalismus" ausgehend – wie Jacques Ellul ihn nennt – wäre die Technik nichts anderes als ein philosophischers *Totem*, etwas, was sich die Philosophie in einem Moment der unumkehrbaren Krise künstlich erschafft, um die eigene unsichere Position zu konsolidieren. Die ‚Technik' werde so zu einem „bequemen und nützlichen Begriff", dem letztlich „keine Wirklichkeit entspricht"[9].

So gesehen, definiert sich TECNOM insbesondere im Widerspruch zu all jenen Ansätzen „im Genitiv", die die Frage nach der Technik abwerten, indem sie sie in eine Vielzahl einzelner *Techniken* zerschlagen, deren jede eine jeweils spezifische und festumrissene Problematik impliziere. Was man diesen Ansätzen auf struktureller Ebene vorwerfen kann, ist ihr Missverständnis dessen, was bis heute als Motto des technischen Zeitalters gelten kann, nämlich, dass „das Wesen der Technik ganz und gar nichts Technisches"[10] ist. Dem unumkehrbar umsichtigen Blick des ‚Technikers der Technik' entgeht, dass *die einzelnen Techniken lediglich Mittel zum Zweck*

---

[8] Mit dem neuen Begriff des „*neo-ingegnerismo*" beziehen wir uns auf jene Studien zur Philosophie der Technik, die in Deutschland Ende der 1960er Jahre entstanden sind und die sogenannte „*realistische Wende*" eingeläutet haben. Die bekanntesten Namen, die man mit diesem Ansatz verbindet – und die sich alle in verschiedener Weise um den *Verein Deutsche Ingenieure* (VDI) ranken – sind: Christoph Hubig, Hans Lenk, Friedrich Rapp, Günther Ropohl und Alois Huning. Die „Neo-Ingenieure" zielen darauf ab, *Techniker der Technik* zu sein, indem sie sich darauf beschränken, die Probleme der Technik (d. h. der einzelnen und konkreten Techniken) gewissermaßen von Fall zu Fall zu ‚reparieren'. Auf diese Weise bleibt jedoch die Technik als spezifisch philosophische Frage außen vor, so dass sich die *Philosophie der Technik* restlos in einer *Technikphilosophie* (also in einer ‚problem solving-Leistung') erschöpft. Zur Vertiefung dieses Themas vgl. Cera 2007a, 63 ff. Unserer Meinung nach passt eine solche Kritik auch zu der sogenannten „postphänomenologischen Philosophie der Technik" (vgl. dazu Achterhius 2001).
[9] Vom „Einwand des Nominalismus" (*obiezione del nominalismo*) spricht Jacques Ellul (in Ellul 1984).
[10] Heidegger 1953, 5.

sind, die Zweckmäßigkeit in den Rang eines Selbstzwecks (der Technik als eines epochalen Phänomens) zu erheben.

Das bedeutet, dass nur die Technik als Phänomen und System das Subjekt einer eigentlich philosophischen Besinnung sein kann. TECNOM muss auf *die Technik* gegen *die Techniken* setzen, und ihre Aufgabe wird es sein, „ausschließlich zu transkribieren, zu übersetzen, zu übermitteln [...] eine gleichzeitig konkrete und grundlegende Bewusstseinswerdung des technischen Phänomens als Einheit."[11]

Eine solche Philosophie wird die Beschaffenheit der Technik als gegenwärtige Weltform und als „Subjekt der Geschichte"[12] unter Beweis stellen, gegen den Versuch, sie in eine Reihe loser Elemente zu zerteilen, die allein auf rhetorischer Ebene eine forcierte Zusammenführung erfahren. In der Aufstellung dieser Annahme nähern wir uns bereits einer Auslegung der Technik als Neo-Umwelt.

2) Trotz dieser Vorrede verstehen wir TECNOM weder als System noch als Methode, da dies ihre Herabwürdigung innerhalb eines Horizontes bedeuten würde, der, wenngleich ursprünglich antitechnisch, sich in seiner Wirkung organisch gegenüber einer technischen *ratio* erweist.[13]

Da TECNOM anhand des Beispiels von Nietzsche den „Willen zum System" mit einem grundlegenden „Mangel an Rechtschaffenheit"[14] gleichsetzt, ist sie als *habitus* bzw. *Stil* zu bezeichnen. Ihr scheint damit sowohl eine phänomenologische als auch eine impressionistische Ausrichtung zu eignen, die sich – indem sie auf das eigene diagnostische Talent vertraut – mit dem Verweilen auf der Schwelle definitiver Aussagen zufrieden gibt. Tatsächlich besteht die größte Gefahr dabei darin, sich in einer Sackgasse epochaler Prophezeiungen zu verlieren. Ein eindringliches Beispiel dieses antimethodischen *habitus* wird von der „philosophischen Anthropologie im

---

[11] Ellul 1954 (*Avertissement*, ohne Seitenzählung).

[12] Vgl. Anders 2002b, 9 und 271-298.

[13] Diese anti-systematische Option wird erneut gut von Jacques Ellul auf den Punkt gebracht: „Ich lehne es ab, meinem Denken die Form einer Theorie oder eines System zu verleihen. Statt dessen gehe ich von einem dialektischen Ganzen aus, das nicht geschlossen ist, sondern offen, und ich hüte mich davor, Lösungen dieses Ganzen zu präsentieren [...]. Würde ich das tun, trüge ich meinerseits zu der technischen Totalisierung bei." (Ellul 2004, 210; Übersetzung A. C.).

[14] Nietzsche 1969, 57.

Zeitalter der Technokratie" von Günther Anders geboten, die zwar einerseits eine strenge Beobachtungsgabe für sich in Anspruch nimmt, andererseits eine „*Gelegenheitsphilosophie*" sein möchte, die ein Theoretisieren „*en plein air*" betreibt. Letzteres geht von ganz konkreten Erfahrungen aus, um zu einer „Systematik *après coup*"[15] zu gelangen.

Aufgrund ihrer ‚odologischen' Berufung – also ihrer Zurückweisung eines jeden methodischen Käfigs – führt TECNOM die Erfahrung derer ins Feld, die tatsächlich ein solches Talent zur Diagnose bzw. einen solchen Stil mitbringen. Damit ist letztlich nichts anderes gemeint als ein authentischer *Sinn für Geschichte*, ein echtes *Gefühl für die (eigene) Zeit*. Zu diesen ‚Meistern des Stils' zählen wir neben Heidegger Jacques Ellul, Günther Anders, Ernst und Friedrich Georg Jünger, Arnold Gehlen, Ernst Kapp, Lewis Mumford und Gilbert Simondon.[16] Diese Auslese soll kein Errichten eines Pantheons bedeuten. Ihre Beispielhaftigkeit erlaubt es dennoch, die Ideen dieser ‚Meister des Stils' für das Ziel der vorliegenden Studie heranzuziehen bzw. bei Bedarf einige ihrer jeweils spezifischen Positionen zurückzuweisen.

3) Obgleich die Technik keine anthropologische Frage *tout court* ist, betrifft sie den Menschen seit jeher und im Kern. Ohne sich dem Vorwurf auszusetzen, alten und neuen humanistischen Idealen zu verfallen, entscheidet sich TECNOM bewusst für eine *anthropologische Beteiligung* und damit für den ‚nicht anthropozentrische Neo-Humanismus' eines Ellul oder Anders und gegen die, wenn auch vielleicht nur unterstellte, ‚anthropologische Gleichgültigkeit' eines Heidegger. Die anthropologische Beteiligung bringt die Einsicht in die zwischen Mensch und Technik herrschende *symploké* (ein unentwirrbares Geflecht) zum Ausdruck. *Anthropogenese und Technogenese sind Synonyme*.[17] Hinter jeder Position in Bezug auf die Technik verbirgt

---

[15] Anders 2002b, 9-10.

[16] Diesen Namen könnte man noch weitere hinzufügen, z. B. diejenigen der Frankfurter Schule, Oswald Spengler und Ernst Cassirer sowie, aus der nachfolgenden Generation, Andrew Feenberg, Gilbert Hottois, Don Ihde, Carl Mitcham, Emanuele Severino und Bernard Stiegler. Für eine kurze historische Übersicht zur Philosophie der Technik, siehe: Hottois 2003; Hubig/Huning/Ropohl 2013 und Cera 2007a, 44-67.

[17] Von „Anthropotechnik" spricht bekanntlich Peter Sloterdijk (vgl. Sloterdijk 2009). Aus dem posthumanistischen Bereich bringt Roberto Marchesini die Formel einer *Anthropo-poiesis* als Höhepunkt eines „Anthropodezentrismus-Prozesses" ins Spiel (vgl. Marchesini 2002 und 2009, 80-86). Danach ist der Mensch das, was er aus sich

sich zugleich eine anthropologische sowie kosmologische Voraussetzung. Die Technik zu denken impliziert somit *ipso facto*, an die Welt zu denken, der sie Gestalt verleihen will, und gleichzeitig an denjenigen, der sich, indem er diese Gestalt erschafft, selbst in ihr zu verorten hat.

In Anlehnung an den *positionalen* Charakter der eigenen anthropologischen These (d. h. des *anthropischen Perimeters*) übernimmt TECNOM die Aufgabe, die für den Menschen notwendige Selbsterkenntnis zu ermöglichen und zu bewahren. Denn *die Aufgabe für ein Dasein, dessen Anfang „im Wissen darum liegt", besteht darin, ihn immer wieder wissen zu wollen und zu können*.

4) Aufgrund ihrer bewussten ‚Nicht-Neutralität' wählt TECNOM eine *Zwischenstellung*, indem sie zwei sich gegenseitig spiegelnden Versuchungen standhält. Einerseits dem bereits erwähnten Ansatz des Neo-Ingenieurismus, der gerade wegen seines allzu entzauberten Rationalismus die epochale Bedeutung der Technik verkennt, so dass er aus ihr ein unangreifbares *positum*, also ein *idolum* macht. Andererseits entgeht sie dem paradoxen ‚wahrsagerischen Determinismus', dem mitunter sogar die bedachtesten Versuche, die Technik philosophisch zu diskutieren, erliegen.

Obwohl TECNOM die ihr immanente geschichtliche Komponente anerkennt (was wie gesagt einem „authentischen Sinn für Geschichte" entspricht), hütet sie sich davor, wie eine neuartige Geschichtsphilosophie daherzukommen, da sich in dieser immer die Gefahr unerfüllter religiöser Wünsche einnistet, die hinter säkularisierten Masken verschleiert werden. Am deutlichsten manifestiert sich eine solche Gefahr im Fall des Hinübergleitens von *Weltgeschichte* zu *Heilsgeschehen*, das insbesondere Löwith hervorgehoben und kritisch hinterfragt hat.[18]

Auf dem schmalen Grad, der die Geschichte von der Schickung trennt, entfaltet TECNOM ihre ganze diagnostische Wirkungskraft, ohne zur ‚geschichtlichen Mantik' zu werden. Der Philosoph/Anthropologe der Technik muss sein Augenmerk wortwörtlich darauf lenken, ein reiner Beobachter zu sein, nicht mehr und nicht weniger, also kein Augur oder Wahrsager. Sein Blick muss eine panoramaartige Ausrichtung beibehalten, denn dort, wo er

---

macht, und prinzipiell gibt es nichts, was er nicht aus sich machen könnte. Eine solche Position ist durch und durch einer Entgleisung der technischen Neo-Umweltlichkeit zuzuschreiben.

[18] Vgl. Löwith 1953a und 1961.

zu nah an seinen Betrachtungsgegenstand gerät und seine diagnostische Begabung auf Voraussagen für die nahe Zukunft verwendet, verliert er sein eigentliches Ziel aus den Augen und begeht somit einen Verrat an seiner ursprünglichen Aufgabe.[19] TECNOM ist grundsätzlich *unzeitgemäß* und somit niemals *antiquiert*, was sie für jede Zeit unverzichtbar macht.

3.3 Das anthropische Perimeter

3.3.1 *Weltlichkeit: Zu einer positionalen Anthropologie*

Nachdem wir Bedeutung und Funktion der TECNOM abgesteckt haben, wenden wir uns nun dem *anthropischen Perimeter* zu. Das anthropische Perimeter ist wie gesagt *die Gesamtheit jener grundlegenden Eigenschaften (Ekstatizität, Weltlichkeit, Erdhaftigkeit und Geschichtlichkeit), welche die Grenzen der* conditio humana *definieren*, oder besser gesagt, *die den oikologischen Horizont (das Perimeter) stiften, in dem der Mensch fähig ist, sich als solchen wiederzuerkennen.*

In erster Linie fasst diese Formel den Versuch zusammen, hier und jetzt eine Entgegnung auf die Menschenfrage aus philosophischer Sicht zu formulieren, die zugleich als Beleg ihrer unverminderten Bedeutung gelten kann. Mit anderen Worten: Die Bescheinigung der Unmöglichkeit einer eindeutigen und definitiven Antwort auf diese Frage schmälert in keiner Weise ihre Dringlichkeit. Sie zwingt im Gegenteil dazu, sich dem natürlichen Instinkt einer jeglichen Befragung zu beugen, der darin liegt, zu einer Lösung kommen zu wollen. Das anthropische Perimeter ist das, was vom Menschlichen übrigbleibt, wenn seine wesenhafte Interpretation erst einmal

---

[19] Von diesem Niedergang der diagnostischen Fähigkeit aus übertriebenem prognostischem Ehrgeiz heraus zeugen einige Passagen aus den letzten Werken von Ellul (1988 und 2004) sowie noch deutlicher einige jüngere Texte von Emanuele Severino, die, zumindest vom Titel her zu urteilen, der Technik gewidmet zu sein scheinen (siehe insbesondere Severino 1998a). Hier werden die enttäuschten eschatologischen Wünsche der Geschichtsphilosophie in eine ‚geschichtliche Mantik in Echtzeit' verwandelt und die epochale Bedeutung der Technik durch prophetische Versuche (die selbstverständlich alle *ex post* sind) entwertet, die sich sogar an das vulgäre Geschnatter der aktuellen italienischen Politik richten. Selbst der sogenannte ‚Berlusconismus' lässt sich unter dieser Perspektive als „destino della tecnica" auffassen.

zurückgenommen wird. Es stellt die Möglichkeit dar, auch dann etwas Wesentliches in Bezug auf den Menschen zu behaupten, wenn die Bestimmung seines (einen) Wesens als unmöglich erkannt worden ist.

Diese Formel eignet sich demnach die grundlegende Hinterlassenschaft des modernen Denkens an, die sich auf die ‚Wesenlosigkeit' (Unergründlichkeit) des Menschen bezieht. Es handelt sich um eine Hinterlassenschaft, die von jenen philosophisch-anthropologischen Ansätzen herausgearbeitet wurde, die von Herder bis Gehlen das Paradigma des *Mängelwesens* begründet haben. Darüber haben wir uns ausführlich in den ersten beiden Teilen der vorliegenden Studie ausgelassen. An dieser Stelle soll es genügen, zwei diesbezüglich zentrale Aspekte zu unterstreichen: einen destruktiven und einen konstruktiven. Die destruktive Seite, d. h. das *pars destruens*, bestätigt die Verabschiedung von ‚Fragen um die menschliche Wesenhaftigkeit', was auf eine *Anthropologie der Negativität* hinausläuft, bescheinigt durch den strukturellen (in erster Linie biologischen) Mangel, der den Menschen von Natur aus kennzeichnet. Gleichzeitig besteht jedoch ein Gegenpart (d. h. ein *pars construens*), der die gewissermaßen tagaktive und affirmative Seite der wesenhaften Verfinsterung ausmacht. Diese Seite fällt mit dem Übergang zu einem neuen anthropologischen Paradigma zusammen, von dem ausgehend der Fehlbetrag, der der mangelhaften *imago hominis* zugrunde liegt, eine durchaus konstruktive Konnotation erhält, nämlich eine paradox anmutende, weil unbestimmte Fülle. Die Einzigartigkeit des Menschen ist nicht mehr in einem ‚Was', sondern in einer Einstellung, einer ‚Situation', in dem ‚Wie eines Wo' zu finden. Seine Besonderheit liegt in der Ausschließlichkeit seines ‚Sich-Stellens', seines ‚Sich-Verortens' (Sich-Positionierens), die schon immer *Stellung-nahmen (Einstellungen)*, also mehr als eine bloße Stellung sind. Im Übergang der *natura hominis* zur *conditio humana* zeichnet sich die menschliche Seinsart als eine Konstellation bzw. als ein Perimeter ab. *Der Mensch ist durch das Verhältnis bestimmt, das er mit dem ‚Worin' des eigenen Daseins stiftet.* Anders gesagt: Das Sein des Menschen entspricht seiner grundsätzlichen Haltung, d. h. der besonderen Art seiner wortwörtlichen ‚Be-findlichkeit' (*in-sistere*) in jenem Rahmen oder jener Umgebung, die ihn umschreibt. Einem solchen „Sich-darin-Befinden" ist bereits eine Distanz immanent, ein solches *in-sistere* ist immer schon auch ein *ex-sistere*. Das Dasein des Menschen ist eine *Ex-sistenz* und diese sein authentisches Merkmal. Verglichen mit anderen Lebewesen, definiert sich seine *Sonder-Stellung* dadurch, dass sie sich nicht, wie gesagt, in einer bloßen Stellung begrenzen lässt, sondern eine Stellungnahme bzw. Einstellung oder gar *Positur*

(Haltung) darstellt,[20] da der Mensch selbst ganz entschieden an dem Aufbau seiner ‚oikologischen Nische' (seines *oikos*) mitwirkt. Nicht nur umschreibt er den eigenen Lebensraum, sondern er erschafft ihn, indem er sich zugleich eine spezifische Eigengestalt aufdrückt. Dieser natürlichen Fähigkeit des Menschen geben wir den Namen *Weltlichkeit*,[21] in gewollter Anspielung auf die *Umweltlehre* Jakob von Uexkülls und ihre Unterscheidung zwischen Mensch (im Sinne eines *Welt*-Wesens) und Tier (im Sinne eines *Umwelt*-Wesens).

Diese These fasst die bejahende Seite des Paradigmas der Mangelhaftigkeit zusammen und verwandelt somit die Anthropologie der Negativität in eine neue Anthropologie, die nicht bloß eine *topologische*, sondern eine *positionale* ist. Der Mensch ist *naturaliter* dazu gezwungen, dem Rahmen, dem er innewohnen wird, eine Form zu verleihen, den ‚umgebenden Stoff'

---

[20] Der Gebrauch des Begriffes ‚Einstellung' erklärt sich nicht allein aus der Verknüpfung mit ‚Stellung' und ‚Sonderstellung', sondern insbesondere dadurch, dass er das ‚sich Positionieren' (das ‚sich Stellen') im übertragenen Sinne im Blick hat, ein ‚sich Aufstellen', ein ‚sich Gebärden', ein ‚sich Halten'. Kraft seiner geringen semantischen Bestimmung beleuchtet ‚Einstellung' bereits jene pathische Dimension, die in der hier formulierten These das zentrale Element der einzigartigen menschlichen Positionierung ausmacht, nämlich den Schlüssel zu seiner Weltlichkeit. Im Folgenden wird diese Positionierung als ein ‚*situatives Pathos*', d. h. als *Befindlichkeit* präzisiert. Auch die Anspielung auf die ‚Haltung/Positur' stellt mehr als nur eine lexikalische Spielart dar, weil in ihr ‚Stellung' und ‚Einstellung' eine mögliche Synthese eingehen. Tatsächlich haften dem Gedanken einer *Stellungshaftigkeit* die plausibelsten Interpretationsansätze in Bezug auf das Phänomen der Menschwerdung an. In der *aufrechten Haltung* besteht die evolutive Wende hin zur heutigen Evolutionsstufe des menschlichen Geschlechts, die sich durch die grundlegende „Entlastung" von dem zuvor absoluten Druck der Umwelt auszeichnet. Die aufrechte Haltung setzt jenen biologischen Luxus, das Ur-Werkzeug, das ‚organische *organon*' frei: die Hand. Damit einher geht die Möglichkeit der Sprache. In diesem Zusammenhang gilt es, einen Autor zu nennen, den wir bereits mit Bezug auf die medizinisch-physiologische Anthropologie erwähnt haben: Erwin Straus (Straus 1949). Außerdem ist die Nennung von André Leroi-Gourhan unerlässlich, insbesondere sein inzwischen als Klassiker zu bezeichnendes Werk (Leroi-Gourhan 1987). Im Hinblick auf den ‚χειρουργικός' (manuellen) Charakter der Technik von Anbeginn an, vgl. Longo 1991.
[21] Der von uns vorgeschlagene Begriff der *Weltlichkeit* stellt bewusste Parallelen zu der „Weltlichkeit" von *Sein und Zeit* her. Vgl. Heidegger 1977, 85-119 (§§ 14-18). Was die *Umweltlehre* von von Uexküll betrifft, bedienen wir uns ihrer philosophischen *relécture* durch Gehlen und Heidegger.

zu modellieren, um ihn bewohnbar und somit lebenswert zu machen. Ist dies einmal geschehen (und nur dann!), wird die anfängliche *Umgebung* bzw. das *milieu* zur *Welt*, d. h. zu einem spezifischen Worin (*oikos*) für das Dasein des Menschen.[22] Daraus folgt, dass die menschliche Anpassung einer Begegnung auf halber Strecke zwischen seiner anfänglichen Gegebenheit – nämlich seiner mangelhaften biologischen Ausstattung – und der umgebenden Gegebenheit entspricht. In Übereinstimmung mit Heidegger können wir demnach behaupten, dass das hauptsächliche Merkmal des Menschen in seinem „*weltbildend* sein" liege.[23] Eben darin besteht die oben genannte *Weltlichkeit*. Dies bedeutet zugleich, dass er als welt-*bildend* ein von Natur aus technisches Wesen ist, da ihm eine demiurgische Bestimmung inhärent ist, die ihn gezwungenermaßen zum Gestalter eines ihm vorausgehenden formlosen ‚umgebenden Stoffes' werden lässt.

Im Gegensatz dazu ist die oikologische Nische des Tieres *Umwelt*; und zwar ein natürlicher Abdruck, dem es aufgrund seiner organischen Ausstattung gänzlich und unmittelbar anhaftet. In Bezug auf das Tier manifestiert sich die Umwelt als eine absolute Selbstgegebenheit:

> [S]ie [die Welt] bietet sich dem Tier im Voraus [...] wie die Brust dem Säugling [...]. [Das meint, dass] das Tier nicht auf die Welt kommt, sondern seine Welt mit ihm kommt [...]Die Nachfrage des Tieres und das Angebot der Welt stimmen überein.[24]

---

[22] „Dann ist ‚Umgebung' die Gesamtheit der in naturgesetzlicher Weise miteinander verknüpften Glieder eines Lebensraumes, in dem wir einen Organismus beobachten, in den wir ihn versetzen oder versetzt denken, und ‚Umwelt' die im ganzen Komplex einer Umgebung enthaltene Gesamtheit der Bedingungen, die einem bestimmten Organismus gestatten, sich kraft seiner spezifischen Organisation zu halten [...]. Der so definierte Umweltbegriff hat in der Anwendung auf den Menschen Schwierigkeiten [...] [E]ine spezifische, zugeordnete Umwelt oder Umgebung im Sinne obiger Definition ist daher nicht angebbar." (Gehlen 1942, 79-80)
[23] Heidegger 2004, 397-532 (§§ 64-76). Die berühmten Charakterisierungen des Menschen als „*weltbildend*", des Tieres als „*weltarm*" und des Steins als „*weltlos*" erfolgt ebd. 261-264 (§ 42). Wie bereits im ersten Teil unserer Untersuchung erwähnt, erkennt Cassirer im „*formfähig*" sein die grundlegende Eigenschaft des „animal symbolicum" (vgl. Cassirer 1944).
[24] Anders 1934-1935, 2. Obwohl Anders eine ‚oikologische Differenz' zwischen der Sphäre des Menschen und der des Tieres macht, verwendet er in diesem Aufsatz nur den Begriff „Welt (*monde*)", den er auf beide gleichermaßen bezieht.

Das bedeutet, dass das Tier unfähig ist, eine Umgebung überhaupt wahrzunehmen bzw. einen vorgegebenen Rahmen, einen Überschuss, der seinem tatsächlichen Lebensraum zugrunde liegt, wodurch es von jedweder Möglichkeit ausgeschlossen ist, die eigene Umwelt *als solche* (d. h. den eigenen *oikos*) zu erfahren. Das hauptsächliche Merkmal des Tieres besteht somit in seiner *Umweltlichkeit* oder – wie Heidegger sagt – in seinem „*weltarm* sein".

Aus diesen Vorbemerkungen geht hervor, dass die Kriterien bei der Unterscheidung von Mensch und Tier keineswegs einem strikt biologischen Raster entnommen werden können, sondern dass hier, wenn auch keine ontologischen, so doch *oikologische* Parameter angesetzt werden müssen. Was sie in erster Linie unterscheidet, ist ihr jeweiliges Verhältnis zu ihrem Wohnort, ihrem Lebensraum, d. h. ihrem *oikos*. Der *Bauplan* des Tieres befähigt es unmittelbar und von Anbeginn an, eine entsprechende oikologische Nische zu finden, in der es sich so weit einrichtet und anpasst, bis es gewissermaßen in ihr verschwindet. In der vollkommen harmonischen Verknüpfung von *Merkwelt* und *Wirkwelt* vervollständigt sich der *Lebenskreis* des Tieres wie in einem Kreislauf.[25] So bildet das Tier mit seiner oikologischen Nische eine Art untrennbare Einheit, einem Individuum oder gar einer Monade gleich. Für das Tier als Umweltwesen erwächst daraus die Unmöglichkeit, das ‚Als-solches' sowohl seiner selbst als auch der eigenen Umwelt zu erfahren. Das Prinzip des ‚als solches' ist dabei nichts anderes als die *differenzielle dynamis*, bzw. die Fähigkeit, die reine Andersheit an sich wahrzunehmen, d. h. „etwas, das an und für sich anders als ich selbst ist". Als Umweltwesen ist dem Tier diese Fähigkeit verwehrt und damit auch die Möglichkeit, das Seiende zu erfassen, *seinzulassen* – allem voran das Seiende, das es selbst ist: „Das Tier steht als solches nicht in der Offenbarkeit von Seiendem. Weder

---

[25] In Bezug auf das Tier schreibt von Uexküll: „Alles, was ein Subjekt merkt, wird zu seiner *Merkwelt*, und alles, was es wirkt, zu seiner *Wirkwelt*. Merkwelt und Wirkwelt bilden gemeinsam eine geschlossene Einheit, die *Umwelt*." (Uexküll 1934, 22) Im Folgenden lesen wir von „de[m] erste[n] Fundamentalansatz der Umweltlehre: alle Tiersubjekte [...] sind mit der gleichen Vollkommenheit in ihre Umwelten eingepaßt." (Ebd. 27) Vgl. auch von Uexküll 1921, der den direkten Bezugstext von Heidegger 2004 darstellt. – Zu einem Vergleich zwischen von Uexküll und Heidegger vgl. Bassanese 2004. Zu von Uexkülls Lebenswerk ist darüber hinaus folgendes verdienstvolles Werk in italienischer Sprache erschienen: Brentari 2011. Zur *Umweltlehre* siehe außerdem Langthaler 1992.

seine sogenannte Umgebung noch es selbst sind als Seiendes offenbar"[26]. Das Seinlassen enthüllt übrigens zugleich die Grundstruktur der Begegnung, weswegen die Unmöglichkeit, das ‚Als-solches' zu erfahren, den Zugang zu jeder authentischen Beziehung verwehrt.

Aus dem Bisherigen kann auch geschlossen werden, dass zwischen Mensch und Tier vor allem eine strukturelle Verschiedenheit bezüglich ihrer jeweiligen *Anpassungsleistung* zu konstatieren ist. Das Tier passt sich an, weil es *angepasst* ist; seine Anpassung tritt seit jeher *energheiai, in actu* auf, da sie in seinem *oikos* bereits ursprünglich und unmittelbar angelegt ist. Der Mensch passt sich an, weil er *anpassungsfähig* ist; seine Anpassung manifestiert sich *dynamei, in potentia*, da er in der Lage ist, die ursprüngliche Distanz/Fremdheit zwischen sich selbst und seinem umgebenden Korrelat anhand seiner technisch-demiurgischen Fertigkeiten auszufüllen. Auf diese Weise entsteht sein *oikos* in Form von Welt.

An dieser Stelle sei es uns erstmals erlaubt, folgende These als gesicherte Erkenntnis zu formulieren: *Die Weltlichkeit* – d. h. die spezifisch positionale Anlage des Menschen, die ihn von anderen Lebewesen abhebt – *umschreibt das anthropische Perimeter*.

Bevor wir in unserer Argumentation fortfahren, halten wir es für angemessen, das bisher Gesagte kurz zusammenzufassen. Die Überwindung des wesenhaften (essenzialistischen) anthropologischen Paradigmas lässt dasjenige der Verhältnismäßigkeit hervortreten, welches zur scheinbar ganz negativ konnotierten Vorstellung des Menschen als *Mängelwesen* gerinnt. Die ‚Wesenlosigkeit' (Ergründlichkeit) des Menschen bleibt nur unter rein organisch-biologischer Optik pure Mangelhaftigkeit, während sie sich aus der *onto-oikologischen* Perspektive einer *positionalen* Anthropologie heraus[27] als eine grundlegende Öffnung bezüglich des *Worin* des eigenes Daseins entpuppt. Dieser ‚natürliche Ort' des Menschen ist die Welt bzw. jener Lebens-

---

[26] Heidegger 2004, 361. Um den Unterschied der *conditio* – ein Unterschied, der keine Hierarchie beinhaltet – zwischen Mensch und Tier hervorzuheben, schreibt er kurz zuvor: „Wir können nicht sagen: dem Tier ist das Seiende verschlossen. Das könnte nur sein, wenn irgendeine Möglichkeit der Aufgeschlossenheit bestände [...]. Die Benommenheit des Tieres stellt das Tier wesenmäßig außerhalb der Möglichkeit, daß ihm Seiendes sei es aufgeschlossen, sei es verschlossen ist." (Ebd.)

[27] „Onto-ethologisch" ist hingegen die von Brett Buchanan vorgeschlagene Perspektive (vgl. Buchanan 2008).

raum, „der kein *datum*, sondern ein *dandum* ist"; und zwar eine *materia a posteriori*, die ihm nicht unmittelbar gegeben ist (wie es beim Lebensraum des Tieres der Fall ist), sondern die er, ausgehend von der ursprünglichen Umgebung, gestalten muss. Das In-der-Welt-sein, das Sich-in-einem-solchen-*oikos*-Aufstellen (das menschliche *in-sistere*) entspricht demnach einem *ex-sistere* – einem Sein auf Distanz (einer Weltfremdheit), wobei letztere wie eine aufgeschlossene (,ent-schlossene') und freie Öffnung fungiert.

Nun betrifft der ‚perimetrale' Charakter des anthropischen Perimeters in erster Linie die Beziehung, die untrennbare Verknüpfung zwischen Mensch und Welt. Das bedeutet, dass, wenn der Mensch als *weltbildend* charakterisiert wird, die Welt als ‚vom Menschen gebildet' zu gelten hat. Folglich ist auf die Unentwirrbarkeit einer solchen Verknüpfung die Begrenzung jenes ursprünglichen transzendentalen Raumes zurückzuführen, in dem die Gründung und Selbsterkenntnis des Menschen stattfindet. Genauer formuliert: Wie auch immer die Art der Weltbildung im Einzelnen und von Mal zu Mal ausfallen mag (sprich, wie auch immer die jeweiligen Welten aussehen, die der Mensch erschafft oder erschaffen kann), steht fest, *dass er eine bilden muss*. Um leben – bzw. *ex-sistere* – zu können, muss er eine weltliche Sphäre schaffen. Demnach ist es ihm erst dank dieser Weltlichkeit möglich, sich als Mensch (wieder)zuerkennen. So wie die Umweltlichkeit das Tier *als solches* bestimmt, indem sie es zum *Umweltwesen* macht, so bestimmt die Weltlichkeit den Menschen als solchen, indem sie ihn zu einem *Weltwesen* macht.

3.3.2 *Ent-fernung und Erdhaftigkeit*

An diesem Punkt unserer Argumentation ist es geboten, den bisher verfolgten anthropologischen Ansatz zu *ent-biologisieren*; dies stellt einen notwendigen Schritt dar, um ihn mit einer echten philosophischen Auslegung der Technik in Einklang zu bringen. Zu diesem Zweck ist unser Ansatz von jenem positivistischen (biologistischen) Missverständnis zu befreien, das der „elementaren Anthropologie" von Gehlen widerfahren ist und sein Paradigma der Mangelhaftigkeit einer irreführenden, weil pauperistischen Lesart unterwirft.

In diesem Zusammenhang sei uns eine kurze Klarstellung erlaubt, die im Grunde nur nochmals aufgreift, was wir ausführlich bereits in den ersten beiden Teilen dargelegt haben. Eine Anthropologie, die wirklich philosophisch bleiben möchte, muss zwar einerseits (heute mehr denn je) den Dialog und die Auseinandersetzung mit den Naturwissenschaften annehmen; andererseits darf sie sich von ihnen jedoch nicht die eigenen Spielregeln vorschreiben lassen. Das bedeutet beispielsweise, nicht als Bedingung anzunehmen, dass die volle Legitimität eines theoretischen Paradigmas in Bezug auf den Menschen – welches zugleich eine *Menschenanschauung* und *Menschenbild* ist und sich damit grundsätzlich jedem ‚positiven' Wissen entzieht – vollständig von objektiven Bestätigungen durch biologische (sowie paleobiologische) ‚Beweise' abhängt. In diesem Sinne hat der Appell Heideggers (trotz seiner zu kritischen Töne, die in einem *anthropologischen Interdikt* gipfeln), nach dem ein ontologisches Korrektiv zu etablieren sei, von dem jede philosophisch inspirierte Menschenfrage profitieren könne, ungebrochen Aktualität.

Um zum eigentlichen Thema zurückzukehren, verlangt eine solche Ent-Biologisierung in erster Linie die Neudefinition des bei Gehlen so zentralen Begriffes der *„Entlastung"*, den wir hier durch *„Ent-fernung"* – verstanden als ein *„Verschwindenmachen der Ferne"* – ersetzen.[28] Gerade aufgrund ihrer biologistischen, zoozentrischen Herkunft scheint der Begriff der Entlastung hier potenziell irreführend zu sein. Indem Gehlen das menschliche Handeln in seiner *Handlungslehre* auf ein entlastendes und damit Distanz aufbauendes Element hin interpretiert, hintergeht er ein Menschenbild, das auf zoologischen Wurzeln basiert. Auf diese Weise wird der Mensch auf der neutralen Grundlage eines *zoon* (*animal*) implizit am Maßstab eines ‚einfachen Lebewesens' gemessen, welches zusätzlich – als bloße Ergänzung seiner wesenseigenen *Tierhaftigkeit* nämlich – einen geheimnisvollen *conatus* besitzt, d. h. eine unergründbare *vis*, die ihn durch das Handeln (die Technik) dazu führt, sich graduell von einem hypothetischen anfänglichen Naturzustand zu distanzieren, der dem des Tieres aufs Haar genau gleicht. Um es in den bisher verwendeten Begriffen auszudrücken: Dank des Handelns – besser gesagt: Dank der Technik, die als zweckdienliches Handeln gilt – emanzi-

---

[28] Bezüglich der *Entlastung* vgl. Gehlen 1993, 65-78. Im Hinblick auf den Begriff der *Ent-fernung* haben wir auf § 23 aus *Sein und Zeit* verwiesen, in dem die *Ent-fernung* gemeinsam mit der *Ausrichtung* als konstitutives Element der „Räumlichkeit des Daseins" aufgefasst wird: „*Entfernen besagt ein Verschwindenmachen der Ferne*, das heißt der *Entferntheit* von etwas, Näherung. Dasein ist wesenhaft *ent-fernend*" (Heidegger 1977, 140; Hervorh. A. C.).

piert sich der ‚Tier-Mensch' von seinem ursprünglichen Zustand der Umweltlichkeit.

Eine solche Ableitung funktioniert nur durch das Einhalten ihrer biologistischen Voraussetzung, die aus jedem Lebewesen vor allem ein Umweltwesen macht. Diese Voraussetzung verliert umso mehr an Gewicht, je stärker eine onto-oikologische Perspektive zum Tragen kommt; jene, die die Besonderheiten der Lebewesen mittels ihrer positionalen bzw. verhältnismäßigen Ausrichtung in Augenschein nimmt. Auf dieser Ebene wird – wie gerade gesehen – dem Seienden, welches wir als ‚Mensch' anerkennen, eine spezifische Eigenschaft zugesprochen, die ihn seit jeher außerhalb des umweltlichen Lebenskreises verortet. Es geht um jene ‚weltliche Berufung', die der Fähigkeit (dem Bedürfnis) des Menschen entspricht, sein eigenes umgebendes Korrelat zu bilden, indem er daraus seinen eigentlichen *oikos*, d. h. eine Welt macht. Das bedeutet, dass *die Ausgangssituation des Menschen*, sein hypothetischer Naturzustand, *nicht einer Nähe, sondern eben einer Distanz* zur (einer Fremdheit gegenüber der) *eigenen oikologischen Nische entspricht*. Der reine umweltliche Zustand, jener der unmittelbaren Verschmelzung mit dem eigenen Lebensraum, ist ihm unbekannt. Daraus folgt, dass die wesentliche Ausrichtung seines weltbildenden Handelns, das auf die Aufhebung dieser ursprünglichen Distanz zielt, in der *Ent-fernung* (dem „Verschwindenmachen der Ferne"), also in der *Überwindung einer anfänglichen Weltoffenheit oder auch Weltfremdheit* liegt.[29] Dies ist die einzige Natürlichkeit, die ihm zuzusprechen ist. Das Handeln – das technische Handeln *in primis* – ist demnach wesentlich *ent-fernend*, da der Mensch sich von Natur aus als ein „Wesen der Ferne"[30] erweist.

Innerhalb einer solchen Perspektive entspricht die Welt als solche dem ersten und grundlegenden „Ent-fernten". Ausgehend von dieser ursprüngli-

---

[29] Zum Begriff „*Weltfremdheit*" vgl. vor allem Anders 1934-1935 sowie Anders 1936-1937. Beiden auf Französisch veröffentlichten Aufsätzen liegt ein Vortrag zugrunde, den Anders unter dem Titel *Die Weltfremdheit des Menschen* 1929 bei der Kantgesellschaft in Frankfurt am Main hielt (zur ‚Fremdheitsanthropologie" von Anders vgl. Cera 2018a). Anders legt hier diese ursprüngliche Weltfremdheit des Menschen als Grundform seiner Freiheit aus und befindet sich damit in ungewollter Übereinstimmung mit Gehlen, der in dem Prozess der „*Entfremdung*" den genetischen Kern der menschlichen Freiheit erkennt (vgl. Gehlen 1952).

[30] „Und so ist der Mensch, als existierende Transzendenz überschwingend in Möglichkeiten, ein *Wesen der Ferne*" (Heidegger 1929, 175).

chen Ent-fernung, die eine Welt stiftet, schließt sich der Horizont auf, innerhalb dessen die spezifischen „ent-fernenden Fähigkeiten" zum Zuge kommen. Die Welt stellt den grundlegenden Rahmen dar, der die *innerweltlichen Ent-fernungen* begründet und ausrichtet; und zwar jene Ur-Entfernung, die eine Beziehung zwischen dem Menschen und dem Seienden möglich macht.[31]

Diese Überlegung führt zu einer entschiedenen Neubewertung der Wirkung, die die Technik auf das gegenwärtige Leben des Menschen hat und die zumeist mit dem Schlagwort der ‚Entfremdung'[32] belegt wird. Diese Entfremdung ist allerdings nicht als eine Hyper-Distanznahme – bzw. als eine angeblichen *Über-Entlastung* – gegenüber unserem hypothetischen Naturzustand zu verstehen, der durch und durch der tierhaften Umweltlichkeit entsprechen müsste. Die von der Technik (als gegenwärtiger Weltform) ausgelöste epochale Fehlrichtung ist nicht etwa mit einer bis zum Äußersten gehenden Distanznahme gleichzusetzen, sondern eher mit einer Zwangsannäherung, einer Vermischung, ja einer *(Kon)Fusion* (Verschmelzung). Sie verkörpert den Versuch, die ursprüngliche, von der Natur angelegte Distanz zwischen Mensch und Welt endgültig aufzulösen, um sie ununterscheidbar werden zu lassen. Auf diese Weise soll die Vernichtung der kosmologischen Differenz zwischen Welt und Menschenwelt erreicht werden, d. h. die Reduktion des überschüssigen *mundus rerum* auf das bloße *mundus hominum*.

In ihrer systemischen (neo-umweltlichen) Version setzt die Technik sich zum Ziel, das ekstatische Potenzial des Menschen systematisch zu zersetzen. In ihrer vollkommensten Form entspricht sie dem Versuch, sich von ihrer eigenen Bedingung zur Möglichkeit zu befreien, das heißt, jene Distanz auszulöschen, die zugleich ihr Ursprung wie ihre ewige Verdammung (ihr Schicksal) zu einer Funktion der Zweckdienlichkeit ist: *Die Ent-fernung ent-fernen, bis sie sich in der (Kon)Fusion (Verschmelzung) auflöst*, nämlich in der von der Mischung vielfältiger Elemente geprägten unbestimmten Nähe, die der totalen Stabilisierung (jedes) Seienden gleichkommt. Demzufolge ist diese totale Stabilisierung, hier und jetzt, als *das telos der techne* zu verstehen. Eben diese Dynamik macht eine wesentliche Etappe im Mechanismus der Neo-Umweltlichkeit aus, denn in ihr wurzelt der eigentliche Sinn ihrer ‚entfremdenden Wirkung' auf die Lebensbedingungen des Menschen.

---

[31] *„Ent-fernung entdeckt Entfernheit"* (ebd.).
[32] Zur Vertiefung der „Entfremdung" in der Lesart der philosophischen Anthropologie vgl. – neben dem bereits zitierten Gehlen 1952 – Accarino 2003.

Um nun mit dem Begriff der ‚Ent-fernung' tatsächlich arbeiten zu können, müssen wir ihn in einen geeigneten Kontext stellen. Dies bedeutet, zugleich den Begriff von ‚Welt' aus dem biologistischen Muster zu lösen, ihn also keinesfalls auf ein lediglich physikalisch-biologisches Korrelat zu reduzieren, in dem sich der Mensch verortet. Das Worin des menschlichen Daseins, seine echte oikologische Nische, setzt sich gleichermaßen aus nicht unmittelbar ‚natürlichen' Elementen zusammen, die allerdings ebenso unumgänglich sind. Gemeint ist hier alles, was der kulturellen Sphäre zuzurechnen ist.

Insofern die Welt den spezifischen *oikos* darstellt, den sich der Mensch erschafft, hat sie die Funktion eines die Existenz stabilisierenden Gehäuses, und dies gilt nicht nur in einem strikt organischen, physiologischen Sinne, sondern auch in psychischer, ethischer, ästhetischer und axiologischer Hinsicht. Die Welt besitzt eine Vielzahl an Dimensionen, die der Umwelt des Tieres vorenthalten sind, weshalb sich die Differenz von Welt und Umwelt nicht anhand ihrer jeweiligen Ausdehnung bemessen lässt (was wiederum eine biologistische Lesart wäre), sondern eine *dimensionale Differenz* bedeutet. Die Welt entspricht der Einrichtung eines einheitlichen Horizonts aus natürlichen (physikalischen) und kulturellen (geistigen) Elementen, die dem Menschen eine grundlegende Stabilisierung gewährleisten, jenem besonderen Seienden also, welchem es ein Lebensbedürfnis ist, die Frage nach der Sinnhaftigkeit – vor allem nach der Sinnhaftigkeit des eigenen Daseins – zu stellen. Mit einem berühmten Zitat formuliert: Wir sind „das Seiende, dem es in seinem Sein um dieses selbst geht"[33]. Beschaffenheit und Festigkeit jeder spezifischen (faktischen) Welt bemessen sich somit anhand dieses gesamten Bereichs von Möglichkeiten und Bedürfnissen, denen wir eine Erwiderung und eine Befriedigung geben müssen.

> *Welt weltet* und ist seiender als das Greifbare und Vernehmbare, worin wir uns heimisch glauben [...] Indem eine Welt sich öffnet, bekommen alle Dinge ihre Weile und Eile, ihre Ferne und Nähe, ihre Weite und Enge.[34]

Die Welt besitzt demnach eine ganz wesentliche ‚metronomische' Funktion, dank derer sie den Rhythmus des menschlichen *ex-sistere* skandiert. Jeder spezifischen (faktischen) Welt, die der Mensch konkret bildet, entspricht zuletzt jenes eigentümliche Gehäuse, das wir als ‚Epoche' bezeichnen. Daraus folgt, dass die oben genannte Weltlichkeit des Menschen – bzw. die

---

[33] Heidegger 1977, 57.
[34] Heidegger 1935-1936, 30-31.

Welt-Bildung, d. h. seine Fähigkeit, ‚Welten zu bilden' – mit seiner *Geschichtlichkeit* zusammenfällt. Die Rhythmik des unentwirrbaren Verhältnisses zwischen Mensch und Welt ist nichts anderes als *das Geschehen der Geschichte* in Reinform. Nur insofern der Mensch geschichtlich ist, ist er auch weltbildend, also weltlich, nicht bloß umweltlich. Dank ihrer wesentlichen Bedeutung als ‚(Vor)bedingung des Seins des Menschen' macht die Geschichtlichkeit – bzw. die Weltlichkeit – einen nicht verhandelbaren Bestandteil der menschlichen Selbsterkenntnis aus. Sie stellt den ursprünglichen Bestimmtheits-Horizont dar, der die einzelnen konkreten Bestimmungen ermöglicht und verständlich macht, *ergo*: die unendlichen faktischen Welten (Epochen), die der Mensch bildet.

Aufgrund dieser wortwörtlich ‚meta-physischen' Bestimmung des Begriffs von Welt, erscheint es uns nun notwendig (noch immer um unseren Gedankengang von jeglichem biologistischen Einfluss zu befreien), einen weiteren lexikalischen Ersatz zu schaffen, der ebenfalls von Heidegger – diesmal aus *Der Ursprung des Kunstwerkes* – entlehnt ist. Hier werden wir das, was von Uexkülls Umweltlehre und Gehlens elementare Anthropologie als „Umgebung", *milieu* oder „objektive Welt" bezeichnen, „Erde" nennen. Unter „Erde" ist die *chora*, d. h. das Behältnis der weltlich-geschichtlichen *hyle* zu verstehen, auf die die angeborene, demiurgische *dynamis* des Menschen einwirkt, um jedes Mal neu eine Welt zu bilden und Geschichte geschehen zu lassen.

Wenn Erde also weder Umgebung noch physisches *milieu* ist, was ist sie dann? Da wir Welt im Sinne einer multidimensionalen, nicht rein physischen Sphäre definiert haben, liegt es nahe, auch die Erde als deren Rahmen von einer solchen Eindimensionalität zu befreien. Dies vorausschickend können wir sagen, dass sie das „Hervorkommend-Bergende" ist: „Die Erde ist das zu nichts gedrängte Mühelose-Unermündliche. Auf die Erde und in sie gründet der geschichtliche Mensch sein Wohnen in der Welt." Die Erde „erscheint nur, wo sie als die wesenhaft Unerschließbare gewahrt und bewahrt wird, die vor jeder Erschließung zurückweicht und d. h. ständig sich verschlossen hält."[35]

Es handelt sich hier um eine offensichtliche Analogie zu Heraklits berühmtem Fragment B 123, in dem es um die *physis* geht, die es „liebt [...], sich zu verbergen (*philei kryptesthai*)". Darüber hinaus lässt sich auch eine Parallele zu von Uexkülls Ideal der Natur ziehen:

---

[35] Ebd. 32-33.

> Und doch werden alle diese verschiedenen Umwelten gehegt und getragen von dem Einen, das allen Umwelten für ewig verschlossen bleibt. Hinter all seinen von ihm erzeugten Welten verbirgt sich ewig unverkennbar das Subjekt – Natur.[36]

Die Erde ist im Wesentlichen als ‚unerscheinbare Bedingung der Erscheinbarkeit jeglicher Welt' zu verstehen. Ähnlich wie die „*Lichtung*" Heideggers, betont sie eine aletheiologische (d. h. nicht nur alethische) Rhythmik, da sie sich nur durch ihre eigene Verbergung entbirgt. Sie verkörpert den unbestimmten Hintergrund (Ab-Grund, *apeiron*), vor dem die konkreten Bestimmungen (*perata*) zum Vorschein kommen, und zwar in erster Linie die Welt und mit ihr – in ihr – die einzelnen Seienden.

Daher entpuppt sich die Erde zwar als unverbergend, in sich allerdings als verborgen. Wie kann man ihre Anwesenheit dann überhaupt wahrnehmen? Besteht so betrachtet nicht die Gefahr, die Erde als eine gegebene Voraussetzung, und zwar gewissermaßen als die anachronistische Wiederauflage einer hinterweltlichen Hypostase zu verstehen? Vor allem aber: Bliebe die Erde unwahrnehmbar und unerfahrbar (es sei denn, eine Glaubensinstanz bewirkte etwas anderes), würde lediglich eine Welt ohne Hintergrund und Rahmen bleiben bzw. ohne jede Umgebung? Wie ließe sich die Welt dann von der bloßen Umwelt unterscheiden? Und wie der Mensch vom Tier?

Erneut mit Blick auf Heideggers Aufsatz lässt sich hier eine Lösung skizzieren. Für Heidegger ist das Verhältnis zwischen Welt und Erde einmalig. In der Erde erkennt er den Hintergrund (d. h. Ab-Grund) jeglicher Welt, das, was letztere umschreibt und über sie hinausgeht, ohne sie jedoch im Sinne einer Zäsur oder totalen Trennung zu transzendieren. Das ‚Darüberhinausgehen' der Erde ist niemals woanders zu verorten als in der Welt selbst. Welt und Erde sind im Wesentlichen zwei ‚Mitanwesende', sie gehören sich gegenseitig an. Was sie zusammenschweißt, ist jene Urbeziehung, die Heidegger im erneuten Rückgriff auf Heraklit als „Streit" (*polemos*) bezeichnet. Er schreibt:

> Welt und Erde sind wesenhaft voneinander verschieden und doch niemals getrennt. Die Welt gründet sich auf die Erde, und Erde durchragt Welt.

---

[36] Uexküll 1934, 101. Siehe außerdem Uexküll 1946-1947, ein kurzer Beitrag, in dem von Uexküll ohne allzu große wissenschaftliche Befangenheit seine mystische Anschauung der Natur darlegt.

> Allein, die Beziehung zwischen Welt und Erde verkümmert in der leeren Einheit des sich nichts angehenden Entgegengesetzten [...]. Das Gegeneinander von Welt und Erde ist ein Streit [...]. Im wesenhaften Streit jedoch heben die Streitenden, das eine je das andere, in die Selbstbehauptung ihres Wesens.[37]

Die enge Verknüpfung dieser Aufstellung mit einem anderen bekannten Fragment Heraklits (B 53) erscheint evident. Auch für ihn gilt *polemos* nicht als purer Gegensatz oder Gegenüberstellung, sondern als ursprünglichste Form von Beziehung. Diese Verflechtung (*symploké*) stellt eine entscheidende Gemeinsamkeit (*koinonia*) dar, von der ausgehend die einzelnen, in Kontrast zueinander stehenden Elemente sich gegenseitig hervorbringen und bestimmen können.

Welt und Erde – die eine gibt es nicht ohne die andere, den Vordergrund nicht ohne den Hintergrund – bringen sich gegenseitig allererst hervor. Der Hintergrund (d. h. die Erde als Ab-Grund) wird erst in seiner Verborgenheit sichtbar, nämlich als jene Leere, die erst in Relation zur Fülle offenbar wird, die ihrerseits erst durch die Entstehung des Vordergrundes (d. h. der Welt, des Anwesenden) hervorgebracht wird. Wenn nun zutrifft, dass es den (als Weltwesen verstandenen) Menschen nur gibt, wenn es eine Welt gibt, dann gibt es ihrerseits die Welt nur vor dem Hintergrund (Ab-Grund) der Erde.

Kraft der gegenseitigen Zugehörigkeit von Welt und Erde besitzt die *Weltlichkeit* eine ihr intrinsische *Erdhaftigkeit*. So bleibt an dieser Stelle nur noch zu fragen: Wie ist es möglich, die Erde wahrzunehmen (bzw. die eigene *Erdhaftigkeit* zu erfahren), wenn letztere doch in ihrer Erscheinung auf untrennbare Weise an die Welt gebunden bleibt und wenn die *conditio humana* einem ‚(Schon-immer)-in-*der*-Welt-Sein' (besser gesagt, ‚In-*einer*-Welt-Sein') entspricht? Die Erde kann nur in ihrer Kontrasthaftigkeit erfahrbar gemacht werden, und zwar als Hintergrund (Ab-Grund) der Erscheinung von Welt. Die Erdhaftigkeit entspricht einer Bewegung, die der Weltlichkeit ebenso angeboren wie komplementär zu ihr ist. Die Erde wahrzunehmen, ist eins mit der Wahrnehmung der Welt *als solcher*, da ihre Erfassung als Ganzes notwendigerweise einen Horizont voraussetzt, von dem sie sich abheben kann.

---

[37] Heidegger 1935-1936, 35.

Damit kommt erneut das Thema des ‚Als-solchen' sowie des „Seinlassens des Seienden" ins Spiel, jener Fähigkeit des Menschen, Differenzen zu ziehen und Beziehungen einzugehen, die ihn gegenüber anderen Lebewesen auszeichnet. Andererseits geht es hier insofern um einen ganz speziellen Fall, als wir die Welt nicht etwa als ein Seiendes unter vielen betrachten, sondern wie gesagt als das erste und grundlegend ‚Ent-fernte', das heißt als das erste und notwendige Ergebnis der menschlichen Ent-fernung. Sie bildet den Rahmen, in dem der Mensch sich seit jeher befindet und den er zugleich gestaltet. Das menschliche Dasein ist ein „In der-Welt-Sein". *Folglich erfährt der Mensch als ihr Bewohner und Gestalter die Welt als immer schon gegeben, ohne dass sie sich* als solche *offenbart.*

Die Möglichkeit, die Erde wahrzunehmen, steht und fällt also damit, die Welt als solche zu erfassen, sie „sein zu lassen". *A parte hominis* bedeutet dies, die *Weltfremdheit* wahrzunehmen, also sich jene Ek-statizität zu Bewusstsein zu bringen, die dem Menschen als spezifische Eigenschaft verliehen worden ist. Doch wie kann ein Seiendes sich aus der Welt herausziehen, um sie als Ganzes zu erfassen, wenn es doch immer in ihr (als ein *Weltwesen*) verortet ist? Wie man sieht, bilden *Erdhaftigkeit*, *Weltlichkeit* und *Ek-statizität* – denen noch die *Geschichtlichkeit*, als deren *Krasis* gewissermaßen, hinzuzufügen ist – die Bestandteile einer einheitlichen Struktur, die wir als „anthropisches Perimeter" herausgearbeitet haben. Wenn eines der genannten Elemente fehlt, gehen unweigerlich auch die anderen verloren.

Um diese *impasse* zu überwinden, gilt es, eine *pathische Wende* herbeizuführen, die uns zum Knotenpunkt der bereits erwähnten kosmozentrischen Anthropologie Löwiths zurückführt. In diesem Zusammenhang haben wir bereits darauf hingewiesen, dass die Erfassung der Welt als solche, die bewusste Erfahrung der menschlichen Ek-statizität nicht auf ‚aktivem' Wege – nach logischen, erkenntnistheoretischen, aktiv-wirkenden usw. Parametern also – vonstatten gehen kann, da dieser Weg aus *gänzlich* innerweltlichen Herangehensweisen besteht. Der Schlüssel ist vielmehr im Raum der reinen Aus-gesetztheit des menschlichen Daeins zu suchen, in seiner Fähigkeit zur *affectio*, zum *pathos*. Denn Welt und Erde lassen sich weder herleiten noch einfordern: Welt und Erde können nur gefühlt werden. Andererseits muss die Wahrnehmung der Welt als solcher – die ihrerseits die *conditio per quam* des Zugangs zur *Erdhaftigkeit* darstellt – vor dem Hintergrund der anthropologischen Vorbedingung eines unverrückbaren ‚In-der-Welt-seins' in jedem Fall innerweltlich und daher *ex post* sich entwickeln, sozusagen nach vollbrachter Arbeit.

In seinen *Grundbegriffen der Metaphysik* arbeitet Heidegger die entscheidenden Merkmale des ontologischen Zustands des *weltbildenden* Menschen sowie des *weltarmen* Tieres bezüglich der *Stimmungen* (*pathemata*) heraus. Es geht ihm insbesondere um jene *Grundstimmungen*, die das jeweilige Seiende auf seine *Befindlichkeit* abstimmen, das heißt auf sein spezifisches Worin des eigenen Daseins. Im Falle des Tieres als eines *Umweltwesens* bezeichnet Heidegger dieses Grundpathos als *Benommenheit* und meint damit jene Verstrickung, die die perfekte Integration in seinen Lebensraum, in seine umweltliche oikologische Nische markiert. Dieses Eindringen beschreibt beinahe schon eine Form der Verschmelzung, eine (Kon)Fusion, und wird damit zur Unmöglichkeit, das Offene zu bewahren. „Die Benommenheit des Tieres stellt das Tier wesensmäßig außerhalb der Möglichkeit, daß ihm Seiendes sei es aufgeschlossen, sei es verschlossen ist."[38] Für das Tier folgt daraus die Unmöglichkeit – im Sinne von ‚Unvermögen' (*adynaton*) – eines Zugangs zum ‚Als-solchen' jeglichen Seienden, sich selbst eingeschlossen. Diese Unfähigkeit, aus sich selbst (heraus)zukommen, hängt in diesem Fall vor allem von einem nicht konsistenten Selbst oder einer nur schwer bestimmbaren Selbstheit ab. Daraus folgern wir, dass das Tier seine eigene Befindlichkeit besitzt und auch wieder nicht. Es besitzt sie einerseits, da seine Benommenheit die Chiffre seines pathischen (und ontologischen) Zustands ausmacht; andererseits besitzt es sie nicht, da seine besondere Befindlichkeit eben aus der Unmöglichkeit besteht, gefühlt zu werden, d. h. zu Bewusstsein zu kommen. Dies ist letztlich die Bedeutung seiner Verschmelzung – (Kon)Fusion – mit der eigenen oikologischen Nische. Die Benommenheit ist von ihrer Struktur her kreisförmig: Sie schließt sich in sich selbst, als würde sie monadisch implodieren. Der Lebenskreis des Tieres wird so zu einem ‚oikosystemischen Stromkreis'; demzufolge entspricht sein Grundpathos einer wesentlichen *apatheia*, also einem zur Selbstempfindung unfähigen Gefühl.

Der Mensch als *Weltwesen* hingegen bringt eine Befindlichkeit zum Ausdruck, in der das Selbstempfinden potenziell dazu befähig ist – bzw. ‚die *dynamis* besitzt' – sich vollkommen zu entfalten. An dieser Stelle sei jedoch in Erinnerung gerufen, dass dieses *pathos* dem Erfassen des ‚Als-solchen' eines ganz besonderen Seienden entspricht, und zwar jenes Rahmens (der *Welt*), in dem sich der Mensch immer schon befindet. Die Welt als solche offenbart sich wie gesagt nicht nur *ex post*, sondern vor allem im Außerge-

---

[38] Heidegger 2004, 361.

wöhnlichen, im Bruch mit einem ‚Normalzustand', dem eine „Vertrautheit" zwischen dem Menschen und seiner oikologischen Nische eigen ist, die der tierhaften Benommenheit zu ähneln scheint. Dies stellt einen entscheidenden Aspekt dar, um den von der Technik als Phänomen und System ausgelösten Prozess zu verstehen. Die Funktion der Welt als gründende und stabilisierende Sphäre für das menschliche Dasein vollzieht sich zwingend durch einen Vorgang der Verbergung sowie der Verklärung in Bezug auf jenes Offene, welches wiederum der Welt als Stütze und Rahmen dient.

Um diese ‚amniotische' Funktion angemessen zu erfüllen, muss die Welt durch den Blick desjenigen, der sich alltäglich in ihr aufhält, als unüberwindbarer Horizont wahrgenommen werden: als etwas, dem er sich völlig anvertrauen kann. Dieses Bedürfnis nach Stabilisierung bringt überhaupt erst jene Pseudo-Benommenheit bzw. jene Art der Verstrickung hervor, die der „Alltäglichkeit" der „Umsicht", dem „Zunächst und Zumeist" des „innerweltlichen Umgangs" entspricht, was Heidegger in seiner existenzialen Analytik bekanntlich als „Uneigentlichkeit" bezeichnet. Aufgrund dieses Bedürfnisses ist das die Welt als solche enthüllende *pathos* nur im Sinne eines außerordentlichen Zustands erfahrbar, dessen primäres Charakteristikum das *Unheimliche* (bzw. die ‚Hauslosigkeit') ist. Der Anblick des ‚Alssolchen' der Welt – bzw. jener „Riß", der die Erde als den der Welt zugrunde liegenden (Ab-)Grund enthüllt – erweist sich angesichts der Verlässlichkeit und Vertrautheit des weltlichen (also alltäglichen, d. h. umsichtigen) *amnios* als unheimlich und ab-gründig. Die Pseudo-Benommenheit der umsichtigen Alltäglichkeit ist also der Preis, der für die stabilisierende Beweglichkeit der konkreten Existenz immer dort gezahlt wird, wo die Klarheit eines ungestörten Blicks auf das unverborgene Offene eine untragbare Bürde und damit einen versteinernden Stillstand bedeuten würde.

Die Verschleierung des menschlichen Bedürfnisses nach Stabilisierung/Immunisierung[39] prägt wiederum sein Weltverhalten: die Alltäglichkeit, vor deren Augen sich das eigentliche weltliche Pathos nun unvermeidlich als störende Ausnahme oder Trauma manifestiert. Deshalb erkennt Heidegger in ‚tellurischen Stimmungen' wie der „*Angst*" oder „*Langeweile*" ek-statische Brücken, die die stabilisierte und benommene Alltäglichkeit aufrütteln und damit von der Welt zur Erde führen. Sie rufen eine Grund-

---

[39] Mit dem Begriff der „Immunisierung" beziehen wir uns auf die Arbeit von Roberto Esposito, jedoch in einer Bedeutung, die sich nicht auf den biopolitischen Bereich beschränkt (vgl. Esposito 2002).

stimmung wach, die kraft ihrer Fähigkeit, die eigene innerweltliche Verwurzelung zu transzendieren, das eigentliche irdische Pathos verkörpert bzw. jenes Pathos, das die endgültige Entbergung des ‚Als-solchen' der Welt ermöglicht.

Es handelt sich hierbei um das volle Erfassen der eigenen *Befindlichkeit*, die maximale Selbsttransparenz der eigenen *Aus-gesetztheit*: das ‚staunende Entsetzen' des *thauma/thaumazein* sowie des *theorein*/betrachten.[40] Die Welt als solche kann sich nur auf ‚erstaunliche' Art durch einen „Stoß" ankündigen, indem sie mit ihrer unheimlichen Offensichtlichkeit – ihrem nackten „*Daß*" – die Verlässlichkeit und Vertrautheit der alltäglichen Uneigentlichkeit durchbricht. Dieses *Dass* entspricht der erschütternden Grundlosigkeit des reinen Seins der Welt als solcher gegenüber ihrem ebenso abgründigen Nicht-Sein-Können.[41]

Die Maschen der alltäglichen Benommenheit/Verstrickung geben unter der Angst und der Langeweile nach, bis sie das *thauma* wiedererwecken bzw.

---

[40] Die *Aus-gesetztheit* korrespondiert der ‚Grundsituation' des Menschen: dem sich Wiederfinden im Offenen des *polemos* zwischen Welt und Erde. Das *thauma* stellt ihr enthüllendes Echo dar. Doch die reine *Aus-gesetztheit* ist für den Menschen nicht lebbar. Um dies zu werden, muss er sie durch eine wenn auch minimale Distanz ‚filtern'. Gemeint ist die Distanz, die aus dem *thauma* (= erstaunenden Entsetzen) ein *thaumazein* (= Erstaunen, Verwunderung) und schlussendlich ein *theorein* (eine fröhliche, unbeteiligte Betrachtung) werden lässt. Der Übergang des *Entsetzens* in das *Erstaunen* und dann in die *Betrachtung* verrät bereits den *logos*, also das Sichdurchsetzen jener ‚Täuschung', aus der dann die Philosophie geboren wird. Das Vermögen, eher Erstaunen als Entsetzen zu empfinden, ist als der eigentliche Akt der Geburt der Philosophie aufzufassen und damit ihre größte Errungenschaft. Vor diesem Hintergrund erscheint die weltberühmte ‚philosophische Genesis' des Aristoteles (*Metaphysik* I, 2, 982b), die Platon bereits (*Theaitetos*, 155d) vorweggenommen hat, unvollständig. Die Geburt der Philosophie erfolgt tatsächlich mit Hilfe des Erstaunens, welches allerdings ganz wesentlich als Verwandlung und damit als Verschleierung des Entsetzens daherkommt. Hier ist auf Emanuele Severino zu verweisen, der dem Grundwort ‚thauma' einige wichtige Überlegungen gewidmet hat. Unter vielen möglichen Titeln nennen wir hier: Severino 1998b, 7.
[41] Erneut in Heidegger 1935-1936 (52 ff.) inszeniert Heidegger die Wechselwirkung von „Stoß" und „Daß" in Zusammenhang mit der ‚aletheiologischen' Wirkung, die durch das Kunstwerk und dessen „*factum est*" ausgelöst wird. In diesem Fall bedienen wir uns des Heidegger'schen Diskurses in Bezug auf die Welt, da wir sie als das Werk des menschlichen ‚Machens' ansehen.

den pathischen Überrest jenes staunenden Entsetzens, der die maximale Annäherung (Ent-fernung) des Menschen an die polemische *koinonia* von Welt und Erde bzw. die vollkommene Ent-bergung des Offenen darstellt. Das ‚Als-solches' der Welt entspricht ihrem nackten *Dass* – dessen Tragweite, wie gesagt, gut durch „das Mystische" im Sinne Wittgensteins ausgedrückt werden kann –, und ausschließlich darin ist der ‚Dietrich' für den Zugang zur Erde zu suchen. Seinerseits erweist sich dieser Schlüssel allerdings nur pathisch, anhand der Grundstimmung des *thauma* erfahrbar, die zugleich die vollendete Selbstempfindung der *Aus-gesetztheit* des Menschen, seines ‚Im-Offenen-Seins', bedeutet. Dies ist das *pathos* der *Erdhaftigkeit*, die im Grunde nicht allzu sehr von Nietzsches Einsicht abweicht, der seine anthropologische Prophezeiung in folgenden Worten zusammenfasste: „Der Übermensch ist der *Sinn der Erde*"[42].

Ziehen wir ein Fazit. Wir haben die für das anthropische Perimeter bestimmenden Elemente vor dem Hintergrund der gegenseitigen und exklusiven Bedingtheit von Mensch und Welt und seiner daraus resultierenden *Weltlichkeit* als *Weltwesen* aufgezeigt. Diese Bedingtheit kann jedoch nur dann in ihrem ganzen Ausmaß erfasst werden, wenn sie von einem biologistischen Ansatz befreit wird. Als stabilisierendes, multi-dimensionales Behältnis natürlich-kultureller Prägung zwingt uns die Welt dazu, ihre eigene Umrahmung neu zu denken: Nicht mehr als Umgebung, sondern als Erde. Welt und Erde gehören sich wesentlich gegenseitig an, da sie durch jene Urbeziehung des Streits (*polemos*) auf das Engste verbunden sind. Die ent-bergende Fähigkeit der Erde steht und fällt mit ihrer Verschleierung. Damit hängt auch die Schwierigkeit ihres Begreifens zusammen; eine Schwierigkeit, der sich niemand entziehen kann, da es Erde nicht ohne Welt und Welt nicht ohne den Menschen geben kann.

Erdhaftigkeit, Weltlichkeit, Ek-statizität und *Geschichtlickeit* bedingen sich gegenseitig, und ihre gemeinsame Gründung hängt von der menschlichen Möglichkeit ab, die Welt als solche zu erfassen. Aufgrund der Unmöglichkeit jedoch, sich der eigenen innerweltlichen Situation (d. h. seinem In-der-Welt-sein) zu entziehen, kann dieses Erfassen nur auf pathische Weise stattfinden, und zwar in Form einer Selbstempfindung, wie sie in erster Linie durch einen „Stoß" ausgelöst wird, der die alltägliche Benommenheit aufzubrechen vermag. Diese Benommenheit entspricht jenem ‚uneigentli-

---

[42] Nietzsche 1968, 8.

chen Kreislauf', der den Schaltkreis der Verlässlichkeit des „Zunächst und Zumeist" hervorbringt, der seinerseits unerlässlich ist für das normale (stabilisierte, immunisierte) Fortschreiten der Existenz. Der Mensch kann nämlich nur leben (bzw. das eigene Gewicht (er-)tragen), wenn er die eigene Ekstatizität zähmt, indem er aus ihr eine *epoché* macht. Diese pathische Durchbrechung, ausgelöst durch Angst und Langeweile, macht die ek-statische Brücke aus, die von der Welt zur Erde führt, indem sie das ‚Als-solches' der Welt mittels eines weiteren pathischen Anhaltspunktes enthüllt: das *thauma* (*thaumazein*, *theorein*), die irdische Stimmung *par excellence*, das staunende Entsetzen, des offenen Streits zwischen Welt und Erde gewahr zu werden. Durch diese immer nur temporäre, augenblickliche und ‚kairologische' Niederlage der umsichtigen und benommenen Alltäglichkeit kann der Mensch in die unheimliche Eigentlichkeit der Erdhaftigkeit hineinspringen und dadurch die eigene Situation/Befindlichkeit vollkommen ausfüllen. Das heißt, er kann sich für das Offene entscheiden bzw. ent-schließen. Nur insofern der Mensch weltbildend sowie – der Neologismus sei an dieser Stelle erlaubt – *erdfühlend* ist, ist er ‚als solcher'.

Insofern *Erdhaftigkeit*, *Weltlichkeit*, *Ek-statizität* und *Geschichtlichkeit* die Besonderheit des Menschen im Vergleich zu jedem anderen Lebewesen ausmachen, fungieren sie als *Marker des anthropischen Perimeters*. Aus einer solchen Perspektive kann die tatsächliche Tragweite der Technik als ‚Frage der Philosophie' verständlich werden. Die titanische Anstrengung, die in ihrem Anspruch liegt, in den Rang der aktuellen Weltform erhoben zu werden – also Gehäuse und *oikos* für dieses „Wesen der Ferne" zu sein – entspricht dem Versuch, das anthropische Perimeter ein weiteres Mal nachzuzeichnen.

3.4 Die Neo-Umwelt

Die Ausführung unserer Hypothese einer philosophischen Anthropologie der Technik, und damit der ganze Parcours der vorliegenden Arbeit, schließt mit einer grundsätzlichen Darlegung der komplexen Dynamik, die die Technik in den Status einer *Neo-Umwelt* erhebt.

Zunächst benötigen wir für die folgende Argumentation eine gültige Definition des Begriffs ‚Technik'. Im Allgemeinen als ‚zweckdienliches Handeln' aufgefasst, erhält dieser Begriff eine besondere Bedeutung, sobald er in den Rang eines möglichen *oikos* der gegenwärtigen Menschheit aufsteigt. Folglich wird ‚Technik' in unserem Zusammenhang nicht etwa mit ‚Technologie' – d. h. mit der Gesamtheit der einzelnen Technologien – gleichzusetzen sein, sondern vielmehr mit der ihr zugrunde liegenden Logik: der Ideologie bzw. Weltanschauung, die sie allererst ermöglicht. Diese Ideologie entwickelt sich auf der Grundlage einer stufenweisen Verbindung bestimmter Komponenten, die wiederum einem jahrhundertelangen geschichtlichen Sedimentierungsprozess zuzuschreiben ist. Gemeint ist das Ineinander von *Entzauberung* und *Rationalisierung*, unter dem Siegel des Imperativs der *Realisierung* im Sinne von *Machbarkeit* (*Machenschaft*)[43].

Jacques Ellul bietet eine ausgezeichnete Synthese dieses Prozesses an. Er geht davon aus, dass „es keinen gemeinsamen Nenner gibt zwischen der Technik von heute und der Technik von damals", um zwischen „*technischer Operation*", „*technischem Phänomen*" und „*technischem System*" zu unterscheiden: „Die technische Operation (*opération technique*) umfasst sämtliche Schritte, die in Einklang mit einer spezifischen Methode vollzogen wurden, um ein ganz bestimmtes Resultat zu erzielen." Vor dem weiten Horizont der technischen Operation zeichnet sich „le *phénomène technique*" ab, welches die Einführung der technischen *ratio operandi* in jeglichen Bereich des Menschlichen bedeutet oder die „zentrale Beschäftigung des größten Teils der gegenwärtigen Menschheit, nämlich für alles die denkbar effizienteste Methode ausfindig zu machen"[44]. Die Synthese aus technischem Phänomen und technischem Fortschritt bringt letztlich „le *systeme technique*" hervor und zwar dort, wo die Technik zum *milieu* wird: „Die neue Umwelt, in der der moderne Mensch zu leben aufgefordert ist"[45] und der er sich entsprechend anzupassen hat.

Anders ausgedrückt bedeutet das, dass sich im Laufe einer jahrhundertelangen Entwicklung die Zweckdienlichkeit aus ihrer natürlichen Rolle einer untergeordneten Kategorie – welche mit ihrem ‚bloß' demiurgisch-mimeti-

---

[43] Zur Verbindung dieser Elemente im Sinne einer entscheidenden Wende in der Geschichte der Technik, vgl. Cera 2007a, 98-101. Zum Begriff der *Machenschaft* vgl. Gorgone 2011. Zur *Machbarkeit* vgl. Freyer 1955, insbesondere das Kapitel über *Die Machbarkeit der Sachen* (worauf sich auch Gehlen in *Die Seele im technischen Zeitalter* bezieht). Zur *Realisierung* vgl. Dessauer 1927.
[44] Ellul 1954, 133 und 19.
[45] Ellul 1959, VI. Zur Technik als *milieu* des Menschen vgl. außerdem das zweite Kapitel von Ellul 2004 mit dem Titel: *La technique comme milieu*.

schen Anspruch zusammenfällt – emanzipiert und sich zu etwas historisch vollkommen Neuem wandelt, und zwar zu dem bestmöglich konzipierten Versuch des Menschen, seine ureigene kompensatorische Gegenbewegung zu seiner Ek-statizität zu verwirklichen bzw. das Bedürfnis nach vollkommener Stabilisierung (Immunisierung) der Ganzheit des Seienden vonseiten des Mängelwesens. Ähnlich hatte dies bereits Platon in der Formel „*bebaiotes tes ousias*"[46] zum Ausdruck gebracht.

Ein solches Stabilisierungsbedürfnis drückt die Notwendigkeit vonseiten der Ek-sistenz aus, die eigene Aus-gesetztheit abzuschirmen, indem sie hinter dem beruhigenden Schleier des „Zunächst und Zumeist" verborgen wird. Es strebt danach, die Erscheinung des *polemos*, der Welt und Erde zusammenhält, zu verschleiern. Das technische Zeitalter entsteht in dem Moment, in dem es *wirklich* (d. h. faktisch) *möglich* (im Sinne von machbar) wird, ein solch kompensatorisches *pharmakon* zu verabsolutieren, also die stabilisierende/immunisierende Gegenbewegung aus ihrer lediglich reaktiven Funktion zu befreien, um sie in eine Ganzheit zu verwandeln und aus ihr eine Welt zu machen.

In dem Moment, in dem eine solche Verabsolutierung stattfinden kann, wird die *possibilitas* zur *potestas* bzw. die Möglichkeit – die inzwischen zur bloßen Machbarkeit (der Möglichkeit, [etwas] zu machen) geworden ist – zum Zwang, zur Pflicht und damit zum Schicksal. „*Nicht nur ist das Gekonnte das Gesollte, sondern auch das Gesollte das Unvermeidliche*"[47]. Die „metaphysische Grundthese des Industrialismus" lautet: „*Rohstoffsein ist criterium existendi. Sein ist Rohstoffsein*". Das Seiende wird zum „Korrelat der Verwendung"[48].

Da das Offene die unentwirrbare Verflechtung von Welt und Erde darstellt, ist das technische Zeitalter als die Zeit zu verstehen, in der die Welt die Erde verschlingt, die Zeit der Überwindung der kosmologischen Differenz zwischen Welt und Menschenwelt. Andererseits kann Erde, wie wir bereits gesehen haben, ohne Welt nicht sein, und ohne Welt gibt es wiederum keine Menschenwelt. Daraus ergibt sich, dass die *Weltwerdung der Technik* – d. h. der „Technokosmos", die Technosphäre, das „technium"[49] – mit jener

---

[46] Platon, *Kratylos*, 386a 3-4.
[47] Anders 2002b, 17.
[48] Ebd. 33.
[49] Gilbert Hottois teilt mit Ellul die Auffassung einer systemischen Interpretation der Technik und spricht von „technocosme" oder „règne technique". Sein „Versuch

„Ent-weltlichung der Welt" zusammenfällt, die wir im zweiten Teil diskutiert haben. Löwith erkannte darin den unverkennbaren Charakter der Neuzeit. Je blasser die Erde als (Ab)-Grund, desto ununterscheidbarer die Welt, was dem Verhältnis von Tier und Umwelt gleichkommt. Das paradoxe Ergebnis dieser ganzheitlichen Bewegung ist, dass *die Technik* (als ‚verabsolutierte Menschenwelt') *nur in Gestalt einer Nicht-Welt, d. h. einer Umwelt, einen ‚weltlichen Rang' erreichen kann*, indem sie die Weltlichkeit des Menschen erschöpft, sein ‚ek-statisches Potenzial' erodiert. Eine solche Umwelt ist in Bezug auf ihre spezifische Art der Entstehung vollkommen neuartig und deshalb als *Neo*-Umwelt zu bezeichnen.

Da der Mensch durch seine positionale Situation – das anthropische Perimeter, *ergo*: Ek-statizität, Weltlichkeit, Erdhaftigkeit und Geschichtlichkeit – definiert worden ist, erfährt er immer dort, wo sein natürlicher weltlicher Rahmen *umweltliche* Merkmale aufweist, notgedrungen eine ‚tierhafte Positionalität'. *Das wesentliche Ergebnis der technischen Neo-Umweltlichkeit besteht somit aus einer Tierwerdung des Menschen.* Letztere kommt *ipso facto* einer Grenzsituation der Anthropologie gleich, also einer möglichen posthumanen Schwelle, denn ist diese *Tierwerdung* bzw. *Verumweltlichung* des Menschen erst einmal abgeschlossen, würde der Mensch aufhören das zu sein, was er ‚wesentlich' ist: ein Weltwesen. Folglich sehen wir die Vorstellung bestätigt, dass eine philosophische Anthropologie der Technik hier und jetzt eine *Grenzanthropologie* ist.

Um nachvollziehbar zu machen, wie es zu einem solchen Prozess kommt, müssen wir den Faden des eben geführten Diskurses wieder aufgreifen. Davon ausgehend, dass die menschliche Weltlichkeit sowie die tierhafte Umweltlichkeit nicht aktiv beweisbar, sondern nur auf pathischem Wege ableitbar sind (durch die genannten Grundstimmungen, die das jeweilige Lebewesen auf seine spezifische Befindlichkeit abstimmen), werden wir uns auf diesen Aspekt konzentrieren. Genauer gesagt: Ist das Tier dadurch, dass die Grundstimmung der Benommenheit sein besonderes *pathos* ausmacht, als

---

einer vollständigen Techno-*logie*" erweist sich als einer der glaubwürdigsten Ansätze einer TECNOM der letzten Jahre (vgl. Hottois 1984). Auf den Neologismus „technium" zurückgreifend, erkennt Kevin Kelly die systemische Charakterisierung der zeitgenössischen Technik an, allerdings in einer durch und durch apologetischen Lesart, die eher einem Handbuch der Katechese gleicht, um die Anpassung an (bzw. das Übertreten in) die *Neo-Umwelt* zu erleichtern (vgl. Kelly 2010).

Umweltwesen zu bezeichnen, so müssen wir folglich Spuren von Benommenheit in der gegenwärtigen Situation des Menschen nachweisen, um seine potenzielle Tierwerdung aufweisen zu können.

Gleichzeitig gilt es zu betonen, dass weder diese spezifisch menschliche *Benommenheit* noch seine daraus hervorgehende *Umweltlichkeit* genealogisch mit derjenigen des Tieres identisch sind. Tatsächlich kann die verumweltlichte Welt, im Gegensatz zur Umwelt des Tieres, nicht *unmittelbar* einer *natürlichen* oikologischen Nische des Menschen entsprechen. Um dies zu erreichen, bedarf es einer entscheidenden *Vermittlung*, welche die schrittweise Annäherung des Menschen an den Zustand des Tieres vollzieht, aus einem Weltwesen also ein Umweltwesen macht.

Oben haben wir der *conditio humana* eine ursprüngliche Ent-fernung (ein „*Verschwindenmachen der Ferne*") zugeschrieben, d. h. eine ihr eigene Urdistanz, welche ihre totale und unmittelbare Verschmelzung mit der eigenen oikologischen Nische verhindert. Die erste Gegebenheit des Menschen ist demnach in seiner Weltfremdheit resp. Weltoffenheit zu suchen. Von hier aus wird deutlich, dass die hypothetische menschliche Benommenheit gemeinsam mit der durch sie geprägten Neo-Umweltlichkeit einen genealogisch anderen Weg als diejenige des Tieres einschlagen wird. Sie wird nicht der aprioristischen Unmittelbarkeit eines naturgegebenen Zustands entsprechen, sondern eher der Mittelbarkeit eines künstlichen Prozesses. Sie wird der nachträgliche Effekt derselben technischen Zweckdienlichkeit sein, die sich zur Totalität erhebt. Die *neo-umweltliche Benommenheit* wäre demnach eine Schöpfung der Technik – also ein Produkt, ein Artefakt.

Die Schöpfung dieses einmaligen Artefaktes erfolgt sozusagen durch Überbelichtung, d. h. mittels einer bewusst betriebenen „*Herausforderung*"[50], deren Objekt der Mensch ist und deren „*überschwellige*" Last ihm unhaltbar, weil unfassbar und unerfahrbar vorkommt. Die Welt, die nicht mehr Welt ist, wird „*overmanned*"[51] und ist daher mit jeglicher *humana mensura* unvereinbar; die von ihr ausgehenden Herausforderungen können nur um den Preis der Unempfindsamkeit (*apatheia*) toleriert werden. Eine Welt auf Abstand halten, die ständig Druck auf den Menschen ausübt, indem sie ihn dazu herausfordert, eine Anpassungsfähigkeit zu entwickeln, wie sie

---

[50] Auf den vorliegenden Seiten verwenden wir den Begriff der „Herausforderung" im Heidegger'schen Sinne (vgl. Heidegger 1953, 15 ff.).
[51] Zum Begriff der „*Überschwelligkeit*" vgl. Anders 2002a, 262-263 und 1979, 47-48. Zur „*overmanned*" Welt vgl. Anders 2002b, 26-31.

sonst nur dem *milieu* des Tieres entspricht, wird damit unmöglich. Unter diesen Voraussetzungen erscheint die Ausübung der ‚Ent-fernung' vollkommen gehemmt. Der Mensch ist unfähig, den eigenen ek-statischen Trieb zu entfalten und befindet sich somit in einer erzwungenen Nähe zur Welt, die einer Vermischung gleichkommt: Er ist mit ihr verschmolzen, in sie verstrickt, benommen.

Die absolute Stabilisierung/Immunisierung des Seienden insgesamt erzielt der Technokosmos durch eine *end-* und *zwecklose* Bewegung, deren einziger Zweck das eigene unbestimmte Wachstum ist. Der benommene Stillstand der neo-umweltlichen (Kon)Fusion zwischen Mensch und Welt erfolgt auf jene heimtückische Weise, die Ernst Jünger bereits 1930 als „totale Mobilmachung"[52] beschrieb. Die authentische, *nomothetische* – d. h. auf eine bestimmte Zweckbestimmung hin ausgerichtete – Veränderung wird nicht etwa durch einen endgültigen Halt vernichtet (ein solcher erscheint undenkbar), sondern durch jene Erschöpfung bzw. Zermürbung, die dem hysterischen Dynamismus einer endlosen, weil zwecklosen Wiederholung geschuldet ist. Es handelt sich bei dieser Zwecklosigkeit wohlbemerkt nicht um die *atelische* (= ohne *telos*) Grundlosigkeit des *theorein*, die letztlich zu einem Selbstzweck wird. Das zwecklose Sein der technischen Neo-Umwelt stellt vielmehr eine extreme Form der extremen Zielgerichtetheit dar und erfüllt damit das Charakteristikum einer vollständigen Umsicht.

Die Bewegung der unvergänglichen Beweglichkeit alles Seienden lässt sich auf diese Weise auf das Vorbild eines ‚*kinetischen Totalitarismus der reinen Automatisierung (Automation)*'[53] zurückführen. Die totale Mobilmachung entspricht einer Seinsweise, in der sich zwar alles bewegt, doch nichts sich ereignet. Es ist eine Welt ohne Geschichte, da der einzige *kybernetes* (Steuermann), der das Ruder der *pragmata* noch führt (die sich inzwischen in *facta* und *artefacta* verwandelt haben), ein Autopilot ist, während dem Menschen lediglich eine „*mit-geschichtliche*" Komparsenrolle zugedacht wird. So schreibt Anders, dass

> wir *darauf verzichtet haben* (oder uns zu diesem Verzicht haben zwingen lassen) *uns selbst* […] *als die Subjekte der Geschichte zu betrachten*, daß wir uns entthront haben (oder haben entthronen lassen) und *an unseren Platz*

---

[52] Vgl. E. Jünger 1930.
[53] So definiert Anders die Automation: „die Automation ist […] die endgültige Ersetzung des Gewissens durch die Gewissenhaftigkeit der mechanischen Funktion." (Anders 2002a, 350 Anm.)

> [...] *ein einziges anderes Subjekt gesetzt haben: die Technik*, deren Geschichte nicht, wie die der Kunst oder der Musik, eine unter anderen ‚Geschichten', sondern nun *die* Geschichte ist.[54]

Der Mensch wird jetzt zum bloßen Vollzieher der anonymen Befehle der „Megamaschine"[55]. Jetzt kann er nicht mehr „Hirte des Seins", sondern nur noch „Hirte der Produkte"[56] sein.

Die Welt ist nun eine benommene, eine in sich verstrickte Welt und deshalb eine ‚Nicht-Welt'. In dem Moment, wo die Technik zum „Subjekt der Geschichte" avanciert, tritt die Vollendung der Ent-weltlichung der Welt ein, realisiert sich ihre *Neutralisierung* in Form einer rationalisierten Entzauberung. Die Welt neutralisiert sich, sobald sie für uns vollkommen vertraut und alltäglich wird bzw. sobald sie jede Distanz und jedes Geheimnis verliert und sich in ein ‚Zuhandenes' verwandelt. Hier hört die *authentische* Geschichte – d. h. jene, die Erzeuger und Brutstätte von Ereignissen ist – auf, so dass der Mensch sich aus seiner subjektiven und verantwortlichen Funktion verdrängen lässt, bis er nur mehr mit-geschichtlich wird, der Zuschauer also einer „sirenischen Welt"[57], die zum „Spektakel"[58] geworden ist.

Auf dem Höhepunkt seiner entlastenden und kompensatorischen Entwicklung, im höchsten Ausdruck seiner selbst als *Kulturwesen*, findet sich der Mensch in einer für ihn vollkommen neuartigen Position, da sie durch und durch derjenigen des Tieres entspricht. Als *verumweltlichtes Wesen* (d. h. als künstliches Umweltwesen) ist der Bewohner der Technosphäre *weltarm*, wie das Tier also, welches jedoch Umweltwesen von Natur aus ist. Seiner besonderen Eigenschaft, das Seiende zu *ent-fernen* beraubt – die die notwendige Bedingung dafür darstellt, mit ihnen überhaupt in Beziehung zu treten bzw. sie als solche *seinzulassen* – ‚verarmt der Mensch an Welt'. Er

---

[54] Anders 2002b, 279 und 271-278, 9.
[55] Vgl. ebd. 432 (Anm. 1). Außer von „Mega-Maschine" spricht Anders auch vom „Totalitarismus der Dingwelt". Was den Begriff der Megamaschine betrifft, der von Lewis Mumford geprägt wurde, vgl. Mumford 1974 und Latouche 1995.
[56] Anders 2002b, 280-282.
[57] Ebd. 308-315.
[58] Bekanntlich erblickt Guy Debord in der Gestalt des „*Zuschauers*" gegenüber einer auf ein „*Spektakel*" reduzierten Welt (Gesellschaft) den Höhepunkt des Entfremdungsprozesses des modernen Menschen (vgl. Debord 1996).

pauperisiert sich selbst. Die grundlegende Voraussetzung für den Tierwerdungsprozess des Menschen besteht in einem *ontologischen Pauperismus*.[59]

Innerhalb des neo-umweltlichen Kosmos wird der Mensch auf einen Zustand restloser Mangelhaftigkeit reduziert (herausgefordert). Der Mangel des Mängelwesens entspricht jetzt nicht mehr jener ontologischen Fülle des Möglichen (nicht mehr der *steresis* als natürlichem Korrelat der *dynamis*), sondern er steht schlicht und ergreifend für Verlust, Armut, Fehlerhaftigkeit – und letztendlich für Schuld. Der Mangel wird zum ontologischen Schuldbetrag.[60] Da die Technik sich nicht nur als „die Organisation", sondern auch als die Produktion „des Mangels"[61] offenbart, *ist das technische Zeitalter das des weltarmen Menschen*; also eine durch und durch „dürftige Zeit".

Die Logik der Neo-Umweltlichkeit als epochales Phänomen ist die säkularisierte Version einer theologischen Dialektik. Als Opfer einer soteriologischen Angst, die nicht mehr psychisch, sondern somatisch ist, gründet der tiergewordene Mensch eine *Technodizee*.[62] Von der Warte der Megamaschine aus betrachtet, nimmt der Mensch sich selbst als einen permanent fehler-

---

[59] Bezüglich des Begriffes *Pauperismus* verweisen wir auf Friedrich Georg Jünger, der erklärt: „Jeder Akt der Rationalisierung – und die zunehmende Rationalisierung ist die Grundbewegung des technischen Gesamtprozesses – ist somit die Folge eines Mangels. Der Aufbau und die Durchbildung des technischen Apparats sind nicht nur das Ergebnis eines Machtstrebens, das sich in der Technik artikuliert, sie sind zugleich die Folge einer Notlage. Deshalb ist die der Technik zugeordnete menschliche Lage der *Pauperismus*. Dieser ist durch keine technische Anstrengung zu überwinden." (F. G. Jünger 1993, 22) Zum Thema Technik in den Werken von Ernst und Friedrich Georg Jünger vgl. Strack 2000 und Blok 2017.

[60] Zum Thema des anthropologischen Pauperismus, der als Schuld (*debito*) ausgelegt wird, die wiederum ihrerseits eine säkularisierte Version des theologischen Paradigmas der angeborenen Schuldhaftigkeit der menschlichen Kreatur darstellt, vgl. Stimilli 2015 und 2017.

[61] Heidegger 1936-1946, 94.

[62] Der Neologismus ‚Technodizee' (*techne* + *dike*) stammt aus einem klassischen Begriff der Philosophie und Theologie: ‚Theodizee' (*theos* + *dike*). Die Technodizee stellt die völlig säkularisierte Variante der Theodizee dar. Mittels dieses Neologismus soll die Vorstellung betont werden, dass die Technik in ihrer systemischen (totalisierten) Form die soteriologische Funktion der bereits unbrauchbaren hinterweltlichen Grundsätze übernommen hat.

haften Bestandteil wahr, da er sich gegenüber den Aufgaben, die ihm erteilt werden, stets als ungenügend erweist. Dies betrifft sowohl seine aktiven Aufgaben (Produktion) als auch diejenigen passiver Art (Konsum). Wie einige geistreiche Interpreten unserer Zeit – neben Anders auch Guy Debord und Jean Baudrillard – festgestellt haben, sind die Seele und der Motor für die gegenwärtige Realität nicht aufseiten der Produktion, sondern auf derjenigen des Konsums bzw. der Produktion des Konsums bzw. der Produktion der Bedürfnisse zu verorten, wovon sich ihre *phantasmatische, spektakuläre* und *simulakrenhafte* „Matrize"[63] herleitet. Die Realität ist zum Effekt ihrer eigenen Projektion geworden, zu der Produktion ihrer Produktion und somit zu einer Re-produktion, zu einem Bild. *„Das Wirkliche* [wird] *zum Abbild seiner Bilder"*[64]. Das Zeitalter der Technik als Subjekt der Geschichte ist „die Zeit des Weltbildes"[65]; sie stellt eine Welt dar, die auf ein Bild reduziert wird. *Der Technokosmos ist eine Wunschwerkstatt, eine Bedürfnisfabrik.* Verführt von den „Phantomen" der sirenischen Welt, manövriert sich der Mensch in eine fatale ewige Erlösung aus der eigenen Fehlerhaftigkeit, die nun als Schuld oder, auf säkularisierte Weise ausgedrückt, als Krankheit empfunden wird.

Dies ist der Nährboden, auf dem die Bedingungen jener waghalsigen Versuche entstehen, die von der vielfältigen Konstellation des Posthumanismus unternommen werden. Dessen ‚Techno-Gerechtigkeit' (d. h. seine unparteiische, ruhige Haltung gegenüber der Technik als epochalem Phänomen) sowie herausstechende ontische Horizontalität[66] (d. h. die vermeintliche Freiheit, alle unbestimmten Möglichkeiten des Menschen auszuprobieren) lassen sich konkret in einen Zwang übersetzen, die eigene inakzeptable Fehlerhaftigkeit neo-umweltlich zu korrigieren, sich den Ansprüchen des Technokosmos also bis aufs Äußerste anzupassen. Auf diese Weise

---

[63] In Anders 2002a, 97-211 untersucht Anders „die Welt als Phantom und Matrize".
[64] Ebd. 179. So lautet „das erste Axiom, der Wirtschafts-Ontologie": *„Realität wird durch Reproduktion produziert; erst im Plural, erst als Serie, ist Sein"* (ebd. 180).
[65] Vgl. Heidegger 1938.
[66] Von *„Horizontalität* des *bios"* spricht Roberto Marchesini (2009, 16-18). Diese *Horizontalität* scheint allerdings nur zum Preis einer grundlegenden und übergeordneten Geste der In-differenz erreichbar zu sein, die in der Reduzierung des Lebendigen auf den Rang von bloßer *materia* bzw. von bloßem Material (Rohstoff) liegt, welches dem technischen Wirken zur Verfügung steht. Diesbezüglich sei ein Verweis auf Cera 2012 erlaubt.

nimmt der Mensch die volle Gewalt der Technik und seinen mit ihr verbundenen minderwertigen Status auf sich. Er muss sich dieser Gewalt vollkommen anvertrauen, so lange, bis sie seine Schuld auslöscht. Dabei lässt sich diese Schuld nicht auslöschen, weil dieselbe Technik kraft ihrer mobilmachenden und herausfordernden Natur immer neue Schuldgefühle generieren muss, um sich als Totalität zu erhalten. Dies bedeutet, dass die immer höheren Ansprüche an den Menschen ihn zu einem Zustand ewiger Unzulänglichkeit verurteilen.

Die paradoxe Introjektion eines solchen Imperativs, uns von dem, was wir selbst produziert haben, herausfordern – d. h. verbessern, steigern (*enhance*), heilen und endlich retten – zu lassen, entspricht dem, was Günther Anders als „prometheische Scham" bezeichnet, die wiederum jenem „prometheischen Gefälle" geschuldet ist, das „die A-synchronisiertheit des Menschen mit seiner Produktwelt", nämlich „unsere Unfähigkeit, seelisch ‚up to date', auf dem Laufenden unserer Produktion zu bleiben"[67], beschreibt. Indem der Mensch sich stets als fehlerhaft und ungenügend wahrnimmt, fühlt er sich der als Schicksal anerkannten Neo-Umwelt gegenüber verpflichtet, sich vollkommen in ihren Dienst zu stellen. Letztere betrachtet den Menschen wiederum als Freiwilligen, dem also keine Möglichkeit zur Untreue bleibt. *Im Dogma der Fehlerhaftigkeit steckt die Triebfeder eines vollkommenen ‚Sich-zur-Verfügung-Stellens'* (als „homo materia"[68]) *der totalen Mobilmachung. Zudem liegt in ihm der ontologische Pauperismus begründet, der seinerseits wiederum den Schlüssel zum Tierwerdungsprozess darstellt, d. h. zu jener anthropologischen und potenziell posthumanen Metamorphose, welche die Grundlage der Neo-Umweltlichkeit konstituiert.*

Als neue *archè kineseos* bietet sich die Technik als das *pharmakon* an, dessen das stets schuldige Lebewesen bedarf, um sich der Verurteilung zu entziehen, nur ‚etwas zu sein', also ohne ‚vollkommen und gleichzeitig alle seine

---

[67] Anders 2002a, 15-16.
[68] Anders erkennt das anthropische Wahrzeichen „des Zeitalters der dritten industriellen Revolution" im Übergang vom „*homo faber*" zum „*homo creator*" – der mit Hilfe der *techne* die *physis* produziert – und letztendlich zum „*homo materia*", zu dessen Symbol Auschwitz wird. Der unkontrollierbare Trieb dieses *homo materia* ist derjenige, sich von der *prometheischen Scham* zu befreien (die ihn ‚nur Mensch' sein lässt), weil er sich endlich als ‚Ding zwischen den Dingen' fühlen will. Vgl. Anders 2002b, 21-22.

Möglichkeiten sein zu können'. Folglich zwingt sich der Mensch dazu, ,nichts zu sein', sich vollkommen zur Verfügung zu stellen. Er empfindet sich dabei als krank und schuldig, weil er unfähig ist, den steigenden Leistungsanforderungen zu entsprechen.[69]

Aus dem prometheischen Gefälle entwickelt sich die prometheische Scham, die sich bis zu einer *prometheischen Schuld* auswächst, und zwar jener, ,immer noch nur Mensch zu sein'. Hier setzt der Wunsch an, ,nicht mehr Mensch sein zu können'. Im Appell der *Technodizee* wurzelt die soteriologische Begierde nach einer *prometheischen Erlösung* von dem einzigen moralischen Laster, das im Eden der Automatisierung noch bleibt: die *Antiquiertheit* bzw. „die negative Attitüde des Menschen gegenüber seinem Menschsein". Seine *voluptas*, „,sicut machinae' zu werden"[70].

Die Posthumanität verkörpert die andere Seite der Medaille der Antiquiertheit. Statt daran zu denken, die Welt dem Zuschnitt des Menschen (einem menschlichen Maß) anzupassen, wird lieber der Mensch neu gestaltet, bis er sich selbst überwunden hat, um schlussendlich einer maß-losen („overmanned") Welt zu entsprechen. Wenn sich also diese ,pharmakologische Dimension' als wesentliche Bestimmung der Technik erweist, dann ist *das Wesen der Technik thaumaturgisch*.[71] Als *thaumaturgisch* sind dabei Aus-

---

[69] Byung-Chul Han beschreibt die Gesellschaft des 21. Jahrhunderts als eine „*Leistungsgesellschaft*", die aus „*Leistungssubjekte[n]*" besteht. (Han 2010, 17).
[70] Anders 2002b, 292.
[71] Damit unterstützen wir die Behauptung, dass die alltägliche Bedeutung, die der Pauperismus als *Hauptmittel der neo-umweltlichen Benommenheit* erfährt, in einer *Pathologisierung* besteht. Die technische Thaumaturgie zähmt das *pathos*, indem sie aus ihm eine Pathologie macht, die auf diese Weise zur Selbstzensur führt. Wenn wir uns als ,pathisch' erkennen, empfinden wir uns als pathologisch (krank) und fehlerhaft, letztlich sogar als schuldig, und werden bereit, zu frommen Anhängern der technischen Soteriologie zu werden. Zu diesem Thema vgl. Cera 2012, 38-45. Es ist interessant festzustellen, dass und wie ein solcher Mechanismus in der Regel bereits anders (weiterentwickelter?) wirkt als derjenige, den vor allem Michel Foucault hervorhebt. Von einem Mittel des Ausschlusses ist die Pathologisierung zum ,*metron der orthotes*' geworden, d. h. zum Maßstab der ,angemessenen Gleichförmigkeit'. Heutzutage produziert die Pathologisierung keine „*anormaux*" mehr, sondern durch und durch Integrierte. *Gerade weil wir uns als krank wahrnehmen, fühlen wir uns ,normal'.* Die Pathologisierung hat sich zum Stigma einer vollendeten Anpassung erkoren.

sehen und Funktion zu bezeichnen, die die höchste systemische Stufe der Technik prägen.

Das thaumaturgische Ergebnis der Technik fällt jedoch mit dem Beginn ihrer Enthüllung zusammen, da sie den Menschen ‚befreien' – also heilen und retten – kann, vorausgesetzt, sie löst sich von ihrer ursprünglichen Kondition der Zweckdienlichkeit. Um zum *oikos* und zur Weltform zu werden, muss sie solche dienende Zweckdienlichkeit in einen Selbstzweck umwandeln, das heißt, die Technik muss sich selbst in den Rang eines *Reiches der Mittel* erheben: „Als ein solches Universum der Mittel ist die Technik tatsächlich die Umwelt (*milieu*) des Menschen"[72].

Dies geschieht, wie wir gesehen haben, wenn die Technik zur Welt bzw. die Welt zur Umwelt wird. Die Welt wiederum verumweltlicht sich nur unter der Bedingung, dass der Mensch aufhört, sich selbst *als solchen* wahrzunehmen (d. h. die eigene Befindlichkeit zu erfahren), um sich hingegen auf die Benommenheit abzustimmen. Die künstliche Benommenheit entspricht einer vollkommenen Umsicht, die wiederum nur im Negativen manifest

---

[72] Ellul 2004, 49. Um den Ausdruck „Reich der Mittel" zu definieren, scheint es nützlich, folgenden Passus von Umberto Galimberti zu zitieren: „Wenn das technische Mittel die notwendige Bedingung zur Realisierung jeden Zwecks ist, der nicht ohne es erreicht werden kann, so wird die Erlangung des Mittels zum eigentlichen Zweck, dem alles andere untergeordnet ist" (Galimberti 2004, 37). In Anders 2002a, 253 ist die Rede vom „Mittel-Kosmos". Es mag verwundern, dass ein Begriff wie „*dépense*", d. h. die Verschwendung als extreme Manifestation eines unerbittlichen Überflusses des Seins (ein Begriff, in dem Georges Bataille noch einen Fluchtweg für den Menschen aus dem „stählernen Gehäuse" der rationalisierten Gesellschaft erkannte), heutzutage als ein Mittel zur Vereinheitlichung aufzufassen ist, als die ‚kleinste universale Leistung', die die Megamaschine von uns fordert. Letztere hat in der Zwischenzeit die eigene Evolution vervollständigt, indem sie jedes Ziel, das nicht mit dem eigenen zweckdienlichen Handeln verknüpft ist, vernichtet. Die definitive *Zielgerichtetheit der Zweckdienlichkeit* – d. h. die zum „Reich der Mittel" aufgestiegene Technik – fällt mit dem *perpetuum mobile* eines Apparates zusammen, der nunmehr keine andere Sinnhaftigkeit als die unbestimmte/unendliche Fortführung der eigenen reinen Beweglichkeit gelten lässt. Nach dieser Logik wird die *dépense* zu einem notwendigen Beitrag eines jeden Getriebes, das die Bewegung eines solchen *perpetuum mobile* fortführt. Sich als bloße Ressource (Rohstoff, Bestand) verbrauchen zu lassen, sich mobil machen und herausfordern zu lassen, entspricht der Integration in den Rhythmus der Technosphäre und stellt die besondere Form der von der Neo-Umwelt geforderten Anpassung dar.

wird, als totale Hemmung der Betrachtung bzw. als Unmöglichkeit jenes theoretischen Pathos, dessen ursprüngliche Form der erdhaften Stimmung entspricht, die durch die Ent-bergung des Offenen hervorgerufen wird. Wir bezeichnen eine solche Stimmung als *thauma*. *Der tiergewordene Bewohner der Neo-Umwelt ist ein vollkommen kompensiertes, ‚züchtiges' und kultiviertes Umsichtwesen.*

Insofern entspricht die neo-umweltliche Benommenheit der totalen Hemmung des *thauma*, der absoluten Unfähigkeit, den Kreislauf der Alltäglichkeit zu durchbrechen und somit einer *nicht mehr vorhandenen Erdfühligkeit*. Das *thauma* wird unerfahrbar, sobald die Technik sich seiner bemächtigt und es als *pathos* in ein *ergon*, d. h. in ein Werk ihrer Schöpfung und damit in ein Produkt, ein Artefakt umwandelt. Das *thauma* technisch ins Werk setzen, es produzieren – das ist die wörtliche Bedeutung von ‚Thauma(t)ourgie' (*thauma* + *ergon*). Darin liegt die grundsätzlich thaumaturgische (wundertätige) Absicht der Technik, ihre paradoxe ‚soteriologische Bestrebung'[73]. Wie gesagt, hierbei geht es nicht mehr um eine psychische Soteriologie (die auf eine religiöse Hinterwelt ausgerichtet war), sondern um eine somatische. Von diesen Prämissen aus wird der von der technischen Neo-Umwelt auserwählte Menschentyp kein ‚bloßer' Übermensch, sondern ein echter *Superman*, ein Post-Mensch sein – genauer gesagt, ein ‚*Nicht-mehr-nur-Mensch'*. Es ist jemand, der die körperliche Gebundenheit überwindet, indem er sie über alle Maßen ausdehnt. Wenn es zuvor galt, die somatische Kette zu sprengen, so ist es nun geboten, sie unbegrenzt zu verlängern bzw. zu steigern (*enhance*).

Dennoch ist und bleibt jeder Thaumaturg *per definitionem* ein Zauberkünstler, ein Illusionist.[74] Gerade als *Produktion, Herausforderung des Erstaunens*

---

[73] In Zusammenhang mit der vollkommenen Säkularisierung – die den normalen und normativen Status einer in sich widersprüchlichen Neuzeit darstellt, wie Löwith betont – erscheint die Anwendung eines soteriologischen Ansatzes der Technik beinahe schon selbstverständlich, da sie jetzt den einzigen Empfänger jener Anfragen bezüglich des Diesseits verkörpert, die einst bezüglich des Jenseits an ‚jemand Anderen' gestellt wurden. In Bezug auf den heiligen und religiösen Aspekt der Technik, siehe Noble 1997 und Davis 1998.
[74] Platon ordnet den Sophisten, den ‚Techniker' *par excellence*, dem *genos ton thaumatopoion* zu, dem „Geschlecht der Zauberer" (*Sophistes*, 235b 5). *Thaumatourgoi* galten im antiken Griechenland hingegen als Erbauer der *thaumata*, jener ungewöhnlichen

erweist sich die Thaumaturgie als Kunstgriff, als *mechané*, als eine Täuschung. Die wesentliche Täuschung, derer dieses *pharmakon* bedarf, um seine schmerzstillende Wirkung aufzulösen, ist der Umstand, dass wir die unbestimmten Optionen, welche die Technosphäre für uns bereithält (d. h. *vor*-gesehen und *vor*-berechnet hat), für unendliche Möglichkeiten und daher für authentische Wahlangebote halten.

Um erfolgreich zu sein, benötigt diese Täuschung unsere Illusion, uns als freie, da unbestimmte Wesen zu denken und uns allmächtig zu fühlen, gerade während wir uns tatsächlich der Ohnmacht der Unförmigkeit hingeben, d. h. der beschämendsten Einschränkung: auf jene zweckdienliche Anpassung nämlich und den Verzicht auf die Ausübung unseres ek-statischen Potenzials. Um nicht ‚einfach nur' etwas zu sein, machen wir lieber nichts aus uns. Die Thaumaturgie kann möglicherweise planen, das *thauma* zu einem Artefakt zu machen (und es so zu vernichten), allein indem sie es fälscht, also zu etwas macht, was es nicht ist. Tatsächlich ist das *thauma* als *pathos* weder produzierbar noch herausforderbar, im Gegenteil. Da es der ‚Reaktion' angesichts eines für menschliche Maßstäbe unvorstellbaren Überschusses gleichkommt, ist jede mögliche Herausforderung gezwungen, es vorauszusetzen und mit einzuschließen.

Die einzige Spur der Anwesenheit dieses Grundpathos bleibt das staunende Entsetzen, welches in jenem besonderen Seienden hervorgerufen wird, das fähig ist, diese Spur zu fühlen, indem es sich selbst fühlt bzw. fähig ist, sich dem Offenen des *polemos* zwischen Welt und Erde zu öffnen und somit zu erkennen, eben dort verortet (in es aus-gesetzt) zu sein. Insofern der Mensch gerade diese Aus-gesetztheit ist, ist er wesentlich eine Entsprechung bzw. eine Antwort auf den Ruf jenes nicht herausforderbaren Offenen. Durch sein bloßes Dasein hat er bereits seit jeher auf diesen Ruf geantwortet und ihm entsprochen. Er befindet sich schon immer jenseits dessen, was die neo-umweltliche Benommenheit beansprucht, auf sich zurückführen zu können, indem sie es zu einem Artefakt macht. Es gibt keinen Weg, auf diesen ‚entsprochenen Anfang' zurückzuführen oder jenen Ruf herauszufordern, auf den wir unausweichlich die Antwort sind. Man kann lediglich versuchen, ihn mittels einer (Selbst-)Täuschung zu entfernen, indem man die eigene Fähigkeit (zwanghaft) daran hemmt, ihn wahrzunehmen. Es gibt keine Eklipse der kosmologische Differenz, da es keine Welt gibt, welche

---

Maschinen, die dem Zweck der Unterhaltung der Zuschauer dienten, und zwar, um ‚Erstaunen *(thaumazein)* zu produzieren'. Siehe dazu Cambiano 2006.

die Erde verschlingen könnte. Die Welt kann die Erde nur durch Zauberei verdunkeln und vor den eigenen Sinnen verstecken, indem sie so tut, als gäbe es die Erde nicht. Im Grunde genommen spielt die Welt nur mit sich selbst Verstecken.

Die Thaumaturgie, die das gegenwärtige *telos* der *techne* verkörpert, offenbart sich als Täuschung und Trugbild. Sie ist die höchste und anmaßendste Ver-*antwortungs*-losigkeit des Menschen, der sich jener Antwort (Entsprechung) entziehen möchte, die er selbst ist. Andererseits bleibt sogar diese Verantwortungslosigkeit *als solche* eine Entsprechung jenes Rufes, den sie zum Schweigen bringen möchte. Das bedeutet, dass sich selbst unter der Maske der neo-umweltlichen Tierwerdung (immer) noch ein Weltwesen verbirgt. Das Menschsein ist eine Schuld, die nicht erlassen werden kann.

Postille

Wie wir bereits zum Auftakt des dritten Teils dieser Studie vorweggenommen haben, bedeutet Menschsein immer auch, Mensch zu werden und zu bleiben. Die *hominitas* ist noch keine *humanitas*. Die Erfüllung unserer Bestimmung impliziert eine Aufgabe und ein Sollen, weshalb eine genuin philosophisch ausgerichtete Anthropologie immer eine ethische Berufung in sich birgt. Dass das Menschsein eine zu erfüllende Aufgabe darstellt, impliziert die Möglichkeit, an ihr zu scheitern. Unter ähnlichen Umständen würde auch die anthropologische Differenz schwanken und letztlich im paradoxen Ergebnis einer *conditio (post)humana* gipfeln, die derjenigen des Tieres vollkommen entspräche. Diese Möglichkeit haben wir auf den vorliegenden Seiten ausführlich beleuchtet.

Bleiben wir bei der *neo-umweltlichen Hypothese* – nach der die Technik, in den Rang eines Phänomens und Systems erhoben, eine posthumane Schwelle markiert, indem sie das anthropische Perimeter erodiert –, dann *bietet sich das posthumane Pathos als eine (Pseudo)Benommenheit dar, die durch die systematische Hemmung der* dynamis theoretica *bzw. des eigentlichen weltlichen Pathos hervorgerufen wird*. Folglich wird der *post*- oder *neo*-Mensch – d. h. der vollkommen an die technische Neo-Umwelt angepasste Menschentyp – dem perfekt umsichtigen oder auch total rationalisierten Menschen (dem *integral rational agent*) entsprechen, der kein Interesse mehr hat, aus dem eigenen zweckdienlichen Lebenskreis auszubrechen, weil er ihm auf verstrickte, benommene Art und Weise verhaftet bleibt. Die Hemmung der eigenen *dynamis theoretica* lässt ihn einen Tierwerdungsprozess beschreiten, der gleichwohl eine spezifische Entwicklung aufweist. Im Gegensatz zum Tier, dessen Verumweltlichung das Ergebnis einer vollkommenen Umsicht darstellt, die von seiner naturgegebenen Benommenheit abhängt, wird der Mensch ein vollständig umweltliches Wesen, insofern er gänzlich benommen ist und wiederum gänzlich benommen, insofern er vollkommen umsichtig ist. *Als Umsichtwesen ist der Mensch demnach ein Umweltwesen.*

Im inzwischen vollendeten *secular age* wird die Aufgabe unserer Bestimmung ganz in unsere Hände gelegt. Jetzt fällt es uns zu, eine Entscheidung darüber zu treffen, was wir aus uns machen, sowie dem gerecht zu werden, zu dem wir uns entschieden haben. Paradoxerweise drückt sich die genuin posthumane *hybris* nicht in einem Zuviel, sondern in einem Zuwenig aus, d. h. in einer nimmersatten Lust zu delegieren. Folglich liegt die eigentliche Definition des technischen Zeitalters nicht im „Willen zur Macht", sondern im „*Willen zum Gemacht*" bzw. – wie bereits gesagt – in „der negativen Attitüde des Menschen gegenüber seinem Menschsein".

Von seinen betont aktivistischen Aufrufen einmal abgesehen, scheint der Geist der heutigen *Technolatrie*[1] eine *de facto*-Abkehr gegenüber den grundlegenden Mahnungen zu fördern, die uns unsere Kondition und Stellung von jeher auferlegt. Eine solche Technolatrie erzeugt eine ‚abgemilderte Gelassenheit', einen *regressus ad hominitatem*, nämlich einen Abstieg von der *humanitas* zur *hominitas*, indem sie sich der Technik als alleiniger und freigiebiger Gewalt blind anvertraut und zulässt, dass diese mit uns macht, was sie ‚will'. Getragen wird dieses Vertrauen von dem naiv fideistischen und soteriologischen Bestreben, dass das, was die Technik ‚will', *ipso facto* unserem eigenen Wohl entspräche.

Die Tatsache, dass die ‚Menschheit' sowohl als Begriff als auch als Wert das Ergebnis eines historisch gewachsenen Prozesses ist und nicht eine zeitlose Gegebenheit, spricht ihr deshalb noch nicht das Recht ab, geschützt und verteidigt zu werden. Das Zuschauen, ‚was aus uns wird', wäre möglicherweise ein nachvollziehbares Verhalten innerhalb eines fideistischen und kreationistischen Kontextes, allerdings wohl weniger in einem, der sich als säkularisiert bezeichnen würde.

Die eigentliche posthumane bzw. neo-umweltliche Anmaßung ist demnach in ihrem Anspruch zu finden, uns von unserem eigenen Gewicht und unserer Bestimmung befreien zu wollen. Was unser Zeitalter hingegen dringend von uns fordert, ist, uns selbst anzunehmen, und zwar bereits ab jetzt – und dem zu entsprechen, was wir sein werden, in Anbetracht der Tatsache,

---

[1] Unter ‚Technolatrie' verstehen wir all jene Positionen, die das definitive Kommen der technischen Neo-Umwelt herbeisehnen. Diese Positionen finden in der Konstellation des Posthumanismus eine treue Veranschaulichung.

dass das, was wir sein werden, in hohem Maße davon abhängen wird, was wir zu sein gewählt haben werden. Was wir bei dieser Wahl immer präsent haben sollten, ist, dass die Würde unserer Bestimmung – der Kern unserer *humanitas* – nicht nur vom Erreichen dessen abhängt, ‚*was wir noch nicht gewesen sind*‘, sondern ebenfalls von unserer Fähigkeit, das anzuerkennen und zu schützen, ‚*was es wert ist, weiterhin zu sein*‘.

Literaturverzeichnis

Accarino, B. (Hg.) (1991a): *Ratio Imaginis. Uomo e mondo nell'antropologia filosofica*, Firenze.
– (1991b): „Tra libertà e decisione: alle origini dell'antropologia filosofica", in: Accarino (1991a), 7-63.
– (2003): „Phantasia certissima facultas. Entfremdung und Phantasie in der philosophischen Anthropologie", in: J. Fischer u. H. Joas (Hg.), *Kunst, Macht und Institution. Studien zur Philosophischen Anthropologie, soziologischen Theorie und Kultursoziologie der Moderne. Festschrift für Karl-Siegbert Rehberg*, Frankfurt am Main, 17-34.

Achterhuis, H. (Ed.) (2001): *American Philosophy of Technology: The Empirical Turn*, Bloomington [*Van Stoommachine tot cyborg: Denken over techniek in de nieuwe wereld*, Amsterdam 1997].

Agamben, G. (2003): *Das Offene. Der Mensch und das Tier*, Frankfurt am Main [*L'aperto. L'uomo e l'animale*, Torino 2002].

Alsberg, P. (1922): *Die Menschheitsrätsel. Versuch einer prinzipiellen Lösung*, Dresden [neue Auflage: *Der Ausbruch aus dem Gefängnis. Zu der Entstehungsbedingungen des Menschen*, hg. v. D. Claessens, Gießen 1975].

Anders, G. (1934-1935): „Une interprétation de l'a posteriori", in: http://tinyurl.com/kctesa, 1-10 (orig. Ausgabe in: *Recherches philosophiques*, IV, 65-80).
– (1936-1937): „Pathologie de la liberté", in: http://tinyurl.com/n94x3db, 1-23 (orig. Ausgabe in: *Recherches philosophiques*, VI, 22-54).
– ([1948] 2001), „Die Schein-Konkretheit von Heideggers Philosophie", in: *Über Heidegger*, hg. v. G. Oberschlick, München, 72-115.
– ([1956] 2002a): *Die Antiquiertheit des Menschen 1. Über die Seele im Zeitalter der zweiten industriellen Revolution*, München.
– (1979): „Wenn ich verzweifelt bin, was geht's mich an? Gespräch mit Günther Anders", in: M. Greffrath (Hg.), *Die Zerstörung einer Zukunft. Gespräche mit emigrierten Sozialwissenschaftlern*, Hamburg, 19-57.

- ([1980] 2002b): *Die Antiquiertheit des Menschen 2. Über die Zerstörung des Lebens im Zeitalter der dritten industriellen Revolution*, München.

Arlt, G. (2001): *Philosophische Anthropologie*, Stuttgart.

Augustinus Aurelius (2004): *Confessiones (Bekenntnisse)*, übers. von W. Thimme, Düsseldorf/Zürich.

Bassanese, M. (2004): *Heidegger e von Uexküll. Filosofia e Biologia a confronto*, Trento.

Becherini, S. (1991): „Antropologia e filosofia della vita in Bernhard Groethuysen", in: Accarino (1991a), 163-178.

Blok, V. (2017): *Ernst Jünger's Philosophy of Technology: Heidegger and the Poetics of the Anthropocene*, New York/London.

Blumenberg, H. (1966): *Die Legitimität der Neuzeit*, Frankfurt am Main.
- (1974): „Der Fortschritt in seiner Enthüllung als Verhängnis", in: *Säkularisierung und Selbstbehauptung*, Frankfurt am Main, 34-35.

Boccignone, M. (2009): „Recensione a: J. Fischer, ,Philosophische Anthropologie. Eine Denkrichtung des 20. Jahrhunderts'", in: *Rivista di filosofia*, C, 2, 297-299.

Boehme, G. (1985): *Anthropologie in pragmatischer Hinsicht. Darmstädter Vorlesungen*, Frankfurt am Main.

Bohr, J. u. Wunsch, M. (Hg.) (2015): *Kulturanthropologie als Philosophie des Schöpferischen. Michael Landmann im Kontext* (Philosophische Anthropologie. Themen und Positionen, Bd. 12) Nordhausen.

Bollnow, O. F. (1965): *Die anthropologische Betrachtungsweise in der Pädagogik*, Essen.
- (1972a): „Die philosophische Anthropologie und ihre methodischen Prinzipien", in: R. Rocek u. S. Schatz (Hg.): *Philosophische Anthropologie heute*, München, 19-36.
- (1972b): *Das Verhältnis zur Zeit. Ein Beitrag zur pädagogischen Anthropologie*, Heidelberg.

Borsari, A. (Hg.) (2003): „Antropologia filosofica e pensiero tedesco contemporaneo", in: *Iride*, XVI, 39, 257-360.
- (Hg.) (2009a): „Philosophical Anthropology and Contemporary German Thought", in: *Iris, European Journal Philosophy and Public Debate*, I, 1, 113-226 (http://www.fupress.net/index.php/iris/issue/view/269).
- (2009b): „Notes on ,Philosphical Anthropology' in Germany. An Introduction", in: A. Borsari (Hg.) (2009a), 113-129
(http://www.fupress.net/index.php/iris(article/view/2858).

– u. Russo, M. (Hg.) (2005): *Helmuth Plessner. Corporeità, natura e storia nell'antropologia filosofica*, Soveria Mannelli.

Braun, H. u. Riedel, M. (Hg.) (1967): *Natur und Geschichte. Karl Löwith zum 70. Geburtstag*, Stuttgart.

Brentari, C. (2011): *Jakob von Uexküll. Alle origini dell'antropologia filosofica*, Brescia.

Brüning, W. (1960): *Philosophische Anthropologie. Historische Voraussetzungen und gegenwärtiger Stand*, Stuttgart.

Buchanan, B. (2008): *Onto-ethologies. The Animal Environments of Uexküll, Heidegger, Merleau-Ponty and Deleuze*, Albany.

Buber, M. ([1943] 1962): „Das Problem des Menschen", in: *Werke. Erster Band: Schriften zur Philosophie*, München/Heidelberg 1962, 307-407.

Buytendijk, F. J. J. u. Plessner, H. (1925): „Die Deutung des mimischen Ausdrucks", in: H. Plessner, *Gesammelte Schriften Band VII*, hg. v. O. Marquard u. a., Frankfurt am Main 1982, 67-129.

Cambiano, G. (2006): „Automaton", in: *Figure, macchine, sogni. Saggi sulla scienza antica*, Roma, 175-196.

Campodonico, A. (2013): *L'uomo. Lineamenti di antropologia filosofica*, Soveria Mannelli.

Carchia, G. (1987): „Nota alla controversia sulla secolarizzazione", in: *aut aut*, 222 (*Karl Löwith. Scetticismo e storia*), 67-70.

Carus, C. G. (1846): *Psyche. Zur Entwicklungsgeschichte der Seele*, Pforzheim (http://tinyurl.com/zq3lw87).
– (1851): *Physis. Zur Geschichte des leiblichen Lebens*, Stuttgart (http://tinyurl.com/zeb25kd).

Cassirer, E. (1944): *Essay on Man. An Introduction to a Philosophy of Human Culture*, New Haven/London.

Cera, A. (2007a): „Sulla questione di una filosofia della tecnica", in: N. Russo (Hg.): *L'uomo e le macchine. Per un'antropologia della tecnica*, Napoli, 41-115.
– (2007b): „Introduzione", in: K. Löwith, *L'individuo nel ruolo del co-uomo*, hg. v. A. Cera, Napoli, 5-50.
– (2010): *Io con tu. Karl Löwith e la possibilità di una Mitanthropologie*, Napoli.
– (2011): „Esistenza teoretica e virtù della scepsi. L'ethos filosofico di Karl Löwith", in: P. Amato, M. T. Catena u. N. Russo (Hg.): *L'ethos teoretico. Scritti per Eugenio Mazzarella*, Napoli, 213-231.

- (2012): „Il *metron* della *techne*. Apologia della diserzione", in: *Etica & Politica*, XIV, 1, 27-45.
- (2013): „Mitanthropologie, Zwischenontologie. L'antropologia löwithiana a confronto con il dialogismo di Martin Buber", in: *La Cultura*, LI, 2, 251-281.
- (2014): „Psyche e Physis. Uomo e mondo in Carl Gustav Carus", in: A. La Vergata (Hg.): *Nature. Studi su concetti e immagini della natura*, Pisa, 89-117.
- (2017): „The Other's Place in the Space of the Relation. Karl Löwith and Martin Buber as Theorists of Duheit", in: M. T. Catena and F. Masi (Hg.), *The Changing Faces of Space*, Heidelberg/New York/London, 57-73.
- (2018a): „Bausteine zu einer Fremdheitsanthropologie", in: G. Tidona (Hg.), *Fremdheit. Xenologische Ansätze und ihre Relevanz für die Bildungsfrage* (Diskurs Bildung. Schriftenreihe der Pädagogischen Hochschule Heidelberg, Band 61), Heidelberg, 103-122.
- (2018b): „Anthropology of Relation. Karl Löwith's Mitanthropologie and the Principle of Disappointability", in: D. Bertini und D. Migliorini (Hg.), *Relations: Ontology and Philosophy of Religion*, London/Milano, 73-90.

Claessens, D. (1970): *Nova natura. Anthropologische Grundlagen modernen Denkens*, Düsseldorf.
- (1980): *Das Konkrete und das Abstrakte. Soziologische Skizzen zur Anthropologie*, Frankfurt am Main.

Coreth, E. (1973): *Was ist der Mensch?: Grundzüge einer philosophischen Anthropologie*, Innsbruck/Wien.

Costa, V. (2003): „Differenza antropologica e animalità in Heidegger", in: Gualandi (2003a), 137-165.
- (2010): „La questione dell'antropologia nell'analisi fenomenologica", in: Martinelli (2010a), 137-163 (http://hdl.handle.net/10077/5105).

Cristin, R. (1987): „Teoria e scepsi. Sul rapporto fra Löwith e la fenomenologia", in: *aut aut*, 222 (*Karl Löwith. Scetticismo e storia*), 109-125.

Cusinato, G. (2000): „L'uomo nella tempesta che è il mondo", in: M. Scheler, *La posizione dell'uomo nel cosmo. Traduzione dall'edizione originale del 1928*, hg. v. G. Cusinato, Milano, 7-70.
- (2008): *La totalità incompiuta. Antropologia filosofica e ontologia della persona*, Milano.
- (2009): „Introduzione", in: *M. Scheler, Formare l'uomo. Scritti sulla natura del sapere, la formazione, l'antropologia filosofica*, hg. v. G. Mancuso, Milano, 7-19.
- (2010): „Recensione a J. Fischer, ‚Philosophische Anthropologie. Eine Denkrichtung des 20. Jahrhunderts'", in: *Dialegesthai* (http://mondodomani.org/dialegesthai/gcu04.htm).

Dabag, M. (1989): *Löwiths Kritik der Geschichtsphilosophie und sein Entwurf einer Anthropologie*, Bochum.

Davis, E. (1998): *Techgnosis. Myth, Magic, and Mysticism in the Age of Information*, New York.

Debord, G. (1996): *Die Gesellschaft des Spektakels*, Berlin.

Derrida, J. (2010): *Das Tier, das ich also bin*, hg. v. P. Engelmann, Wien [*L'Animal que donc je suis*, Paris 2006]

Dessauer, F. (1927): *Philosophie der Technik. Das Problem der Realisierung*, Bonn.

Dietze, C. (2006): *Nachgeholtes Leben: Helmuth Plessner 1892-1985*, Göttingen.

Dilthey W. (1922): „Vorrede", in: *Gesammelte Schriften Band I*, Leipzig/Berlin, XV-XX.

Donaggio, E. (2004): *Una sobria inquietudine. Karl Löwith e la filosofia*, Milano.

Ellul, J. (1954): *La Technique, ou l'enjeu du siècle*, Paris.
– ([1977] 2004): *Le Système technicien*, Paris.
– (1988): *Le Bluff technologique*, Paris.
– (1959): „Presentazione dell'Autore all'edizione italiana", in: *La tecnica, rischio del secolo*, hg. v. C. Pesce, Milano, V-VII.
– (1984): „Tecnica", in: *Enciclopedia del Novecento Treccani* (http://tinyurl.com/ltcff5e).

Esposito, R. (2002): *Immunitas. Protezione e negazione della vita*, Torino.

Fadini, U. (1991): *Configurazioni antropologiche. Esperienze e metamorfosi della soggettività moderna*, Napoli.
– (1995): „Antropologia filosofica", in: P. Rossi (Hg.): *La filosofia, Vol. I*, Torino, 495-521.
– (Hg.) (2009): „Karl Löwith e la questione antropologica", in: *Iride*, XXIII, 58, 577-599.

Fahrenbach, H. (1970): „Heidegger und das Problem einer ‚philosophischen Anthropologie'", in: V. Klostermann (Hg.): *Durchblicke. Martin Heidegger zum 80. Geburtstag*, Frankfurt am Main, 97-131.
– (1974): „Mensch", in: H. Krings u. a. (Hg.): *Handbuch philosophischer Grundbegriffe*, München, 888-913.
– (1990-1991): „‚Lebensphilosophische' oder ‚existenzphilosophische' Anthropologie? Plessners Auseinandersetzung mit Heidegger", in: *Dilthey-Jahrbuch für Philosophie und Geschichte der Geisteswissenschaften*, 7, 71-111.

Fazio, G. (2010): „Die Grenzen der persönlichen Beziehungen. Karl Löwiths Phänomenologie des Individuums als Mitmensch", in: *Deutsche Zeitschrift für Philosophie*, 58, 2, 175-192.
- (2015): *Il tempo della secolarizzazione. Karl Löwith e la modernità*, Milano/Udine.

Ferrari, M. (2003): „Filosofia della cultura e filosofia dell'uomo. Cassirer e l'antropologia filosofica", in: A. Gualandi (Hg.) (2003a), 329-349.

Fetscher, I. (1972): „Der Mensch lebt frei in der Theorie", in: *Frankfurter Allgemeine Zetung*, 10.1.1972, Nr. 7.

Feuerbach, L. ([1843] 1959): „Grundsätze der Philosophie der Zukunft", in: *Sämtliche Werke Band 2. Philosophische Kritiken und Grundsätze*, hg. v. W. Bolin u. F. Jodl, Stuttgart, 245-320.

Fimiani, M. P. (2005): *Antropologia filosofica*, Roma.

Fink, E. ([1937] 1987): „Karl Löwith e la fenomenologia [23 gennaio 1937]", in: *aut aut*, 222 (*Karl Löwith. Scetticismo e storia*), 103-105[1].
- ([1955] 1979): *Grundphänomene des menschlichen Daseins*, München/Freiburg.

Fischer, J. (1995): „Philosophische Anthropologie. Zur Rekonstruktion ihrer diagnostischen Kraft", in: J. Friedrich u. B. Westermann (Hg.): *Unter offenem Horizont. Anthropologie nach Helmuth Plessner*, Frankfurt am Main, 249-280.
- (1997): *Philosophische Anthropologie. Zur Bildungsgeschichte eines Denkansatzes*, Diss. Göttingen.
- (2003a): „Androidi – uomini – antropoidi. L'antropologia filosofica come detentrice dell'umanesimo", in: Gualandi (2003a), 263-274.
- (2003b): „L'approccio più influente della sociologia tedesca nel secondo dopoguerra", in: Borsari (2003), 289-301.
- (2005): „'Posizionalità eccentrica'. La categoria fondamentale dell'antropologia filosofica plessneriana", in: Borsari u. Russo (2005), 21-31.
- (2007): „La biofilosofia come nucleo del programma teorico dell'antropologia Filosofica", in: N. Russo (Hg.): *L'uomo e le macchine. Per un'antropologia della tecnica*, Napoli, 165-195.
- (2008): *Philosophische Anthropologie. Eine Denkrichtung des 20. Jahrhunderts*, Freiburg/München 2008 [neue Auflage: *Philosophische Anthropologie. Eine Denkrichtung des 20. Jahrhunderts. Um ein Nachwort erweiterte Neuausgabe*, Freiburg/München 2013]

---

[1] Die Originalausgabe wird im Husserl-Archiv in Löwen unter der Sigle P II 2 aufbewahrt.

– (2009): „Estatica della ‚posizionalità eccentrica'. Il riso e il pianto come opera principale di Plessner", in: B. Accarino (Hg.): *Espressività e stile. La filosofia dei sensi e dell'espressione in Helmuth Plessner*, Milano/Udine, 283-303.
– (2006): „Der Identitätskern der Philosophischem Anthropologie (Scheler, Plessner, Gehlen)", in: H.-P. Krüger u. G. Lindemann (Hg.): *Philosophische Anthropologie im 21. Jahrhundert (Philosophische Anthropologie*, Band 1), Berlin, 63-82.
– (2009): „Exploring the Core Identity of Philosophical Anthropology through the Works of Max Scheler, Helmuth Plessner and Arnold Gehlen", in: Borsari (2009a), 153-170[2].
– (2016): *Exzentrische Positionalität. Studien zu Helmuth Plessner*, Weilerswist.

Foucault, M. (1974): *Die Ordnung der Dinge. Eine Archäologie der Humanwissenschaften*, hg. v. U. Köppen, Frankfurt am Main [*Les mots et les choses. Une archéologie des sciences humaines*, Paris 1966].
– (2010): *Einführung in Kants Anthropologie*, hg. v. U. Frietsch, Frankfurt am Main [*Introduction à l'*Anthropologie, Paris 1964].

Franceschelli, O. (2008): *Karl Löwith. Le sfide della modernità tra Dio e nulla*, Roma.

Freyer, H. (1955): *Theorie des gegenwärtigen Zeitalters*, Stuttgart.

Frings, M. S. (1981): „Max Scheler: Drang und Geist", in: J. Speck (Hg.): *Grundprobleme der großen Philosophen. Philosophen der Gegenwart II: Scheler, Hönigswald, Cassirer, Plessner, Merleau-Ponty, Gehlen*, Göttingen, 9-43.

Gabor, D. (1972): *The Mature Society*, New York.

Gadamer, H.-G. (1972): „Theorie, Technik, Praxis. Die Aufgabe einer neuen Anthropologie", in: Ders. u. P. Vogler (Hg.): *Neue Anthropologie Band I: Biologische Anthropologie I*, Stuttgart-München 1972, IX-XXXVII.
– u. Vogler, P. (Hg.) (1975): *Neue Anthropologie Band VII: Philosophische Anthropologie* (zweiter Teil), Stuttgart 1975.

Galimberti, U. (2004): *Psiche e techne. L'uomo nell'età della tecnica*, Milano.

Gebsattel von, E. (1954): *Prolegomena einer medizinische Anthropologie. Ausgewählte Aufsätze*, Berlin.
– (1968): *Imago Hominis. Beiträge zu einer personalen Anthropologie*, Salzburg.

Gehlen, A. ([1940] 1993): „Der Mensch. Seine Natur und seine Stellung in der Welt", in: *Gesamtausgabe Band 3.1. Der Mensch. Textkritische Edition*, hg. v. K.-S. Rehberg, Frankfurt am Main.

---

[2] Englische Übersetzung von Fischer (2006).

- (1942): „Zur Systematik der Anthropologie", in: *Gesamtausgabe Band 4. Philosophische Anthropologie und Handlungslehre*, hg. v. K.-S. Rehberg, Frankfurt am Main 1983, 63-112.
- (1952): „Über die Geburt der Freiheit aus der Entfremdung", in: *Gesamtausgabe Band 4*, 366-379.
- (1956): „Natur und Faktenwelt", in: *Merkur*, X, 95, Heft 1, 16-24.
- (1957a): „Zur Geschichte der Anthropologie", in: *Gesamtausgabe Band 4*, 143-164.
- (1957b): „Die Seele im technischen Zeitalter. Sozialpsychologische Probleme in der industriellen Gesellschaft", in: *Gesamtausgabe Band 6. Die Seele im technischen Zeitalter und andere sozialpsychologische, soziologische und kulturanalytische Schriften*, hg. v. K.-S. Rehberg, Frankfurt am Main 2004, 1-133.
- (1958): „Über Kultur, Natur und Natürlichkeit", in: G. Funke (Hg.), *Konkrete Vernunft. Festschrift für Erich Rothacker*, Bonn, 113-123.
- (1961): „Enzyklopädisches Stichwort ‚Philosophische Anthropologie'", in: *Anthropologische Forschung. Zur Selbstbegegnung und Selbstentdeckung des Menschen* (Rowohlts deutsche Enzyklopädie), Hamburg, 141-143.
- (1967): „Die Säkularisierung des Fortschritts", in: *Gesamtausgabe Band 7. Einblicke*, hg. v. K.-S. Rehberg, Frankfurt am Main 1978, 403-412.
- (1968): „Ein anthropologisches Modell", in: *Gesamtausgabe Band 4*, 203-215.
- (1971): „Philosophische Anthropologie", in: *Gesamtausgabe Band 4*, 236-246.
- (1975): „Rückblick auf die Anthropologie Max Schelers", in: Good (1975), 179-188 [auch in: *Gesamtausgabe Band 4*, 247-258].

Giammusso, S. (1990-1991): „‚Der ganze Mensch'. Das Problem einer philosophischen Lehre vom Menschen bei Dilthey und Plessner", in: *Hermeneutik und Anthropologie (Philosophische Anthropologie, Band 8)*, Berlin 2012, 24-40.
- (2003): „Il senso dell'antropologia filosofica", in: Gualandi (2003a), 45-66.
- (2008): „Theorie der Lebenszüge. Zur Systematik des Werkes von Otto Friedrich Bollnow", in: *Hermeneutik und Anthropologie*, 87-104.

Good, P. (Hg.) (1975): *Max Scheler im Gegenwartsgeschehen der Philosophie*, Bern/München.

Gorgone, S. (2011): *Nel deserto dell'umano. Potenza e Machenschaft nel pensiero di Martin Heidegger*, Milano/Udine.

Gould, S. J. u. Vrba, E.(1982): „Exaptation – A Missing Term in the Science of Form", in: *Paleobiology*, vol. 8, 1, 4-15.

Grene, M. (1968): *Approaches to a Philosophical Biology*, New York/London.

Groethuysen, B. (1931): *Philosophische Anthropologie (Handbuch der Philosophie*, Abt. III A), München/Berlin.

Gualandi, A. (Hg.) (2003a): *L'uomo, un progetto incompiuto, vol. 1. Significato e attualità dell'antropologia filosofica* (Discipline filosofiche, XIII, 1), Macerata.
– (Hg.) (2003b) *L'uomo, un progetto incompiuto, vol. 2. Antropologia filosofica e contemporaneità* (Discipline filosofiche, XIII, 1), Macerata.
– (2009): „L'individuazione neotenica umana e la genesi exattante e comunicativa del ‚senso'", in: Ders. u. A. Cavazzini (Hg.): *Logiche del vivente. Evoluzione, sviluppo, cognizione nell'epistemologia francese contemporanea* (Discipline filosofiche, XIX, 1), Macerata, 117-136.

Guardini, R. (1993): *Ethik. Vorlesungen an der Universität München Band I*, hg. v. H. Mercker u. a., Mainz und Paderborn.

Habermas, J. ([1958] 1977): „Philosophische Anthropologie (ein Lexikonartikel)", in: *Kultur und Kritik*, 2. Aufl., Frankfurt am Main, 89-111.
– ([1963] 1984): „Karl Löwiths stoischer Rückzug vom historischen Bewußtsein", in: *Philosophische-politische Profile*, Frankfurt am Main, 195-216.

Haecker, Th. (1933): *Was ist der Mensch?*, Leipzig.

Han, B.-Ch. (2010): *Müdigkeitsgesellschaft*, Berlin.

Hartung, G. (2003): *Das Maß des Menschen. Aporien der philosophischen Anthropologie und ihre Auflösung in der Kulturphilosophie Ernst Cassirers*, Weilerswist.
– (2008): *Philosophische Anthropologie*, Stuttgart.

Haucke, K. (1988): „Anthropologie bei Heidegger. Über das Verhältnis seines Denkens zur philosophischen Tradition", in: *Philosophisches Jahrbuch*, 105, 2, 321-345.

Heidegger, M. (1927): „Phänomenologie und Theologie", in: *Wegmarken. Gesamtausgabe Band 9*, hg. v. F.-W. von Herrmann, Frankfurt am Main 1976.
– (1929): „Vom Wesen des Grundes", in: *Gesamtausgabe Band 9*, 123-175.
– (1935-1936): „Der Ursprung des Kunstwerkes", in: *Holzwege. Gesamtausgabe Band 5*, hg. v. F.-W. von Herrmann, Frankfurt am Main 1977, 3-74.
– (1936-1946): „Überwindung der Metaphysik", in: *Vorträge und Aufsätze. Gesamtausgabe Band 7*, hg. v. F.-W. von Herrmann, Frankfurt am Main 2000, 67-98.
– (1938): „Die Zeit des Weltbildes", in: *Gesamtausgabe Band 5*, 75-115.
– (1953): „Die Frage nach der Technik", in: *Gesamtausgabe Band 7*, 5-36.
– ([1927] 1977): *Sein und Zeit. Gesamtausgabe Band 2*, hg. v. F.-W. von Herrmann, Frankfurt am Main.
– ([1935] 1983): *Einführung in die Metaphysik. Gesamtausgabe Band 40*, hg. v. P. Jaeger, Frankfurt am Main.
– ([1929-1930] 2004): *Die Grundbegriffe der Metaphysik. Welt – Endlichkeit – Einsamkeit. Gesamtausgabe Band 29/30*, hg. v. F.-W. von Herrmann, Frankfurt am Main.

– u. Löwith, K. (2017): *Briefwechsel 1919-1973*, hg. v. A. Denker, Freiburg/München.

Heidegren, C.-G. (2009): „Rezension zu: ,J. Fischer, Philosophische Anthropologie. Eine Denkrichtung des 20. Jahrhunderts'", in: *Acta Sociologica*, 52, 2, 177-179.

Heinroth, J. Ch. A. (1822): *Lehrbuch der Anthropologie. Zum Behuf academischer Vorträge und zum Privatstudium. Nebst Beilagen erläutender und beweisführender Aufsätze*, Leipzig (http://tinyurl.com/lcykfnj).

Heisenberg, W. (1955): *Das Naturbild der heutigen Physik*, Hamburg.

Hengstenberg, H.-E. (1957): *Philosophische Anthropologie*, Stuttgart.

Henckmann, W. (2003): „Prospettive metafisiche nell'antropologia di Max Scheler", in: Gualandi (2003a), 63-92.

Herder, J. G. ([1772] 2002): *Abhandlung über den Ursprung der Sprache*, Stuttgart.

Horkheimer, M. ([1935] 1988): „Bemerkungen zur philosophischen Anthropologie", in: *Gesammelte Schriften Band 3: Schriften 1931-1936*, hg. v. A. Schmidt, Frankfurt am Main, 249-276.

Hottois, G. (1984): *Le signe et la technique. La philosophie a l'épreuve de la technique*, Paris.

– (2003): „Les philosophes et la technique. Les philosophes de la technique", in: Ders. u. P. Chabot (Hg.), *Les philosophes et la technique*, Paris, 13-23.

Hubig, Ch. u. Huning A. u. Ropohl G. (Hg.) (2013): *Nachdenken über Technik. Die Klassiker der Technikphilosophie und neuere Entwicklungen*, dritte neue bearbeitete und erweiterte Auflage, Darmstadt.

Husserl, E. (1931): „Phänomenologie und Anthropologie", in: *Gesammelte Werke (Husserliana) Band XXVII, Aufsätze und Vorträge (1922-1937)*, hg. v. Th. Nenon u. H. R. Sepp, Dodrecht/Boston/London 1989, 164-181.

– (1932a): „Phänomenologie der Mitteilungsgemeinschaft (Rede als Anrede und Aufnehmen der Rede) gegenüber der blossen Einfühlungsgemeinschaft (blosses Nebeneinander-sein). Zur phänomenologischen Anthropologie, zu Erfahrung (Doxa) und Praxis", in: *Gesammelte Werke (Husserliana) Band XV, Zur Phänomenologie der Intersubjektivität. Dritter Teil*, hg. v. I. Kern, Den Haag 1973, 461-479.

– (1932b): „Universale Geisteswissenschaft als Anthropologie. Sinn einer Anthropologie", in: *Gesammelte Werke (Husserliana) Band XV*, 480-507.

Ignatow, A. (1979): *Heidegger und die philosophische Anthropologie*, Meisenheim.

– (1993): *Anthropologische Geschichtsphilosophie. Für eine Philosophie der Geschichte in der Zeit der Postmoderne*, Sankt Augustin.

Jauss, H. R. (1996): „Karl Löwith und Luigi Pirandello. ‚Das Individuum in der Rolle des Mitmenschen' – wiedergelesen", in: *Cahiers d'histoire des litératures romanes. Romanistische Zeitschrift für Literaturgeschichte*, Heft 1-2, 200-226.

Jonas, H. (1973): *Organismus und Freiheit. Ansätze zu einer philosophischen Biologie*, Göttingen.

Jünger, E. (1930): *Die totale Mobilmachung*, in: Ders. (Hg): *Krieg und Krieger*, Berlin, 9-30.

Jünger, F. G. ([1946] 1993): *Die Perfektion der Technik*, Frankfurt am Main.

Kant, I. ([1800]; 1968): „Logik", in: *Kants Werke. Akademische Textausgabe, Band IX*, hg. v. Preußischer Akademie der Wissenschaften, Berlin, 1-150.

– ([1798] 1969): „Anthropologie in pragmatischer Hinsicht", in: *Kants Werke. Akademische Textausgabe, Band VII*, hg. v. Preußischer Akademie der Wissenschaften, Berlin, 117-333.

Kelly, K. (2010): *What Technology Wants*, New York.

Kiesow, K.-F. u. Ries, W. (1996): „Karl Löwiths Beiträge zur philosophischen Anthropologie der Gegenwart", in: *Allgemeine Zeitschrift für Philosophie*, 21, 79-99.

Klages, L. (1929-1932): *Der Geist als Widersacher der Seele*, Leipzig.

Knittermeyer, H. (1963): *Grundgegebenheiten des menschlichen Daseins. 12 Vorlesungen zu einer philosophischen Anthropologie*, Darmstadt.

Koltan, J. (2011): *Der Mitmensch. Zum Identitätsproblem des sozialen Selbst ausgehend von der Frühphilosophie Martin Heideggers und Karl Löwiths*, Würzburg.

König, E. (1978): „Ist die philosophische Anthropologie tot?", in: J. Mittelstrass u. M. Riedel (Hg.): *Vernünftiges Denken. Studien zur praktischen Philosophie und Wissenschaftstheorie*, Berlin/New York, 329-341.

Krüger, H.-P. (2000): „Das Spiel zwischen Leibsein und Körperhaben. Helmuth Plessners Philosophische Anthropologie", in: *Deutsche Zeitschrift für Philosophie*, 48, 2, 289-317.

– (2007): „Einleitung", in: H. Plessner (2007), 7-32.

– (2008): „Expressivität als Fundierung zukünftiger Geschichtlichkeit. Zur Differenz zwischen Philosophischer Anthropologie und anthropologischer Philosophie", in: B. Accarino u. M. Schloßberger (Hg.): *Internationales Jahrbuch für Philosophische Anthropologie, Bd. 1: Expressivität und Stil*, Berlin, 109-130.

– u. Lindemann, G. (Hg.) (2006): *Philosophische Anthropologie im 21. Jahrhundert* (Philosophische Anthropologie, Band 1), Berlin.

Kuhlmann, A. (1992): "Anthropologie als philosophische Kritik. Eine Tagung in Bad Homburg" in: *Zeitschrift für philosophische Forschung*, 46, 612-615.

Landgrebe, L. (1976): "Philosophische Anthropologie. Eine empirische Wissenschaft?", in: W. Biemel (Hg.): *Die Welt des Menschen – Die Welt der Philosophie. Festschrift für Jan Patočka*, Den Haag, 1-20.

Landmann, M. (1955): *Philosophische Anthropologie. Menschliche Selbstdarstellung in Geschichte und Gegenwart*, Berlin.

– (1961): *Der Mensch als Schöpfer und Geschöpf der Kultur. Geschichte Sozialanthropologie*, München/Basel.

– (1962): *De homine. Der Mensch im Spiegel seines Gedankens*, Freiburg/München.

– (1979): *Fundamentalanthropologie*, Bonn.

Landsberg, P. L. ([1934] 1960): *Einführung in die philosophische Anthropologie*, Frankfurt am Main.

Langthaler, R. (1992): *Organismus und Umwelt. Die biologische Umweltlehre im Spiegel traditioneller Naturphilosophie*, Hildesheim.

Latouche, S. (1995): *La mégamachine. Raison techno-scientifique, raison économique et mythe du progrès. Essais à la mémoire de Jacques Ellul*, Paris.

Leopardi, G. ([1845] 2013); "La ginestra o il fiore del deserto", in: *Opere*, hg. v. M. Fubini, Torino, 366-384.

Lepenies, W. (1971a): *Soziologische Anthropologie. Materialien*, München.

– (1971b): "Anthropologie und Gesellschaftskritik. Zur Kontroverse Gehlen-Habermas", in: Ders. u. Nolte (1971), 77-102.

– (1987): "Tradition ohne Kontinuität. Karl Löwiths und Helmuth Plessners ,Gesammelte Schriften'", in: *Frankfurter Allgemeine Zeitung*, 13.10.1987, 17.

– u. Nolte, H. (1971): *Kritik der Anthropologie. Marx und Freud. Gehlen und Habermas. Über Aggression*, München 1971.

Leroi-Gourhan, A. (1987): *Hand und Wort. Die Evolution von Technik, Sprache und Kunst*, Frankfurt am Main [*Le geste et la parole*. Tome I: Technique et langage; Tome II: La mémoire et les rythmes, Paris 1964-1965].

Lessing, H.-U. (2008): "Der ganze Mensch. Grundzüge von Diltheys philosophischer Anthropologie", in: A. Neschke u. H. R. Sepp (Hg.): *Philosophische Anthropologie Ursprünge und Aufgaben (Philosophische Anthropologie Themen und Positionen*, Band 1), Nordhausen, 37-51.

Longo, O. (1991): "La mano e il cervello. Da Anassagora a Leroi-Gouhran", in: *Ethos e cultura. Studi in onore di Ezio Riondato*, vol. II, Padova, 955-972.

Lotze, R. H. (1856-1864): *Mikrokosmus. Ideen zur Naturgeschichte und Geschichte der Menschheit. Versuch einerAnthropologie*, 3 Bände, Leipzig.

Löwith, K. (1923): *Auslegung von Nietzsches Selbst-interpretation und von Nietzsches Interpretationen* (Typoskript)[3].

– (1926): „Fiala. Die Geschichte einer Versuchung", in: *Internationale Zeitschrift für Philosophie*, 1, 1997, 136-167.

–(1928 [u. 1962]): „Das Individuum in der Rolle des Mitmenschen", in: *Sämtliche Schriften Band 1. Beiträge zur Anthropologie*, hg. v. K. Stichweh, Stuttgart, 1981, 9-197.

– (1932 [u. 1960]): „Max Weber und Karl Marx", in: *Sämtliche Schriften Band 5. Hegel und die Aufhebung der Philosophie im 19. Jahrhundert – Max Weber*, hg. v. B. Lutz, Stuttgart 1988, 324-407.

– (1933): „Kierkegaard und Nietzsche oder philosophische und theologische Überwindung des Nihilismus", in: *Sämtliche Schriften Band 6. Nietzsche*, hg. v. B. Lutz, Stuttgart 1987, 75-99.

– (1935a): „Max Scheler und das Problem einer philosophischen Anthropologie", in: *Sämtliche Schriften Band 1*, zit., 219-242.

– (1935b): „Politischer Dezisionismus", in: *Revue internationale de la théorie du droit/Internationale Zeitschrift für Theorie des Rechts*, 9, 101-123[4].

– (1938): „Die Einheit und Verschiedenheit des Menschen", in: *Sämtliche Schriften Band 1*, zit., 243-258.

– (1940): *Mein Leben in Deutschland vor und nach 1933. Ein Bericht*, hg. v. F. R. Hausmann, Stuttgart 2007.

– (1941): „Von Hegel zu Nietzsche. Der revolutionäre Bruch des 19. Jahrhunderts", in: *Sämtliche Schriften Band 4. Von Hegel zu Nietzsche*, hg. v. B. Lutz, Stuttgart 1988, 1-490.

– (1948-1949): „Can There Be a Christian Gentleman?", in: *Vorträge und Abhandlungen. Zur Kritik der christlichen Überlieferung*, Stuttgart 1966, 28-36.

– (1950): „Natur und Geschichte", in: *Sämtliche Schriften Band 2*, 280-295.

– (1953a): „Weltgeschichte und Heilsgeschehen. Die theologischen Voraussetzungen der Geschichtsphilosophie", in: *Sämtliche Schriften Band 2. Weltgeschichte und Heilsgeschehen. Zur Kritik der Geschichtsphilosophie*, hg. v. B. Lutz, Stuttgart 1983, 7-239 [erste Auflage: *Meaning in History. The Theological Implications of the Philosophy of History*, Chicago/London 1949].

---

[3] Es gibt zwei nahezu identische Kopien dieses Textes, die in der Universitäts-Bibliothek in München sowie im Löwith-Nachlass im Deutschen Literaturarchiv in Marbach am Neckar liegen.

[4] Dieser Aufsatz erschien unter dem Pseudonym „Hugo Fiala".

- (1953b): „Heidegger. Denker in dürftiger Zeit", in: *Sämtliche Schriften Band 8. Heidegger – Denker in dürftiger Zeit. Zur Stellung der Philosophie im 20. Jahrhundert*, hg. v. B. Lutz, Stuttgart 1984, 124-234.
- (1955): „Schöpfung und Existenz", in: *Sämtliche Schriften Band 3. Wissen, Glaube und Skepsis. Zur Kritik von Religion und Theologie*, hg. v. B. Lutz, Stuttgart 1985, 256-273.
- (1956): „Nietzsches Philosophie der ewigen Wiederkehr des Gleichen", in: *Sämtliche Schriften Band 6*, 101-384 [erste Auflage: *Nietzsches Philosophie der ewigen Wiederkunft des Gleichen*, Berlin 1935].
- (1957): „Natur und Humanität des Menschen", in: *Sämtliche Schriften Band 1*, 259-294 [erste Auflage in: K. Ziegler (Hg.), *Wesen und Wirklichkeit. Festschrift für Helmuth Plessner*, Göttingen 1957, 58-87].
- (1958): „M. Heidegger und F. Rosenzweig. Ein Nachtrag zu ‚Sein und Zeit'", in: *Sämtliche Schriften Band 8*, 72-101 [erste Auflage: „M. Heidegger and F. Rosenzweig, or Temporality and Eternity", in: *Philosophy and phenomenological Research*, 3, 1942/43, 53-77].
- (1959a): „Erinnerung an E. Husserl", in: *Sämtliche Schriften Band 8*, 235-241.
- (1959b): „Curriculum vitae", in: *Sämtliche Schriften Band 1*, 450-462.
- (1960a): „Der okkasionelle Dezisionismus von C. Schmitt", in: *Sämtliche Schriften Band 8*, 32-71.
- (1960b): „Mensch und Geschichte", in: *Sämtliche Schriften Band 2*, 346-376.
- (1960c): „Welt und Menschenwelt", in: *Sämtliche Schriften Band 1*, 295-328.
- (1961): „Vom Sinn der Geschichte", in: *Sämtliche Schriften Band 2*, 377-391.
- (1962a): „Das Verhängnis des Fortschritts", in: *Sämtliche Schriften Band 2*, 392-410.
- (1962b): „Töten, Mord und Selbstmord", in: *Sämtliche Schriften Band 1*, 399-417.
- (1962c): „Hegels Aufhebung der christlichen Religion", in: *Sämtliche Schriften .Band 5*, 116-166.
- (1962d): „Nietzsches antichristliche Bergpredigt", in: *Sämtliche Schriften Band 6*, 467-484.
- (1964): „Max Webers Stellung zur Wissenschaft" , in: *Sämtliche Schriften Band 5*, 419-447.
- (1966a): „Vermittlung und Unmittelbarkeit bei Hegel, Marx und Feuerbach", in: *Sämtliche Schriften Band 5*, 186-220.
- (1966b): *Dio, uomo e mondo da Cartesio a Nietzsche*, hg. V. A. Künkler Giavotto, Napoli.
- (1967a) „Der christliche Gentleman. Über die Schizophrenie eines gesellschaftlichen Ideals", in: *Sämtliche Schriften Band 3*, 163-170.
- (1967b): „Gott, Mensch und Welt in der Metaphysik von Descartes bis zu Nietzsche", in: *Sämtliche Schriften Band 9. Gott, Mensch und Welt – G. B. Vico – P. Valéry*, hg. v H. Ritter, Stuttgart 1986, 1-194.
- (1968a): „Una lettera di Karl Löwith", in: *Sämtliche Schriften* Band 9, 409.

- (1968b): „Vicos Grundsatz: verum et factum convertuntur. Seine theologische Prämisse und deren säkulare Konsequenzen", in: *Sämtliche Schriften Band 9*, 195-227.
- (1968c): „Besprechung des Buches ‚Die Legitimität der Neuzeit' von Hans Blumenberg", in: *Sämtliche Schriften Band 2*, 452-459.
- (1969a): „Die Freiheit zum Tode", in: *Sämtliche Schriften Band 1*, 418-425.
- (1969b): „Zu Heideggers Seinsfrage. Die Natur des Menschen und die Welt der Natur", in: *Sämtliche Schriften Band 8*, 276-289.
- (1971): „Paul Valéry. Grundzüge seines philosophischen Denkens", in: *Sämtliche Schriften Band 9*, 229-400.
- (1975): „*Zur Frage einer philosophischen Anthropologie*", in: *Sämtliche Schriften Band 1*, 329-341 [erste Auflage in: Gadamer u. Vogler (1975), 330-342].
- (2001): *Von Rom nach Sendai. Von Japan nach America. Reisetagebuch 1936 und 1941*, hg. v. K. Stichweh u. U. von Bülow, Marbach am Neckar.
- (2013): *Das Individuum in der Rolle des Mitmenschen*, Freiburg/München.

Luckner, A. (1995): Martin Heidegger: „Fundamentalontologie als Anti-Anthropologie", in: Weiland (1995a), 86-98.

Marchesini, R. (2002): *Post-human. Verso nuovi modelli di esistenza*, Torino.
- (2009): *Il tramonto dell'uomo. La prospettiva post-umanista*, Bari.

Marino, M. (2009): *Da Gehlen a Herder. Origine del linguaggio e ricezione di Herder nel pensiero antropologico tedesco*, Bologna.

Marquard, O. (1965): „Zur Geschichte des philosophischen Begriffs ‚Anthropologie' seit dem Ende des achtzehnten Jahrhunderts", in einer erweiterten Version in: *Schwierigkeiten mit der Geschichtsphilosophie*, Frankfurt am Main 1973, 122-144.
- (1971a): „Anthropologie", in: J. Ritter (Hg.), *Historisches Wörterbuch der Philosophie*, Band I, Basel/Stuttgart, 362-374.
- (1971b): „Erste Diskussion ‚Mythos und Dogma'", in: M. Fuhrmann (Hg.), *Terror und Spiel. Probleme der Mythenrezeption*, München, 527-547.
- (1976): „Kompensation", in: J. Ritter (Hg.), *Historisches Wörterbuch der Philosophie*, Band IV, Basel/Stuttgart, 912-918.
- (1981): *Abschied vom Prinzipiellen. Philosophische Studien*, Stuttgart.
- (1981-1983): „Homo compensator. Zur anthropologische Karriere eines metaphysischen Begriffs", in: Marquard (2000), 11-29.
- (1986): *Apologie des Zufällige. Philosophische Studien*, Stuttgart.
- (1988-1989): „Philosophie des Stattdessen. Einige Aspekte der Kompensationstheorie", in: Marquard (2000), 30-49.
- (1995): „Der Mensch diesseits der Utopie. Bemerkungen zur Aktualität der philosophischen Anthropologie", in: *Glück und Unglück. Philosophische Überlegungen*, München, 142-155.
- (2000): *Philosophie des Stattdessen*, Stuttgart.

- (2007): *Skepsis in der Moderne. Philosophische Studien*, Stuttgart.

Martinelli, R. (2004): *Uomo, natura, mondo. Il problema antropologico in filosofia*, Bologna.

- (Hg.) (2010a): „Philosophical Anthropology: Historical Perspectives", in: *Etica & Politica*, XII, 2, 5-223 (http://www.openstarts.units.it/handle/10077/5097).

- (2010b): „Nature or History? Philosophical Anthropology in the History of Concepts", in: Martinelli (2010a), 12-26 (http://hdl.handle.net/10077/5099).

Marx, K. ([1843-1844] 1993): „Zur Kritik der Hegelschen Rechtsphilosophie. Einleitung", in: *MEGA (Marx und Engels Gesamtausgabe), Band I/2*, hg. v. Internationale Marx-Engels Stiftung, Berlin 173-187.

Masullo, P. A. (2008): *L'umano in transito. Saggio di antropologia filosofica*, Bari.

Mayr, E. (2002): *Die Entwicklung der biologischen Gedankenwelt. Vielfalt, Evolution und Vererbung*, hg. v. K. de Sousa Ferreira, Berlin/Heidelberg [*The Growth of Biological Thought*, Cambridge (MA) 1982].

Mazzarella, E. (2004): *Vie d'uscita. L'identità umana come programma stazionario metafisico*, Genova.

Michelet, C. L. (1840): *Anthropologie und Psychologie, oder die Philosophie des subjectiven Geistes*, Berlin (http://tinyurl.com/hplpxut).

Mumford, L. (1974): *Mythos der Maschine. Kultur, Technik und Macht*, hg. v. L. Nürenberger u. A. Hälbig, Frankfurt am Main [*The Myth of The Machine 1. Technics and Human Development*, New York 1967].

Nietzsche, F. (1886): „Jenseits von Gut und Böse", in: *Werke. Kritische Gesamtausgabe VI.2*, hg. v. G. Colli u. M. Montinari, Berlin 1968, 1-255.

- (1887): „Zur Genealogie der Moral. Eine Streitschrift", in: *Werke. Kritische Gesamtausgabe VI.2*, 257-430.

- ([1883-1885] 1968): „Also sprach Zarathustra. Ein Buch für Alle und Keinen", in: *Werke. Kritische Gesamtausgabe VI.1*, hg. v. G. Colli u. M. Montinari, Berlin.

- ([1889] 1969): „Götzendämmerung", in: *Werke. Kritische Gesamtausgabe VI.3*, hg. v. G. Colli u. M. Montinari, Berlin, 49-157.

Noble, D. F. (1997): *The Religion of Technology. The Divinity of Man and the Spirit of Invention*, New York.

Olafson, F. A. (1995): *What is a Human Being? A Heideggerian View*, Cambridge (MA).

- (2009): „Philosophical Anthropology", in: *Encyclopaedia Britannica* (http://www.britannica.com/topic/philosophical-anthropology).

Orth, E. W. (1990-1991): „Philosophische Anthropologie als Erste Philosophie. Ein Vergleich zwischen Ernst Cassirer und Helmuth Plessner", in: *Dilthey-Jahrbuch für Philosophie und Geschichte der Geisteswissenschaften*, 7, 250-274.

Pannenberg, W. ([1962] 1995): *Was ist der Mensch? Die Anthropologie der Gegenwart im Lichte der Theologie*, Göttingen.

Pansera, M. T. (2001): *Antropologia filosofica. La peculiarità dell'umano in Scheler, Gehlen e Plessner*, Milano.

Papone, A. (1967): „Recensione a: K. Löwith ‚*Dio, uomo e mondo da Cartesio a Nietzsche*'", in: *Il Pensiero*, 12, 221-225.

Pezzano, G. (2011): „Il paradigma dell'antropologia filosofica tra immunità e apertura al mondo", in: *Dialegesthai* (https://mondodomani.org/dialegesthai/gpe01.htm).

Platner, E. (1772): *Anthropologie für Aertze und Weltweise. Erster Theil*, Leipzig (http://tinyurl.com/z3j744s).

Pleger, W. H. (1988): *Differenz und Identität. Die Transformation der philosophischen Anthropologie im 20. Jahrhundert*, Berlin.

Plessner, H. (1923): „Die Einheit der Sinne. Grundlinien einer Ästhesiologie des Geistes", in: *Gesammelten Schriften III. Anthropologie der Sinne*, hg. v. G. Düx u. a., Frankfurt am Main 1983, 7-315.
– (1924): „Grenzen der Gemeinschaft. Eine Kritik der sozialen Radikalismus", in: *Gesammelte Schriften V. Macht und menschliche Natur*, hg. v. G. Dux u. a., Frankfurt am Main 1981, 7-133.
– (1928): „Die Stufen des Organischen und der Mensch. Einleitung in die philosophische Anthropologie", in: *Gesammelte Schriften IV*, hg. v G. Düx u. a., Frankfurt am Main 1981.
– (1931): „Macht und menschliche Natur. Ein Versuch zur Anthropologie der geschichtlichen Weltansicht", in: *Gesammelte Schriften V*, 135-234.
– (1936a [u. 1953]): „Die Aufgabe der Philosophischen Anthropologie", in: *Gesammelte Schriften VIII, Conditio humana*, hg. v. G. Dux u.a., Frankfurt am Main 1983, 33-51.
– (1936b): „Überwindung des Nihilismus", in: *Geistige Arbeit. Zeitung aus der wissenschaftlichen Welt*, IV, 24, 20.12.1936, 15.
– (1948): „Zur Anthropologie des Schauspielers", in: *Gesammelte Schriften VII. Ausdruck und menschliche Natur*, hg. v. G. Dux, u. a., Frankfurt am Main, 399-418.
– (1953): „Deutsches Philosophieren in der Epoche der Weltkriege", in: *Gesammelte Schriften IX. Schriften zur Philosophie*, hg. v. G. Dux, u. a., Frankfurt am Main 1985, 263-299.

- (1956a): „Die Funktion des Sports in der industriellen Gesellschaft", in: *Gesammelte Schriften X. Schriften zur Soziologie und Sozialphilosophie*, hg. v. O. Marquard u. a., Frankfurt am Main 1985, 147-166.
- (1956b): „Über einige Motive der Philosophischen Anthropologie", in: *Gesammelte Schriften VIII*, 117-135.
- (1957): „Zur Hermeneutik nichtsprachlichen Ausdrucks", in: *Gesammelte Schriften VII*, 459-477.
- (1959): „Die Verspätete Nation. Über die politische Verführbarkeit bürgerlichen Geistes", in: *Gesammelte Schriften VI. Ausdruck und menschliche Natur*, hg. v. G. Dux u. a., Frankfurt am Main 1982, 7-223[5].
- (1961): „Die Legende von den Zwanziger Jahren", in: *Gesammelte Schriften VI*, 261-279.
- (1963): „Immer noch Philosophische Anthropologie?", in: *Gesammelte Schriften VIII*, 235-246.
- (1967): „Laudatio", in: H. Braun u. M. Riedel (Hg.), *Natur und Geschichte, Karl Löwith zum 70. Geburtstag*, Stuttgart, 7-9.
- (1969): „Homo absconditus", in: *Gesammelte Schriften VIII*, 353-366.
- (1970): „Anthropologie der Sinne", in: *Gesammelte Schriften III*, 317-393.
- (1973): „Der Aussagewert einer Philosophischen Anthropologie", in: *Gesammelte Schriften VIII*, 380-399.
- (1974): *Al di qua dell'utopia. Saggi di sociologia della cultura*, hg. v. F. Salvatori, Genova.
- (1975): „Erinnerung an Max Scheler", in: Good (1975), 19-28.
- (2007): *L'uomo: una questione aperta*, hg. v. M. Boccignone, Roma.
- (2010): *Antropologia filosofica*, hg. v. O. Tolone, Brescia.

Plessner, M. (1995): *Die Argonauten auf Long Islands. Begegnungen mit Hannah Arendt, Theodor W. Adorno, Gershom Scholem und anderen*, Hamburg.

Portmann, A. (1944): *Biologische Fragmente zu einer Lehre vom Menschen*, Basel.

Probst, P. (1974): *Politik und Anthropologie. Untersuchungen zur Theorie und Genese der philosophischen Anthropologie der Gegenwart in Deutschland*, Frankfurt am Main.
- (1981): „Zum Problem der philosophischen Anthropologie", in: *Zeitschrift für philosophische Forschung*, XXXV, 2, 230-246.

Rasini, V. (2005): „Il corpo essenziale. Un percorso di definizione del vivente e dell'uomo", in: Borsari u. Russo (2005), 51-65.
- (2008a): *L'essere umano. Percorsi dell'antropologia filosofica contemporanea*, Roma.

---

[5] Erweiterte Neuauflage einer Schrift aus dem Jahr 1935: *Das Schicksal deutschen Geistes im Ausgang seiner bürgerlichen Epoche* (Zürich/Leipzig).

– (2008b): *Theorien der organischen Realität und Subjektivität bei Helmuth Plessner und Viktor von Weizsäcker*, Würzburg.
– (2010): „Recensione a: J. Fischer, ‚Philosophische Anthropologie. Eine Denkrichtung des 20. Jahrhunderts'", in: *Intersezioni*, 1, 170-171.
– (2013): *L'eccentrico. Filosofia della natura e antropologia in Helmuth Plessner*, Milano.

Ratzel, F. (1897): *Politische Geographie*, München/Leipzig (http://tinyurl.com/y8bmyh3y).

Rehberg, K.-S. (1981): „Philosophische Anthropologie und die ‚Soziologisierung' des Wissens vom Menschen. Einige Zusammenhänge zwischen einer philosophi-schen Denktradition und der Soziologie in Deutschland", in: R. M. Lepsius (Hg.), *Soziologie in Deutschland und Österreich 1918-1945*, Opladen 1981, 160-198 (http://www.heike-delitz.de/phila/Rehberg_Soziologisierung_des_Wissens.pdf).

– (1990): „Eine Grundlagentheorie der Institutionen: Arnold Gehlen. Mit systematischen Schlußfolgerungen für eine kritische Institutionentheorie", in: G. Göhler u. a. (Hg.), *Die Rationalität politischer Institutionen. Interdisziplinäre Perspektiven*, Wiesbaden, 115-144.

– (2000): „Kommunistische und konservative Bejahungen der Institutionen – Eine Brief-Freundschaft", in: S. Dornuf u. R. Pitsch (Hg.) *Wolfgang Harich zum Gedächtnis. Ein Gedenkenschrift in zwei Bänden*, München, Band II, 440-486.

– (2009): „Philosophical Anthropology from the End of World War I to the 1940s and in a Current Perspective", in: Borsari (2009), 131-152.

Rentsch, Th. (1995): „Wie ist eine menschliche Welt überhaupt möglich? Philosophische Anthropologie als Konstitutionsanalyse der humanen Welt", in: Ders., Ch. Demmerling u. G. Gabriel (Hg.), *Vernunft und Lebenspraxis. Philosophische Studien zu den Bedingungen einer rationalen Kultur*, Frankfurt am Main 1995, 192-214.

Rescher, N. (1990): *Human Interests. Reflection on Philosophical Anthropology*, Stanford.

Ritter, J. ([1933] 1980) „Über den Sinn und die Grenze der Lehre vom Menschen", in: *Subjektivität. Sechs Aufsätze*, Frankfurt am Main, 36-61.

Rombach, H. (Hg.) (1966): *Die Frage nach dem Menschen. Aufriss einer philosophischen Anthropologie. Festschrift für Max Müller zum 60. Geburtstag*, Freiburg/München.

Rosenkranz, K. (1837): *Psychologie, oder die Wissenschaft vom subjectiven Geist*, Königsberg (http://tinyurl.com/znfyjta).

Rossini, M. (2009): *Karl Löwith: la questione antropologica. Analisi e prospettive sulla „Menschenfrage"*, Roma.

Rothacker, E. (1942): *Probleme der Kulturanthropologie*, Stuttgart.
– (1964): *Philosophische Anthropologie*, Bonn.

Russo, M. (2000): *La provincia dell'uomo. Studio su Helmuth Plessner e sul problema di un'antropologia filosofica*, Napoli.
– (2003): „Animalitas. Heidegger e l'antropologia filosofica", in: Gualandi (Hg.) (2003a), 167-195.
– (2005): „Verkörperung. Considerazioni sul luogo dell'antropologia", in: Borsari u. Russo (2005), 33-49.
– (2009a): „Besprechung zu: J. Fischer, ‚Philosophische Anthropologie. Eine Denkrichtung des 20. Jahrhunderts'", in: *Studia Philosophica*, 68, 300-304 (http://www.sagw.ch/en/philosophie/Publikationen/studia-philosophica.html).
– (2009b): „Recensione a: J. Fischer, ‚Philosophische Anthropologie. Eine Denkrichtung des 20. Jahrhunderts'", in: *Giornale della filosofia* (http://tinyurl.com/mg9hg4r).
– (2015): „Trame dell'umanesimo", in: Ders. (Hg.), *Umanesimo. Storia, critica, attualità*, Firenze, 7-60.

Saß, H.-M. (1974): „Urbanität und Skepsis: Karl Löwiths kritische Theorie", in: *Philosophische Rundschau*, 21, 1/2, 1-23.

Schenkenberger, J. (2018): *Vom Versuch, sich in die Luft zu stellen. Die Anthropologie Karl Löwiths im Spannungsfeld von Weber, Buber, Schmitt und Valéry*, Bielefeld.

Scheler, M. (1926): „Mensch und Geschichte", in: *Gesammelte Werke Band 9. Späte Schriften*, hg. v. M. S. Frings, Bern 1976, 120-144.
– (1927): „Die Sonderstellung des Menschen", in: *Der Leuchter*, 8, 161-254.
– (1928): „Die Stellung des Menschen im Kosmos", in: *Gesammelte Werke Band 9*, 7-71.
– ([1914] 1972): „Zur Idee des Menschen", in: *Gesammelte Werke Band 3. Vom Umsturz der Werte. Abhandlungen und Aufsätze*, hg. v. M. Scheler, Bern, 171-195.
– ([1913 u. 1923] 1973): „Wesen und Formen der Sympathie", in: *Gesammelte Werke Band 7. Wesen und Formen der Sympathie*, hg. v. M. S. Frings, Bern, 7-258.
– (1987): *Gesammelte Werke Band XII. Schriften aus dem Nachlaß, Band 3: Philosophische Anthropologie*, hg. v. M. Frings, Bonn.

Schings, H. J. (Hg.) (1994): *Der ganze Mensch. Anthropologie und Literatur im 18. Jahrhundert*, Stuttgart.

Schnädelbach, H. (1983): „Epilog: Der Mensch", in: *Philosophie in Deutschland 1831-1933*, Frankfurt am Main, 264-281.

– (1989): „Die Philosophie und die Wissenschaften vom Menschen", in: C. Bellut u. U. Müller-Schöll (Hg.): *Mensch und Moderne: Beiträge zur philosophischen Anthropologie und Gesellschaftskritik*, Würzburg, 19-39.

– (1992): *Zur Rehabilitierung des „animal rationale". Vorträge und Abhandlungen 2*, Frankfurt am Main.

Schoeps, H.-J. (1960): *Was ist der Mensch? Philosophische Anthropologie als Geistesgeschichte der neuesten Zeit*, Göttingen.

Schulz, W. (1972): „Die Aufhebung der philosophischen Anthropologie", in: *Philosophie in der veränderten Welt*, Pfullingen, 457-467.

Seifert, F. (1934-1935): „Zum Verständnis der anthropologischen Wende in der Philosophie", in: *Blätter für deutsche Philosophie*, 8, 393-410.

Severino, E. (1998a): *Il destino della tecnica*, Milano.

– (1998b): *La filosofia contemporanea*, Milano.

Sloterdijk, P. (2001): „Domestikation des Seins. Die Verdeutlichung der Lichtung", in: *Nicht gerettet. Versuche nach Heidegger*, Frankfurt am Main, 142-234.

– (2009): *Du musst dein Leben ändern. Über Anthropotechnik*, Frankfurt am Main.

Steffens, A. (1999): *Die Philosophie des zwanzigsten Jahrhundert oder die Wiederkehr des Menschen*, Leipzig.

– (2011): *Ontoanthropologie. Vom Unverfügbaren und seinen Spuren*, Wuppertal.

Steffens, H. (1822): *Anthropologie, 2 Bände*, Breslau (Band 1: https://tinyurl.com/yd6m8xjf, Band 2: https://tinyurl.com/ycl8jagt).

Stiegler, B. (2006): *Réenchanter le monde. Le valeur esprit contre le populisme industriel*, Paris.

Stimilli, E. (2015): *Debito e Colpa*, Roma.

– (2017): *The Debt of the Living: Ascesis and Capitalism*, New York [*Il debito del vivente. Ascesi e capitalismo*, Macerata 2011].

Strack, F. (Hg.) (2000). *Titan Technik. Ernst und Friedrich Georg Jünger über das technische Zeitalter*, Würzburg.

Straus, E. (1949): „Die aufrechte Haltung. Eine anthropologische Studie", in: *Psychologie der menschlichen Welt. Gesammelte Schriften*, Berlin 1960, 224-235.

– (1953): „Der Mensch als ein fragendes Wesen", in: *Psychologie der menschlichen Welt*, Berlin/Göttingen 1960, 316-334.

– (1956): *Von Sinn der Sinne. Ein Beitrag zur Grundlegung der Psychologie* (2. vermehrte Auflage), Berlin.

Thonhauser, G. (2016): „Karl Löwith's Understanding of Sociality", in: A. Salice, H. B. Schmid (Hg.), *The Phenomenological Approach to Social Reality: History, Concepts, Problems*, Heidelberg/New York/London, 121-141.

Tidona, G. (2013): „Einleitung", in: Löwith (2013), 11-79.

Tille, A. (1895): *Von Darwin bis Nietzsche. Ein Buch Entwicklungsethik*, Leipzig.

Troncon, R. (1991): *Studi di antropologia filosofica: La filosofia dell'inquietudine*, Milano.

Tugendhat, E. (2010a): „Anthropologie als erste Philosophie", in: *Anthropologie statt Metaphysik*, München, 34-54.

– (2010b): „Nietzsche und die philosophische Anthropologie: Das Problem der immanenten Transzendenz", in: *Anthropologie statt Metaphysik*, München, 13-23.

Uexküll von, J. (1934): „Streifzüge durch die Umwelten von Tieren und Menschen. Ein Bilderbuch unsichtbarer Welten", in: *Streifzüge durch die Umwelten von Tieren und Menschen* und *Bedeutungslehre*, Hamburg 1956, 19-101.

– (1946-1947): *Der unsterbliche Geist in der Natur. Gespräche*, Hamburg.

– (1921): *Umwelt und Innenwelt der Tiere* (zweite vermehrte und verbesserte Auflage), Berlin/Heidelberg.

Valéry, P. ([1926] 1960): „Monsieur Teste", in: *Oeuvres II*, hg. v. J. Hytier, Paris, 9-75.

Vigorelli, A. (2003): *L'animale eccentrico. Dall'antropologia filosofica all'etica comunitaria*, Milano.

Volpi, F. (2004): *Il nichilismo* (nuova edizione ampliata), Roma/Bari.

Weber, M. (1919): „Wissenschaft als Beruf", in: *Wissenschaft als Beruf 1917/1919, Politik als Beruf 1919. Max Weber-Gesamtausgabe Band I/17*, hg. v. W. J. Mommsen u. a., Tübingen 1994, 1-23.

Weiland, R. (Hg.) (1995a): *Philosophische Anthropologie der Moderne*, Weinheim.

– (1995b): „Das Gerücht über die philosophische Anthropologie. Über einen Blindfleck ‚Kritischer Theorie'", in: Weiland (1995a), 165-173.

Weizsäcker von, V. (1940): *Der Gestaltkreis. Theorie der Einheit von Wahrnehmen und Bewegen*, Leipzig.

– (1951): *Der kranke Mensch. Eine Einführung in die medizinische Anthropologie*, Stuttgart.

– (1956); *Pathosophie*, Göttingen.

Wittgenstein, L. (1922): *Tractatus logico-philosophicus*, hg. v. C. K. Ogden, London/New York.

Wolff, Ch. (1728): *Philosophia rationalis sive logica, methodo scientifica pertractata et ad usum scientiarum atque vitae aptata*, Frankfurt/Leipzig.

Wotling, P. (2006): „Religione ateistica e metafisica fisica? Qualche interrogativo sulla lettura löwithiana dell'eterno ritorno", in: C. Gentili u. a. (Hg.), *Metafisica e nichilismo. Löwith e Heidegger interpreti di Nietzsche*, Bologna, 75-92.

Wulf, Ch., (Hg.) u. a. (1989): *Historische Anthropologie. Zum Problem der Humanwissenschaften heute oder Versuche einer Neubegründung* (Rowohlts Enzyklopädie), Hamburg.

– (Hg.) 1997: *Vom Menschen. Handbuch Historische Anthropologie*, Weinheim/Basel.

Philosophische Anthropologie
Themen und Positionen

Herausgegeben von
Joachim Fischer, Ada Neschke †, Gérard Raulet, Hans Rainer Sepp

Editionsbeirat
Heike Delitz (Bamberg)
Cathrin Nielsen (Frankfurt am Main / Prag)
Guillaume Plas (Paris)

Die Buchreihe will zum einen das Theorieprogramm der Philosophischen Anthropologie als ein herausragendes Denkereignis der ersten Hälfte des 20. Jahrhunderts in das gegenwärtige Bewusstsein rücken und die Forschungsansätze und -ergebnisse der philosophischen Anthropologie als Disziplin im 20. Jahrhundert einer Prüfung unterziehen; dazu gehört auch eine Analyse der bis heute kaum erforschten Berührungen und Überschneidungen der philosophischen Anthropologie mit anderen Denkansätzen – wie der Phänomenologie, der Hermeneutik, der Lebensphilosophie, der Existenzphilosophie und der Kritischen Theorie – sowie der ebenfalls weithin noch aufzuklärenden Wirkung ihres Paradigmas auf Disziplinen wie die Soziologie, Psychologie, Medizin, Philosophie und Theologie.

Zum anderen will die Reihe dazu beitragen, diese Traditionen angesichts der vielfältigen sachlichen Herausforderungen in Gegenwart und Zukunft weiterzuentwickeln und neu auszurichten. Neuartige Phänomene der menschlichen Lebenswelt – wie Bio- und Neurotechnologie, künstliche Intelligenz, Ökologie, Weltraumfahrt, darüber hinaus auch die Medienvermitteltheit aller Lebenswelten und die damit verbundene Globalisierung bis hin zur internationalen Gerichtsbarkeit – verlangen nach philosophisch-anthropologischer Arbeit, die diese Phänomene in ihre Kategorien übersetzt. In der doppelten Ausrichtung auf den und die Menschen, auf die Stellung des Menschen als Gattungswesen in der Natur und den Ausgleich differenter Kulturen, kann die philosophische Anthropologie ein Medium sein, das verschiedene disziplinäre und kulturelle Perspektiven einander vermittelt, ohne sie durch eine Synthese überbieten zu wollen.

Mit diesem interdisziplinären und interkulturellen Anspruch ist die Buchreihe für die Philosophische Anthropologie als Paradigma (und dessen Schlüsseldenker), aber auch für Positionen wie für Themen der philosophischen Anthropologie offen – in Form von Sammelbänden wie von Monographien.

1   Philosophische Anthropologie – Ursprünge und Aufgaben
    Herausgegeben von Ada Neschke und Hans Rainer Sepp
    2008, 253 Seiten
    broschiert: ISBN 978-3-88309-441-0
    gebunden: ISBN 978-3-88309-442-7

2   Philosophische Anthropologie und Politik
    Herausgegeben von Guillaume Plas, Gérard Raulet und Manfred Gangl

    2.1 Erster Teilband
    2013, 328 Seiten
    broschiert: ISBN 978-3-88309-821-0
    gebunden: ISBN 978-3-88309-822-7

    2.2 Zweiter Teilband
    2013, 330 Seiten
    broschiert: ISBN 978-3-88309-823-4
    gebunden: ISBN 978-3-88309-824-1

3   Philosophische Anthropologie
    Hauptautoren und Grundschriften
    Herausgegeben von Joachim Fischer
    Erscheint 2018

4   Konkurrenz der Paradigmata
    Zum Entstehungskontext der philosophischen Anthropologie
    Herausgegeben von Guillaume Plas und Gérard Raulet
    unter Mitarbeit von Manfred Gangl

    4.1 Erster Teilband
    2011, 308 Seiten
    broschiert: ISBN 978-3-88309-670-4
    gebunden: ISBN 978-3-88309-671-1

    4.2 Zweiter Teilband
    2011, 243 Seiten
    broschiert: ISBN 978-3-88309-672-8
    gebunden: ISBN 978-3-88309-673-5

5   Sprache und Wissenserwerb / Language and Acquisition of Knowledge
    Ein interdisziplinärer und interkultureller Zugang /
    An Interdisciplinary and Intercultural Approach
    Herausgegeben von Ada Neschke und Hans Rainer Sepp
    2011, 273 Seiten
    broschiert: ISBN 978-3-88309-104-4
    gebunden: ISBN 978-3-88309-105-5

6   Körper – Leib
    Erprobungen der philosophischen Anthropologie
    Herausgegeben von Joachim Fischer und Hans Rainer Sepp
    Erscheint 2019

7   Philosophische Anthropologie nach 1945
    Rezeption und Fortwirkung
    Herausgegeben von Gérard Raulet und Guillaume Plas
    2014, 398 Seiten
    broschiert: ISBN 978-3-88309-891-3
    gebunden: ISBN 978-3-88309-892-0

8   Philosophische Anthropologie
    zwischen Soziologie und Geschichtsphilosophie
    Herausgegeben von
    Rainer Adolphi, Andrzej Gniazdowski und Zdzisław Krasnodębski
    2018, 394 Seiten
    broschiert: ISBN 978-3-95948-356-8

9   Deutschland – Europa – Welt
    Helmuth Plessners „Verspätete Nation" in der Diskussion
    Herausgegeben von Joachim Fischer

10 Körper, ‚Leibideen' und politische Gemeinschaft
    ‚Rasse' und ‚Rassismus' aus Sicht der Philosophischen Anthropologie
    Herausgegeben von Wolfgang Bialas und Mario Marino
    Erscheint 2018

11 Agostino Cera
    Der Mensch zwischen kosmologischer Differenz und Neo-Umweltlichkeit
    Über die Möglichkeit einer philosophischen Anthropologie heute
    2018, 203 Seiten
    broschiert: ISBN 978-3-95948-376-6

12 Kulturanthropologie als Philosophie des Schöpferischen
    Michael Landmann im Kontext
    Herausgegeben von Jörn Bohr und Matthias Wunsch
    2015, 209 Seiten
    broschiert: ISBN 978-3-88309-974-5
    gebunden: ISBN 978-3-88309-975-2

13 Hans-Ulrich Lessing
   Die Autonomie der Geisteswissenschaften
   Studien zur Philosophie Wilhelm Diltheys

   13.1 Erster Teilband
   Dilthey im philosophie- und wissenschaftsgeschichtlichen Kontext
   2015, 258 Seiten
   broschiert: ISBN 978-3-88309-976-9
   gebunden: ISBN 978-3-88309-977-6

   13.2 Zweiter Teilband
   Systematische Untersuchungen zu Diltheys Werk
   2016, 210 Seiten
   broschiert: ISBN 978-3-95948-095-6
   gebunden: ISBN 978-3-95948-098-7